東海道中世史研究2

領主層の共生と競合

岡野友彦
大石泰史 編

高志書院刊

はじめに

東海道は元来、古代の行政区画である七道のひとつで、伊賀・伊勢・志摩・尾張・三河・遠江・駿河・伊豆・甲斐・相模・武蔵・安房・上総・下総・常陸の十五ヵ国を指した。しかし中世に入ると鎌倉幕府の成立により、このうち三河以東を幕府管轄下の「東国」とする新たな区分が生まれ、さらに室町時代になると、今度は伊豆・甲斐より東が鎌倉府（鎌倉公方）の管轄下となる。こうしていわゆる関東地方が古来の「東海道」から切り離された。一方、中世の京―鎌倉往還としての東海道は、近江から美濃を経由するようになり、伊勢・美濃から駿河・伊豆に至る、いわゆる東海地方が成立していく。

本論集では、このようにして成立した中世の東海道諸国に注目する。この地域は、古代以来の伝統的求心力を有する京都と、「東国」の中心地鎌倉との狭間にあって、公家政権と武家政権、あるいは室町幕府と鎌倉府といった東西諸勢力のいわば「草刈り場」となった。さらにこの地域には、古代以来多くの信仰を集めてきた伊勢神宮と富士山がその西と東に屹立し、それぞれが荘園公領制や戦国大名権力と絡んで、さらに複雑な様相を呈していたのである。

そこで本書では、主として東西の交通・流通に注目した第一巻『諸国往反の社会史』に続き、『領主層の共生と競合』と題し、東西の武家権力はもとより、戦国大名今川氏、さらには伊勢神宮や富士山周辺の宗教者たちをも含む諸領主層の共生と競合の有様に焦点を当てて一書にまとめた。全体構成としては大きく、主に宗教勢力について扱う第1部と、武家領主について扱う第2部に分けた。

まず第1部は「寺社勢力の盛衰」と題し、東海地方を代表する宗教権門である伊勢神宮や富士山信仰をはじめとする宗教者たちに関わる四本の論稿を配した。

岡野友彦「東海地方の伊勢神宮領」は、尾張・三河・遠江・駿河四ヵ国に分布した伊勢神宮領について検討したもの。その立地が伊勢湾・三河湾をはじめとする水上交通の利便性を意識していること。その得分は多く神宮神官層に伝領され、鎌倉時代、伊勢神道思想を大成した度会一族の経済基盤となったものもあること。室町時代になると、駿河の神領がいち早く失われ、逆に尾張と三河の神領は戦国時代に至るまで存続したことなどを指摘した。

溝口彰啓「中世石塔と東海の地域性」は、十三世紀〜十五世紀中葉の東海各地域における五輪塔と宝篋印塔について、その形式分類と使用石材を検討したもの。当該地域の石塔は十三世紀後半頃の花崗岩製五輪塔をその端緒とすること。十四世紀前半、西大寺様式の律宗系五輪塔が西から伊勢・美濃、東から伊豆・駿河に波及すること。十四世紀中葉以降、東海各地に在地石材を用いた石塔が多く造立されていくことなどを指摘している。

小林郁「戦国期今川氏と御師亀田大夫」は、戦国期の東海道における伊勢信仰の一事例として、戦国大名今川氏を檀那とした伊勢御師亀田大夫について検討したもの。亀田氏が今川氏の有事に武器調達をも担う立場の御師であったこと。にもかかわらず十五世紀中頃における今川領内の檀所は、複数の異姓家御師によって担われており、十五世紀後半以降は橋村氏に担われるようになっていったことなどを指摘している。

近藤祐介「富士山興法寺と武家権力」は、中世〜近世にかけて駿河国側の富士山登山道の一つ村山を管理していた興法寺について検討したもの。中世の興法寺は、顕・密・修験を兼修する衆徒と、修験を専修する山伏からなる山岳寺院であったこと。興法寺の中核である村山三坊は、それぞれ別々の人物に相承されており、とくに辻之坊は葛山助六郎という武家被官人によって相承されていたことなどが指摘されている。

次いで第2部は「武家領主の相剋」と題し、当該地域に対する鎌倉幕府・室町幕府・鎌倉府のかかわり方や、東海地方を代表する戦国大名である今川氏の地域支配・交通政策に関する六本の論稿を配した。

廣田浩治「東海地方の荘園と鎌倉期の武家領」は、鎌倉期東海地方における荘園の特質を国ごとに考察したもの。各国とも王家領(院領)大規模荘園と、鎌倉幕府及び北条氏の所領の存在が大きいものの、特に駿河・遠江には王家領(院領)の比重が高いこと。一方、鎌倉幕府・北条氏の勢力拡大は駿河・伊豆に顕著で、遠江では西国荘園領主の支配権行使が認められることなどが指摘されている。

勅使河原拓也「鎌倉幕府の東国・西国支配と東海地域―境界地域の特性をさぐる―」は、鎌倉幕府の認識としての東国と西国の境目に焦点を当てたもの。最近紹介された丹波篠山市教育委員会蔵『貞永式目追加』の「国々守護事」を含め、鎌倉幕府の列島支配のあり方を示すいくつかの重要史料を検討し、そのなかで時に「東国」に含まれ、時に「西国」ともなる三河国の両属性など、東国と西国の境目としての東海地域について論じている。

木下聡「室町幕府の対東国政策―駿河国を中心に―」は、室町幕府が九州・関東・東北以外の守護や有力領主に在京を義務付けていたことに注目し、信濃・越後など境界地域の領主のあり方を検討した上で、駿河国との違いを論じたもの。境界地域の守護家は関東対策のためしばしば在国している中、駿河守護今川氏も同様であったこと。駿河の国人領主たちも応仁の乱頃まで対鎌倉府のため幕府から重視されていたことなどを指摘している。

杉山一弥「室町期大森氏の光芒と箱根山」は、室町期の大森氏に注目することで、鎌倉府との関係から駿河国を捉え直したもの。元来、箱根山西麓(駿河側)の国人であった大森氏が、上杉禅秀の乱に際して鎌倉公方足利持氏の命を救ったことで箱根山東麓(相模側)の所領をも獲得したこと。その後、箱根山麓は西方も含め鎌倉府方の「大森氏―箱根権現別当体制」によって掌握され、それが永享の乱・結城合戦まで存続することなどを述べている。

鈴木将典「戦国大名今川氏の富士上方支配と地域社会」は、駿河国富士上方(富士郡北部)に対する戦国大名今川氏の支配と、地域社会の動向を論じたもの。戦国期の当該地域には、駿河国一宮大宮浅間社の大宮司を世襲した国衆富士氏の支配領域が形成されていたが、天文五年(一五三六)~十四年の「河東一乱」を契機として今川氏の支配が強まったこと。その後も大宮司富士氏による支配領域は維持されたことなどが論ぜられている。

大石泰史「今川氏の伝馬と関所―交通政策に関する一試論―」は、国衆研究の視点から今川氏の交通政策を再検討したもの。今川氏の交通政策関係文書として著名な永禄元年(一五五八)の三河御油宿林氏宛今川義元判物を、弘治元年(一五五五)に始まる三州忩劇と関連付けて再評価し、御油宿八幡神社の神職で商人としても活動していた林氏が、もともと武家で、今川氏の三河侵攻に伴って今川氏に従った可能性を提示している。

以上、一〇本の論稿から本書は成る。本書「あとがき」にもある通り、本書の原型は富士市・富士宮市・静岡市を開催地として二〇一九年に開かれた第五七回中世史サマーセミナーにあり、残念ながら編者(岡野)はそこに参加していなかった。よってセミナー当日の「熱気」をどこまでお伝えできたかは心もとない。ただ「境界としての駿河」を「境界としての東海地域」に敷衍することで、より日本中世史全体の議論に裨益できる論集となったのではないかと自負している。奇しくも本年(二〇二四年)、吉川弘文館から「東海の中世史」全五冊が刊行され、編者(岡野)も含め、本論集二冊の執筆者の多くが、同シリーズにも寄稿している。

「いま、日本中世史は東海地方がアツい」

ぜひ本書を手掛かりとして、いま最もホットな東海地方の中世史をめぐる議論に触れていただければ幸いである。

二〇二四年七月末日

岡野 友彦

目　次

目次

第1部　寺社勢力の盛衰

東海地方の伊勢神宮領

岡野 友彦

はじめに

伊勢神宮領である御厨・御園は、東北と九州を除く全国各地に分布していたことが知られており、その数は例えば『国史大辞典』「伊勢神宮御厨一覧」に掲載された御厨で数えると、北は越後国から南は伊予国に至る四〇ヵ国五三四ヵ所に上る。しかし、そのうち約七割に当たる三七四ヵ所は伊勢・志摩・伊賀の三ヵ国、次いで一割強に当たる六六ヵ所は尾張・三河・遠江・駿河の四ヵ国に集中していて、これで全体の八割を越える。ことに十二世紀末までに成立した御厨・御園に限ると、「御厨は八七・四パーセント、御園はそのすべて」が「伊賀・伊勢・尾張・三河・遠江の五ヵ国」に集中していたという〔西垣 一九七六〕。それではなぜ、伊勢神宮領はこれら東海地方に集中的に分布し続けたのであろうか。

伊勢神宮領全体の構造については、萩原龍夫氏〔萩原 一九六二〕・棚橋光男氏〔棚橋 一九七五〕・西垣晴次氏〔西垣 一九七六〕・稲本紀昭氏〔稲本 一九八五〕以来の研究蓄積があり、その中で東海地方の神宮領についても論及されてきた。また最近では『静岡県史』資料編・通史編（一九八五～九七）、『三重県史』資料編・通史編（一九八七～二〇二〇）、『愛知県史』資料編・通史編（一九九四〜二〇二〇）の刊行も相次ぎ、さらには東海地方の神宮領を在地の側から考察した齋藤泰造氏〔齋藤　一九九八〕・鈴木勝也氏〔鈴木　一九九八〕・山本倫弘氏〔山本　二〇一一〕・朝比奈新氏〔朝比奈　二〇二四〕らの研究もあって、東海地方の神宮領を総体として論ずる研究史上の素地は着実に整いつつある。しかるに尾張・三河・遠江・駿河という東海地方全体の神宮領について、その成立から退転に至る歴史を総体的に論じた研究は管見に触れない。

そこで本稿では、右の四ヵ国に分布した伊勢神宮領について、その成立から伝領・退転に至る歴史を見直すことで、改めて伊勢神宮領が東海地方に集中的に分布し続けた歴史的背景を明らかにしていこうと思う。なお現代の行政区分で言うと、同じ静岡県の伊豆国を含めないことに違和感が残るかも知れない。しかし伊豆国の神宮領は、中世を通じて賀茂郡蒲屋御厨と田方郡塚本御厨という二ヵ所しか確認できず、むしろ相模国以東との類似性の方が強い。そもそも中世の伊豆国は、室町時代に鎌倉府の管国であったように、「関東」として扱われた歴史が長く、本稿では「東海地方」に含めないこととしたい。

また本稿では「神宮雑書」（神宮古典籍影印叢刊『神宮神領記』）所収の建久三年（一一九二）八月付「伊勢太神宮領注文」（以下「神領注文」と称する）を基本史料として使用する。この「神領注文」については、すでに稲本紀昭氏の詳細な研究があり〔稲本　一九八五〕、伊勢国内においては「非神郡所在の御厨園が、「神領注文」に未記載である事」、また「伊勢国外にあっても、神宮にとって重要と考えられる所領を欠落させている事」から、「「神領注文」によって神宮領を分析する場合、それが神宮領の一部分のみの記載である事、なかでも、中核的所領は全て欠如している事を前提にして行わなければならない事」が指摘されている。極めて重要な指摘であり、「神領注文」所載の所領が「神宮領の一部分のみの記載」であることは間違いないが、その「中核的所領は全て欠如している」か否かについては、ことに伊勢国外では検討の余地があり、何より十二世紀における神宮領の全貌をうかがい知ることのできる史料が他にないことから、上記の前提を踏まえた上で、使用することをあらかじめお断りしておきたい。

1　東海神宮領の成立

神宮領が東海地方に集中する第一の理由として、つとに萩原龍夫氏の指摘にあるとおり〔萩原 一九六二〕、伊勢・伊賀・尾張・三河・遠江の五ヵ国に元来、神宮の神戸（本神戸・新神戸）が置かれていたという歴史的前提が考えられる。たとえば尾張国最大（五四〇町）の神領である中嶋郡の笑生御厨（治開田神領）は、建久の「神領注文」に「本新両神戸四至の内、度々勅免を為すの上、去る嘉承二年重ねて奉免宣旨を下さるる也」とあるとおり、尾張国本神戸・新神戸内に嘉承二年（一一〇七）、重ねて宣旨を得て成立した神領であった。また遠江国大墓御園（御厨）も「神領注文」に「本神戸内也」とあり、「本神戸司高正」が給主となっていることから、やはり遠江国本神戸を基盤として成立した神領であったことが知られる。

尾張・三河・遠江の三ヵ国に神宮の神戸（本神戸）が設置されていたことは、古く延暦二十三年（八〇四）の「止由気宮儀式帳」「皇太神宮儀式帳」（いわゆる延暦儀式帳）に見え、平安初期にまで遡ることが疑いない。「大神宮諸雑事記」によればその設置は倭姫命巡幸に遡るとされ、あくまでも「創始伝説」とは言え、神宮と東海三ヵ国との関わりが神宮の創始にまで遡る可能性を示唆している。さらに天慶三年（九四〇）八月二十七日、朝廷が藤原純友の乱鎮圧を謝して、尾張・三河・遠江三ヵ国から封戸（新神戸）各十戸を神宮に寄進するに及び（『扶桑略記』同日条、『神宮雑例集』所収同日付太政官符）、東海三ヵ国と神宮との結びつきは、より強いものとなっていった。

十一～十二世紀、律令体制の解体に直面した神宮神官層が、こうした古くからの関係性を利用して尾張・三河・遠江に神領を確保していったことは容易に推測できよう。しかし神戸の存在は、決してそれのみで東海地方に神宮領が集中する所以を説明できるものではない。東海三ヵ国の本神戸は尾張国中嶋神戸・三河国渥美神戸・遠江国浜名神戸の三ヵ所を指すが(「神宮雑例集」)、建久の「神領注文」により、十二世紀末までに成立していたことの知られる東海三ヵ国と駿河を合わせた四ヵ国の神宮領を一覧表にすると(表1)、必ずしも本神戸の置かれた中島郡・渥美郡・浜名郡の神領が多数を占めるわけではないことが読み取れる。神宮領は一概に神戸を基盤として成立したものばかりではなかったのである。ここで東海神宮領成立の第二の背景として、これまでも再三指摘されてきた「海上往反の容易」［棚橋 一九八三］という側面が注目される。

表1　東海四ヶ国の神宮領

国	郡	御厨	本家	給主	建立	西暦	現比定地(含推定)	隣接する水運	備考
尾張	愛智	一楊御厨	内宮	荒木田元雅	嘉承注文	一一〇八	名古屋市中川区・中村区	庄内川	樋口一九九一
尾張	丹羽	搗栗御園	内宮	荒木田守長	嘉承注文	一一〇八	一宮市千秋町勝栗	青木川	
尾張	丹羽	高屋御厨	外宮	度会雅元	嘉承注文	一一〇八	江南市高屋町	犬山扇状地	
尾張	丹羽	瀬辺御厨	外宮	度会頼行	嘉承注文	一一〇八	不明		
尾張	中島	酒見御厨	外宮	度会睦元	嘉承注文	一一〇八	一宮市今伊勢町本神戸	日光川	
尾張	丹羽	新溝御厨	外宮	荒木田成仲	嘉承注文	一一〇八	岩倉市新溝神社周辺か	五条川	
尾張	丹羽	新溝神領	外宮	故権神主成光子息	嘉承注文	一一〇八	同上か	五条川	
尾張	未勘	千丸垣内御園	外宮	小治田恒安子息	嘉承注文	一一〇八	不明		
尾張	丹羽	楊橋御園	内宮	荒木田忠満	嘉承注文	一一〇八	不明		
尾張	丹羽	託美御園	外宮	度会雅遠	長元年中	一〇三七	扶桑町高雄	犬山扇状地	
尾張	中島	治開田神領	二宮	大中臣氏子	嘉承2年	一一〇七	一宮市開明旧野府村	野府川	奉免宣旨
尾張	海部	立石御厨	二宮		嘉保3年	一〇九六	愛西市立石	及川(現木曽川)	往古神領
尾張	海部	三人部御園	内宮	荒木田俊正	長元4年	一〇三一	愛西市江西町周辺	及川(現木曽川)	
尾張	中島	奥村御厨	内宮	荒木田成長	治暦年中	一〇六九	一宮市奥町	及川(現木曾川)	往古神領
尾張	中島	御母板倉御厨	二宮	大中臣宣実	不明		一宮市御裳神社周辺	及川(現木曾川)	往古神領

尾張	愛智	野田御園	内宮	故遠良所由	不明		稲沢市祖父江町野田	及川(現木曽川)	
尾張	海部	伊福部御厨	二宮	度会光親	寛治7年	一〇九三	不明		
三河	渥美	橋良御厨	内宮	荒木田重章	嘉承注文	一一〇八	豊橋市橋良神社周辺	柳生川	
三河	未勘	生栗御園	二宮	荒木田清正	嘉承注文	一一〇八	不明		
三河	幡豆	饗庭御厨	外宮	源国長	嘉承注文	一一〇八	西尾市饗庭神社周辺	矢崎川	
三河	渥美	薑御園	外宮	度会雅元	嘉承注文	一一〇八	豊橋市御園町東田神明宮周辺	朝倉川	
三河	渥美	伊良胡御厨	外宮	度会貞村	嘉承注文	一一〇八	田原市伊良湖町	伊勢湾	
三河	八名	神谷御厨	二宮	星野範信入道	仁安3年	一一六八	豊橋市石巻本町(旧神ヶ谷村)	三輪川・神田川	
三河	渥美	高足御厨	内宮		不明		豊橋市高師本郷町高芦神明社周辺	梅田川	
三河	幡豆	蘇美御厨	外宮	前左大臣家	保延6年	一一四〇	西尾市北東部須美川流域	須美川	往古神領
三河	渥美	吉田御園	外宮	故少納言重綱	長寛元年	一一六三	豊橋市八町通周辺	豊川	
遠江	浜名	尾奈御厨	内宮		嘉承注文	一一〇八	浜松市浜名区三ヶ日町上尾奈・下尾奈	猪鼻湖	
遠江	引佐	都田御厨	内宮	大中臣公宣	嘉承注文	一一〇八	浜松市浜名区都田町	都田川	
遠江	長上	蒲御厨	内宮	荒木田成長	嘉承注文	一一〇八	浜松市東部蒲神明宮周辺	天竜川・馬込川	
遠江	山名	鎌田御厨	内宮	度会為康	嘉承注文	一一〇八	磐田市鎌田神明宮周辺	太田川・今之浦川	
遠江	引佐	刑部御厨	二宮	大中臣親範	嘉承注文	一一〇八	浜松市浜名区細江町刑部城周辺	都田川	
遠江	未勘	豊永御厨	二宮	故源中納言家子息	寛治元年	一〇八七	不明		
遠江	佐野	山口御厨	外宮	度会光親	延久2年	一〇七〇	掛川市山口神社周辺	逆川	
遠江	佐野	小高御厨	二宮	源侍従家・藤原顕季	保安2年	一一二一	掛川市小高神社周辺	倉真川	
遠江	長上	美園御厨	二宮	故九条女三位家子息	天養2年	一一四五	浜松市浜名区西美園・東美園周辺	天竜川・馬込川	往古神領
遠江	山名	鎌田御厨良角神領	二宮	度会貞雅	治承2年	一一七八	磐田市鎌田神明宮周辺	太田川・今之浦川	国妨停止
遠江	長上	大墓御園	外宮	本神戸司高正	不明		浜松市浜名区三ヶ日町	猪鼻湖	
駿河	志田	大津御厨	二宮	故一条大納言子息	嘉承注文	一一〇八	島田市大津八幡宮周辺	大津谷川	
駿河	益頭	方上御厨	内宮	荒木田重章	嘉承注文	一一〇八	焼津市北部	瀬戸川	
駿河	駿河	大沼鮎沢御厨	二宮	大中臣親広	嘉承注文	一一〇八	沼津市	黄瀬川	齋藤一九九八
駿河	蘆原	高部御厨	内宮	藤原氏子	治暦2年	一〇六六	静岡市清水区	興津川	
駿河	益頭	小楊津御厨	外宮	大中臣宗親	永保元年	一〇八一	焼津市小柳津	瀬戸川	

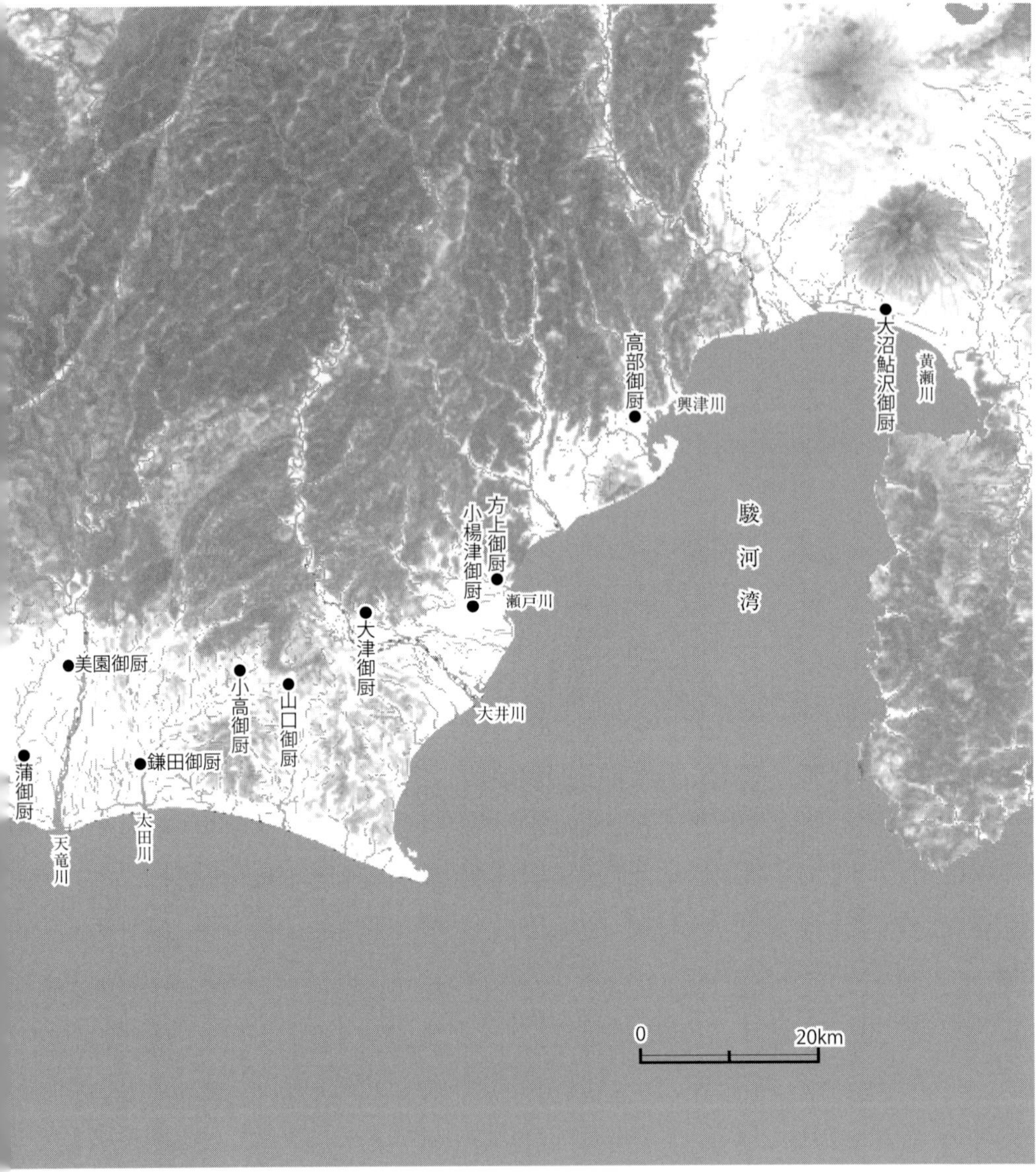
高部御厨
興津川
大沼鮎沢御厨
黄瀬川
駿河湾
方上御厨
小楊津御厨
瀬戸川
大津御厨
大井川
美園御厨
小高御厨
山口御厨
蒲御厨
鎌田御厨
天竜川
太田川
0
20km

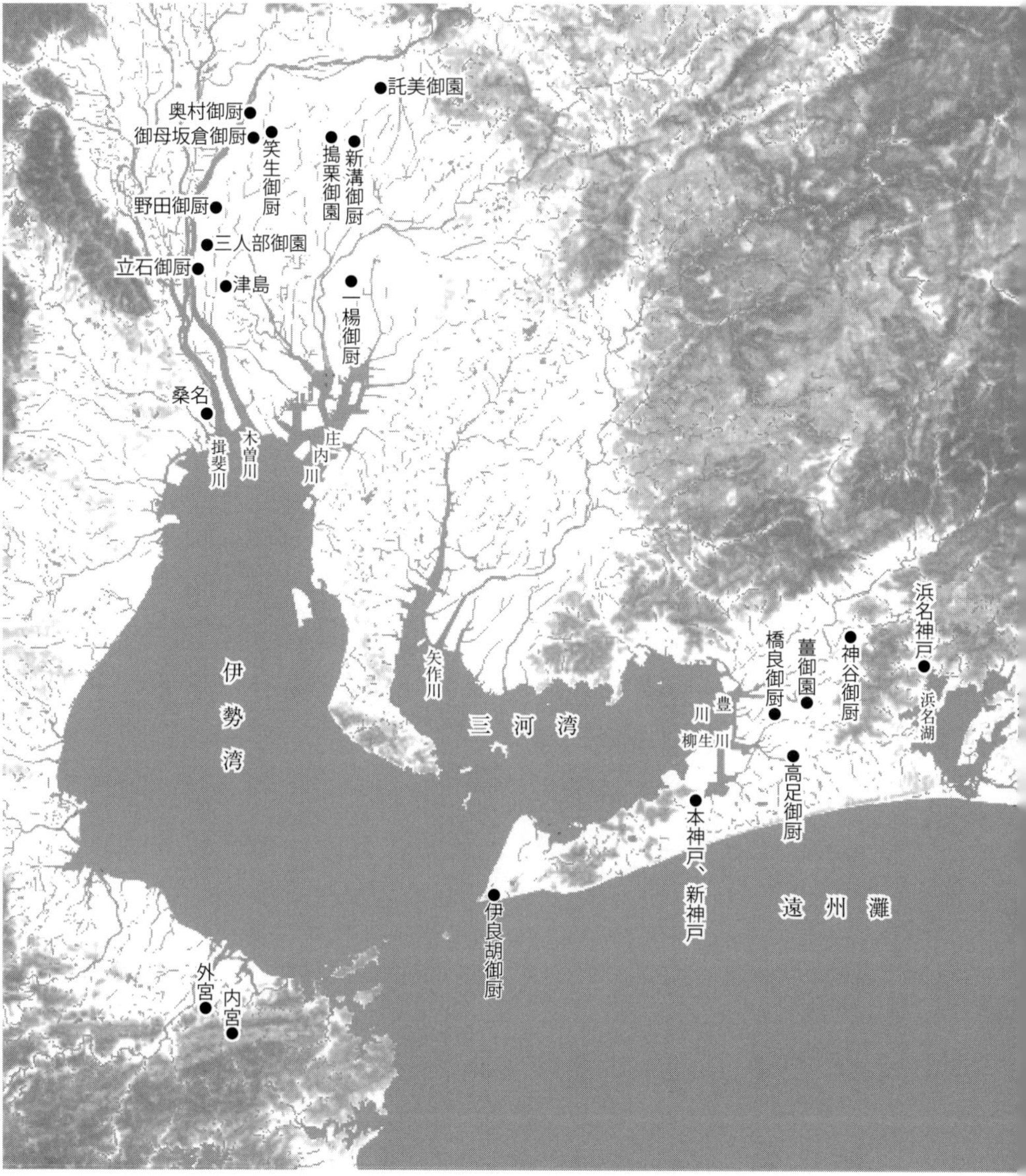

図１　東海四ヵ国の主な神宮領分布図

まずは尾張国から見ていこう。上述した尾張国最大の神領治開田神領＝笑生御厨は、現在の一宮市開明、野府川左岸の旧野府村周辺と考えられ、その北には治暦年中（一〇六五～六九）に成立した「往古神領」奥村御厨（現在の一宮市奥町周辺、以下括弧内は現比定地名）が野府川右岸にあり、その西には今日の木曽川流路に当たる「及川」が流れていた。ちなみに中世の木曽川本流は、中流域の前渡（現在の岐阜県各務原市）から西北西に向きを変え、現在の境川（中世の足近川）の流路をとって墨俣で長良川と合流していた。今日の木曽川に当たる及川の流路がいつまで遡るかは判然としないが、「足近川から及川への流路変更の動きは、九世紀にはすでに始まっていた」とされており［榎原 二〇〇八］、本章が対象とする十二世紀にはすでに存在していたと見てよいだろう。とすると、奥村御厨から及川下流には御母板倉御厨（一宮市御裳神社周辺）や野田御園（稲沢市祖父江町野田周辺）があり、さらに下れば中世尾張国を代表する港湾都市津島があった［山村 二〇〇五］。戦国期の史料ではあるが『宗長手記』はその津島の様子を「をよひ・すの又河落合、近江の海ともいふへし、はしの本より、舟十余艘かさりて、若衆・法師誘引、此河つらの里〳〵数をしらす、桑名まては河水三里計」と伝えており、津島の周辺では及川と墨俣川（今日の長良川）が合流して琵琶湖のようになり、舟十余艘が行き交い、その川の流れは桑名まで続いていたという。「神領注文」所載の東海神宮領の中で最も古い長元四年（一〇三一）に成立した三人部御園の比定地について、現愛西市江西町の旧八開村にあった三方郷（三刀郷）に比定する『日本地理志料』の推定が正しいとすると、嘉保三年（一〇九六）成立の「往古神領」立石御厨（愛西市立石町周辺）とともに、まさにその及川・墨俣川合流地点周辺にあったと考えられ、上述した野府川・及川（木曽川）沿岸の神宮領と併せ、桑名へと続く水運につながっていたと考えて良いだろう。

また「尾張国富田荘絵図」（円覚寺文書）で庄内川を挟んで円覚寺領富田荘と接していたことの知られる一楊御厨（名古屋市中村区と中川区の庄内川左岸）［樋口 一九九二］もまた、中世以来、水上交通の要衝に位置していたことは明白であり、一見内陸部に見える丹羽郡の御厨も、青木川沿いの搗栗御園（一宮市千秋町勝栗）をはじめ、その東南、五条川沿いの新溝御厨（岩倉市新溝神社周辺）、それらの上流に当たる託美御園（扶桑町高雄）など、そのほとんどが犬山扇状地に拡がる網状河川沿いに分布していた［愛知県 二〇一八］。これらの河川は中世以来、たびたび大きくその流路を変えているものの、いずれも最終的には伊勢湾に流れ込んでいたことは確実で、水運を利用して伊勢神宮と結びついていた立地と理解してよい。

次に三河国では、伊勢・志摩・尾張に次ぐ三八ヵ所の神宮領が確認できるが、そのうち約六割に当たる二三ヵ所が渥美郡に集中しており、北方の賀茂郡・設楽郡・額田郡には全く認められない［愛知県 二〇一八］。渥美郡は上述したとおり本神戸・新神戸（田原市神戸町）の置かれた郡であるため、その関係によるとも考えられるが、むしろ伊勢国の神郡や志摩国にも匹敵するその密集度に注目すると、伊勢湾・三河湾をはさんで神宮と隣接していた立地によるものと理解した方が良い。その典型例が渥美半島の先端に位置する伊良胡御厨（田原市伊良湖町周辺）で、後述するとおり鎌倉時代を通じて東海地方で最も重要な神宮領であり続けることとなる。また同じ渥美郡の橋良御厨（豊橋市橋良神社周辺）・蘲御園（豊橋市御園町周辺）・高足御厨（豊橋市高師本郷町周辺）や八名郡の神谷御厨（豊橋市石巻本町周辺）は、三河・遠江国境として数々の和歌に詠まれた高師山から、『更級日記』に見える「三河の国のたかしの浜」へと向かう周辺に位置し、三河湾を通じた水上交通の要衝にあったものと考えられる。

次いで遠江国の神宮領については、すでに山本倫弘氏によって、いずれも主な河川沿いに立地していたことが指摘されている［山本 二〇一一］。たとえば蒲御厨（浜松市東部蒲神明宮周辺）や美園御厨（浜松市浜北区西美園・東御園周辺）は、いずれも天竜川と馬込川（中世天竜川の本流の一つ）の間に位置し、天竜川の河口には「今之浦」とよばれる内陸水面が港湾の役割を果たしていた［榎原 二〇〇八］。また遠江国で最も古い延久二年（一〇七〇）建立の山口御厨（掛川市東部山口神社周辺)は、逆川沿いの成滝からその源流に至る地域と推定され(『日本歴史地名大系』)、逆川を下ると小高御厨(掛川市小高神社周辺)の近くを流れる倉真川と合流し、原野谷川から前川を経て横須賀の潟湖(浅羽の内海)へと流れ込んでいた[榎原 二〇〇八]。横須賀の潟は大型の船舶が停泊できる貴重な良港で、鎌田御厨(磐田市鎌田神明宮周辺)の近くを流れる太田川や今之浦川とも、元島の湊を通じてつながっていたとされる[福田町 二〇〇二]。さらに浜名神戸の系譜を引くとされる浜名郡尾奈御厨や大墓御園(いずれも浜松市北区三ケ日町)は、浜名湖の北西、猪鼻湖沿岸にあり、同じく浜名湖に流れ込む都田川流域の都田御厨(浜松市北区都田町周辺)・刑部御厨(同細江町刑部城跡周辺)とともに、浜名湖水運との関係が深い。

これらを踏まえて『中右記』永久二年(一一一四)二月三日条を見ると、同日、奉幣使として内宮に参着した中御門宗忠は、内宮一禰宜荒木田忠元から、熊野先達と称する悪僧たちの悪事を朝廷として制止してもらうよう陳情を受けているが、その中で「なかんずく遠江・尾張・参河の海賊、強盗多く以て出来、供祭物を奪い取る、甚だ不便の事也」として、「遠江・尾張・参河」の「海賊」が神宮供祭物を奪い取っているとされていることは、裏を返せば十二世紀初頭、「遠江・尾張・参河」からの「供祭物」が、海路を使って伊勢神宮に運ばれていたことを示していよう。

こうした太平洋沿岸の海運を利用して、神宮領は駿河国にも広がっていったものと思われる。駿河国で最も古い治暦二年(一〇六六)建立の高部御厨は、現在の静岡市清水区、旧庵原郡西部で興津川流域以西、長尾川以東、巴川以北の地域一帯に比定されており(『日本歴史地名大系』)、興津川・巴川のいずれを通じても駿河湾に出ることができた。瀬戸川左岸の方上御厨(焼津市北部)、同右岸の小楊津御厨(焼津市小柳津・同豊田周辺)はもちろん、大津谷川流域と推定される大津御厨(島田市大津八幡宮周辺)も、大井川を下れば駿河湾である。なおかつて、内陸の御殿場市から小山町にかけての広大な「みくりや」呼称地域に比定されてきた大沼鮎沢御厨についても、斎藤泰造氏の研究によって、むしろ現在の沼津市に当たる旧浮島沼・浮島ヶ原周辺と推定されており、水上交通の要衝である沼津港や木瀬川宿等との関連が指摘されている［斎藤 一九九八］。

以上、これらの見解をまとめたものが表1の「隣接する水運」欄と図1の「東海四ヵ国の主な神宮領分布図」である。東海地方の神宮領はこうした太平洋沿岸水運と深く結びついていたのである。

2 東海神宮領の伝領

神宮領である御厨・御園に、一般の荘園でいう領家職・預所職に当たる「給主職」が置かれ、神宮の神官である荒木田・度会両氏や大中臣氏が多くその地位に就いたことはよく知られており［西垣 一九七六］、実際、永久三年（一一一五）に一括して神宮領として認定された伊勢国外の神宮領二〇ヵ所のうち、一五ヵ所が建久三年（一一九二）段階においても荒木田・度会両氏に伝領されていたという［棚橋 一九八三］。その一五ヵ所とは、尾張国一楊御厨（給主は荒木田元雅、以下同）・搗栗御園（荒木田守長）・高屋御厨（度会雅元）・瀬辺御厨（度会頼行）・酒見御厨（度会暁元）・新溝御厨（荒木田成仲）・新溝神領（故荒木田成光子息）・楊橋御園（荒木田忠満）・三河国橋良御厨（荒木田重章）・生栗御厨（荒木田清正）・薑御園（度会雅元）・伊良胡御厨（度会貞村）・遠江国蒲御厨（荒木田成長）・鎌田御厨（度会為康）・駿河国方上御厨（荒木田重章）である［棚橋 一九八三］。このようにすべて本稿の対象である東海四ヵ国に集中しており、東海四ヵ国は、荒木田・度会両氏にとっても古くからの重要な経済基盤であったと言える。それではこれらの東海地方の神宮領は、この後、どのように伝領されていったのであろうか。

まずはこれら一五ヵ所以外の東海神宮領の給主から見ていこう。建久の「神領注文」に載る東海四ヵ国の神宮領四二ヵ所の給主は表1の通りであり、右の一五ヵ所を除くと荒木田氏二ヵ所、度会氏四ヵ所、大中臣氏六ヵ所、その他一二ヵ所、不明三ヵ所と、神宮神官以外の給主が意外と多いことに気づかされる。そのうち、三河国神谷御厨の給主「星野範信入道」は熱田大宮司家の藤原範信、遠江国豊永御厨の給主「故源中納言家子息」は応保三年（一一六三）から仁安元年（一一六六）まで遠江権守の地位にあった源雅頼の息（『公卿補任』）、遠江国美園御厨の給主「故九条女三位家子息」は藤原俊成の妹である「九条尼三位」俊子（『尊卑分脈』）の子藤原惟方と推測され、藤原惟方もまた久安五年（一一四九）から保元元年（一一五六）まで遠江守の地位にあったことから（『公卿補任』）、東海地方と関わりの深い中下級貴族が給主となっていたとも推測される。しかし三河国蘇美御厨の「領家前左大臣家」（藤原実定）や、駿河国大津御厨の給主「故一条大納言（藤原公保）子息」などは東海地方の受領となった形跡が認められず、むしろ上述した源雅頼・藤原惟方も含め、院近臣層が給主（領家）となっていたと評価した方が良い。その意味で当該期の神宮領は、同時期に数多く成立した院領荘園群と極めてよく似た性格を有しており、実際にたとえば駿河国大津御厨は、文治五年（一一八九）、「太皇太后宮（近衛天皇皇后藤原多子か）領」（『吾妻鏡』同年五月二十二日条）という事実上の院領（王家領）であった。

このように院近臣層が神宮領の領家（給主）となった背景を考える糸口として、次に遠江国小高御厨の伝領過程を見てみよう。小高御厨は保安二年（一一二一）、大江公仲の娘仲子が外宮権禰宜度会忠倫を「口入人」として神宮に寄進したことにより成立した御厨であり、忠倫の地位は天承元年（一一三一）には度会彦忠（同年十月二十二日付「小高厨上分米寄進状案」光明寺古文書）、建長二年（一二五〇）には「小高下御厨口入職」として度会彦輔から嫡男邦彦（同年六月十五日付「度会彦輔譲状案」光明寺古文書）、建武二年（一三三五）には同「口入神主職」として度会盛行に伝領された（同年九月十五日付「伊勢神宮祭主下文案」光明寺古文書）。小高御厨は中世前期を通じて度会氏領であり続けたのである。にもかかわらず建久の「神領注文」には「給主源侍従家・藤原顕季等」とある。藤原顕季は善勝寺流藤原氏の祖とされる白河院近臣で、保安四年(一一二三)に没しているので、建久三年(一一九二)時点の「給主」ではあり得ない。おそらくは上述した保安二年の立券に際し、何らかの役割を果たして、その子孫がしかるべき得分権を手に入れていたのであろう。善勝寺流藤原氏と言えば、顕季の孫家成が鳥羽院政期、越後国知行国主として「王家御願寺領」の形成を強引に推し進めたことが知られており〔髙橋 二〇〇四〕、時代は少し遡るが、遠江国でも同様のことがあった可能性は高い。またこうした善勝寺流藤原氏による積極的な立券活動は、村上源氏中院流との結託によっておこなわれたことも指摘されており〔髙橋 二〇〇四〕、世代から考えて「神領注文」に見える「源侍従」は、永久二年(一一一四)に没した源師忠の息侍従師親に比定できるかも知れない(『尊卑分脈』)。

いずれにせよ、上述した院近臣層を「給主」とする神宮領の多くは、この小高御厨のように、実際には荒木田・度会両氏の所領でありつつ、その立券の過程で院近臣層の領有権を介在させたものと推測することができる。なお建武四年(一三三七)、中御門(松木)冬定は小高下御厨を含む八ヵ所を「堀河右大臣」藤原頼宗から累代相伝してきたとして子の宗重に譲っているが(同年八月十一日付「中御門冬定譲状案」南部文書)、頼宗は治暦元年(一〇六五)に没しており、少なくとも保安二年(一一二一)に成立した小高御厨の領主であったとは考えがたい。「神領注文」に見える藤原顕季の子長実の娘は、松木(中御門)宗能に嫁して宗家を産んでいるので(『尊卑分脈』)、あるいはその関係で顕季の有していた「給主職」が松木家へ伝領されたのかもしれない。さらに文和四年(一三五五)、後光厳天皇は遠江国小高下御厨を冷泉為秀に安堵(同年三月十四日付「後光厳天皇綸旨」冷泉家古文書)、応永六年(一三九九)には為秀の子為邦(光膺)が小高御厨を「冷泉少将入道」(光騰)に譲っており(同年九月三日付「光膺〈冷泉為邦〉譲状」冷泉家古文書)、いかなる経緯があったかは不明だが、小高御厨の領有権は松木家から冷泉家へと移っていった。そしておそらく、こうして善勝寺流藤原氏から松木家・冷泉家へと伝領された「給主職」とは別の次元で、外宮禰宜度会氏には、上述した「口入職」が相伝されていたに違いない。

そのような度会氏側の伝領過程を詳しく知ることのできる神宮領として、三河国伊良胡御厨について見てみよう。建久の「神領注文」に「給主同宮(外宮)権神主(度会)貞村等」とあるように、鎌倉初期には度会氏領であった同御厨は、次第に「武家被管」が知行するようになっていたらしく、弘安八年(一二八五)の神領興行法により幕府はこれを没収して改めて神宮に寄進し、翌九年の「聖断」により度会貞尚の領知が確定している(『兼仲卿記』同年十二月三日条、同正応元年十一月巻紙背文書「伊勢外宮禰宜度会貞尚申状」)。この際、「聖断」によって領有を認められた度会貞尚は、時の外宮一禰宜という立場もさりながら、建久の神領注文に見える貞村(度会二門檜垣氏流貞材)の孫(甥貞朝の養子、「考訂度会系図」一上『神宮禰宜系譜』)という由緒も考慮されたらしい〔海津 一九九四〕。つまり伊良胡御厨は、度会氏の中でも檜垣氏流に伝領されていたと言える。ところがその六年後の正応五年(一二九二)、伊良胡御厨は外宮四禰宜度会益房からその嫡子希房に譲られている(同年五月五日付「度会益房処分状写」光明寺古文書)。益房は度会二門頼房流曽禰氏系の出身で(「考訂度会系図別系」上『神宮禰宜系譜』)、その弟右房の孫と思しき冨房が、南北朝時代の貞治三年(一三六四)、「参河国伊良胡御厨御贄納事」の「口入所」を時の三禰宜「行彦神主」に寄進しているので(「諸国御厨御園帳」『神宮神領記』)、伊良胡御厨はその後も曽禰氏流に伝領されたと見てよかろう。しかしその一方で、『鏑矢伊勢方記』(『檜垣兵庫家証文旧記案集』『櫟木文書』などとも呼ばれる)〔西垣 一九六六〕所収の年未詳「度会行文処分状」を見ると、伊良胡御厨は外宮二禰宜度会行文から、尾張国一楊御厨・瀬辺御厨、三河国饗庭御厨、遠江国鎌田御厨・美園御厨などとともに、その嫡男国行・二男繁行・三男行古に譲られている。度会行文は度会二門村松氏系の出身で(「考訂度会系図別系」上『神宮禰宜系譜』)、正中二年(一三二五)三月「遠江国鎌田御厨内仮屋崎郷」を二男繁行に、同月五日「下総国葛西御厨領家口入職」を嫡男国行に譲り（いずれも同日付「度会行文譲状写」鏑矢伊勢方記）、翌嘉暦元年（一三二六）に没しているので（「二所太神宮禰宜転補次第記」『続群書類従』）、右の処分状もその頃のものと考えられる。

こうして曽禰氏流と村松氏系に同時に伝えられた伊良胡御厨の権益は、あるいは上述した小高御厨における「口入職」と「給主職」のような関係だったのかも知れないが、判然としない。むしろここでは、度会（檜垣）貞尚の子に常昌（常良）、度会（村松）行文の従兄弟の子に家行という、伊勢神道思想の大成に多大な足跡を残した二人が、伊良胡御厨を伝領した近親者の中にいることの方に注目したい。常昌と家行の二人は、それぞれ「大神宮両宮之御事」「類聚神祇本源」（いずれも『度会神道大系』前篇所収）の著者として著名だが、永仁五年（一二九七）、内宮と外宮の間で争われた「皇字相論」に際し、ともに上洛して外宮のために奔走したコンビでもあり、文保二年（一三一八）、神宮での神仏隔離の原則を定めた「文保物忌令」制定に際しての一禰宜（常昌）と七禰宜（家行）でもあった［岡野 二〇二二］。そして何より鎌倉末～南北朝初期、後醍醐天皇方に与して北畠親房を伊勢に迎え入れる活動をおこなったことでよく知られている［岡野 二〇〇九］。彼らの一族が、その政治力をもって伊良胡御厨を伝領したのか、むしろ伊良胡御厨をはじめとする御厨収入という経済力こそが、彼らの政治力の源泉であったのか、その前後関係を判断することは難しいが、東海地方の神宮領、とりわけ三河国伊良胡御厨が、度会常昌・家行の一族に伝領されるほど重要な所領であったという事実は、より注目されてしかるべきであろう。

室町時代に入ると正長二年（一四二九）、伊良胡御厨は駿河国方上御厨などとともに烏丸資任（同年四月二十六日付「足利義教御判御教書写」尊経閣文庫所蔵将軍代々文書）、享徳元年（一四五二）にはその子氏光（益光）に幕府から安堵されており（同年八月三十日付「足利義政御判御教書」尊経閣文庫所蔵将軍代々文書）、度会氏から烏丸家の手に渡ったらしい。しかし、正中二年（一三二五）、度会行文から繁行に伝えられた遠江国鎌田御厨内借屋崎郷は、貞和三年（一三四二)、尾張国秋吉御園・遠江国美園御厨・下総国相馬御厨などとともに度会繁行から嫡子行嗣・二男行連・三男十郎丸に(同年四月二十八日付「度会繁行処分状写」『鏑矢伊勢方記』)、応永二年(一三九五)には三河国饗庭御厨・遠江国美園御厨・下総国相馬御厨などとともに度会行連から一子定庭へ(同年十月二十八日付「度会行連処分状写」『鏑矢伊勢方記』)、そして応永二十一年には度会定庭から嫡男氏行へと相続されている(同年二月十三日付「度会定庭処分状写」『鏑矢伊勢方記』)。さらにこの「遠江国鎌田御厨内仮屋崎神役口入上分米」は、長禄二年(一四五八)に至るもなお「往昔以来厳重神税」としてその上納が催促されており(同年二月付「外宮庁宣」『鏑矢伊勢方記』)、室町時代を通じて神宮の重要な収入源であり続けたことがわかる。

一方、伊良胡御厨とともに烏丸家に伝領されることとなる駿河国方上御厨は、応永十六年(一四〇九)、下野国寒河御厨・讃岐国笠居御厨などとともに時の神宮祭主大中臣清世から嫡子清基へ、応永二十四年には大中臣清基から嫡子千代市丸に譲られたところで(同年五月二十二日付「大中臣清基置文写」神宮文庫所蔵)、神宮神官内部の伝領は途絶える。そして管見の限り、これが神宮神官内に伝領された最後の駿河国の神宮領である。ちなみに室町期の駿河と遠江の荘園制を比較検討された湯浅治久氏の研究によれば、「室町期荘園制として荘園領主の所務が継続して実現している所領が存在するのは遠江まで」とのことだが[湯浅 二〇一〇]、伊勢神宮領についても、遠江と駿河の間には大きな断絶があり、神宮側の所務が室町時代を通じて存続したのは遠江国までと言えそうである。

実際、享徳元年(一四五二)、神宮から諸国の神宮領に対し、上分米催促のために下す「庁宣」の宛先一覧として作成された「享徳庁宣注文」(神宮文庫所蔵)を見ると、尾張・三河・遠江の所領は確認できるものの、駿河国の所領名は確認できない。さらに戦国時代、天文五年(一五三六)に作成された「天文庁宣」(神宮古典籍影印叢刊『神宮神領記』)を見ると、東海地方では「近代尾州三通」として「一柳・立石・蓮台」の三ヵ所、「三河国三通」として「大津・高松・川内」三ヵ所の計六ヵ所のみが書き上げられており、今度は遠江国の所領名が消えている。よって平安末から戦国期に至るまで、中世と呼ばれる時代を通じて存続した東海地方の神宮領は尾張国と三河国、さらに具体的な所領でいうと、建久年間から天文年間まですべて存続したのは尾張国一楊(一柳)御厨と立石御厨の二ヵ所のみということになる[鈴木 一九九八]。庄内川河口部左岸に比定される一楊御厨も、及川(木曽川)と墨俣川(長良川)の合流地点に比定される立石御厨も、桑名へとつながる水上交通の要所に位置しており、この地域こそが、東海地方の神宮領を最後まで支え続けた要所でもあったと結論づけることが許されよう。

おわりに

まずは以上、述べてきたところを簡単にまとめておこう。東海地方は古代以来、本神戸・新神戸が設置されるなど、伊勢神宮との関わりが深く、その歴史的前提を基盤として、多くの御厨・御園が成立した。もとよりその背景には、伊勢湾・三河湾をはじめとする太平洋沿岸の海運を通じた水上交通の利便性という地理的条件があったことは言うまでもない。こうして神宮を本家として成立した御厨・御園には、一般の荘園の領家職・預所職に当たる給主職・口入職が置かれ、その得分は早くから院近臣層をはじめとする神宮外部に伝領される場合もあったが、基本的には口入職を中心として神宮の神官である荒木田・度会・大中臣の各氏に伝領され、ことに三河国伊良胡御厨などは、鎌倉時代、伊勢神道思想の大成に多大な足跡を残した度会氏の一族に伝えられてその経済基盤ともなった。中世後期になると、まず室町時代に駿河国の神領が失われ、次いで戦国時代に入る頃には遠江国の神領が消滅したが、尾張国と三河国の神領は戦国時代まで存続したと言える。

最後に戦国時代における興味深い事例を一つ紹介して本稿を終えたい。天文二十年(一五五一)、幸福光俊・光任という伊勢御師が、三河国神谷御厨の「上分一円」を、「宮司大副殿」から購入したとして、同じ御師大主屋源左衛門に「現銭六十貫文」で売却した(同年十一月十八日付「幸福光俊・同光任連署売券」大主文書)。幸福家は甲斐の戦国大名武田家を檀那としたことで知られる八日市場の外宮御師[窪寺 二〇二三]、大主家もまた同じ八日市場で暮らす外宮御師であり[千枝 二〇一五]、ともに荒木田・度会両氏とは異なる出自を持つ「異姓家」であった。一方、三河国神谷御厨と言えば、建久の「神領注文」では熱田大宮司家の「星野範信入道」が給主であった。ここで言う「上分一円」がその「給主職」の系譜を引くものか否かは不明だが、「宮司大副」である大中臣氏に伝領された「上分一円」が、禰宜家の系譜を引かない異姓家御師の手に渡り、異姓家御師の間で売買されるに至ったということは、神宮領である御厨からの収入が、御師の収入に引き継がれていたことを示していよう。伊勢御師の淵源を平安後期の「口入神主」に求めるか否かは議論の分かれるところだが[岡野 二〇二一]、少なくとも「口入神主」を通じた神宮と東海地方とのつながりが、伊勢御師と東海地方とのつながりに引き継がれたことは確かである。かくして東海地方に拡がる御厨・御園の景色は、伊勢御師と檀那の関係へと移り変わっていくこととなる。

参考文献

愛知県　二〇一八『愛知県史』通史編2中世1

朝比奈新　二〇二四『荘園制的領域支配と中世村落』吉川弘文館

稲本紀昭　一九八五「建久三年「伊勢太神宮領注文」と『神鳳鈔』―神宮領分析の基礎視角―」『史林』六八(一)

榎原雅治　二〇〇八『中世の東海道をゆく―京から鎌倉へ、旅路の風景―』中公新書

岡野友彦　二〇〇九『北畠親房―大日本は神国なり―』ミネルヴァ書房

岡野友彦　二〇二一『中世伊勢神宮の信仰と社会』皇學館大学出版部

海津一朗　一九九四『中世の変革と徳政―神領興行法の研究―』吉川弘文館
窪寺恭秀　二〇二三『伊勢御師と宇治山田の学問』弘文堂
齋藤泰造　一九九八「駿河国大沼鮎沢御厨発祥地考」『地方史静岡』二六号
静岡県　一九九七『静岡県史』通史編2中世
鈴木勝也　一九九八「「尾張国御厨御園考」(上)(下)―中世伊勢神宮領の一分析―」『皇學館論叢』31巻4・5号
髙橋一樹　二〇〇四『中世荘園制と鎌倉幕府』塙書房
棚橋光男　一九八三『中世成立期の法と国家』塙書房(初出『日本史研究』一五五・一五六、一九七五年)
千枝大志　二〇一五「「大主家文書」について」『皇學館大学研究開発推進センター紀要』1号
西垣晴次　一九六六・六七「鏑矢伊勢方記(一)(二)」『東京学芸大学附属高等学校研究紀要』Ⅳ・Ⅴ
西垣晴次　一九七六「中世神宮領の構造―建久年間を中心に―」『古代・中世の社会と民俗文化』弘文堂
萩原龍夫　一九六二『中世祭祀組織の研究』吉川弘文館(補論第一「伊勢信仰の発展と祭祀組織」)
樋口州男　一九九一「尾張国富田荘絵図」荘園絵図研究会『絵引荘園絵図』東京堂出版
福田町史編さん委員会　二〇〇二『福田町の歴史』
山村亜希　二〇〇五「中世津島の景観とその変遷」『愛知県立大学文学部論集』五三号
山本倫弘　二〇一一「中世前期地域社会の形成と権門体制」『静岡県地域史研究』創刊号
湯浅治久　二〇一〇「室町期駿河・遠江の政治的位置と荘園制」『中世政治史の研究』日本史史料研究会

中世石塔と東海の地域性

溝口　彰啓

はじめに

中世石塔は、地域の歴史を雄弁に語る文化財ながら、長らく石造美術の研究対象となり、美術的な観点に注目が集まっていたが、近年、地域に残る中世石塔の悉皆的な調査と考古学的手法による研究が急速に深化しつつある。これまで顧みられなかった紀年銘を持たない石塔部材であっても、実測図による形式分類と編年研究によって時間軸が与えられ、またその分布傾向を探ることにより、歴史的・文化的な側面に迫ることが可能になった。

こうした研究動向のなかで、平成二十一年におこなわれた石造物研究会第10回研究会で「東海地域における中世石塔の出現と展開」をテーマとして、それまでの研究成果を踏まえた東海各地域における中世石塔の考古学的な手法による分布論・編年論が報告され、十三世紀代～十五世紀中葉頃までの出現期から展開期のあり方が地域ごとに整理された。その結果、中世石塔を東海地域全体で考える基礎的なデータが集積されたのである。

本稿では、東海道を切り口とした歴史像を概観するにあたって、上記の成果を改めて整理しながら、東海地域における中世石塔の造立状況を手がかりに、歴史的背景や地域的特徴を考えてみたい（東山道の美濃国も現行の岐阜県は東海地域に含むので取り上げる)。なお、中世石塔が大量に造立される十五世紀後葉〜十六世紀代については、その前段階との間に石塔造立に関わる画期が認められるが、現在各所で調査は進みつつあるものの、資料が大量ゆえにいまだ研究途上にあり、部分的な言及にとどまらざるを得ない。さらに資料数の少ない層塔・多宝塔・無縫塔といった石塔に関しては、地域的な特徴をつかむことが難しいため、考察の対象から外している。したがって、ここでは、地域的な比較が可能で、かつ資料数のそろっている中世石塔の導入期から展開期にあたる、十三世紀代〜十五世紀中葉頃までの五輪塔と宝篋印塔を主な対象とする。考察にあたっては、石塔の形式分類と編年指標の一つであり、またモノとしての動きを知る手がかりともなり得る使用石材に着目したい。東海地域の場合、花崗岩・凝灰岩・安山岩・砂岩の四種に大きく分けられるので[溝口二〇一二]、これらの石材に注意しながら考察する。

1　東海各地域の中世石塔

(1)伊勢の石塔(図1)

伊勢国では伊賀国との境界付近や伊勢神宮周辺などで早くから石塔の造立が確認され、十四世紀代にかけて主要街道沿いを中心に分布圏を拡大させていく。石塔導入当初の石材は、花崗岩に加えて伊勢中部周辺の軟質砂岩などが使用され、十四世紀前葉頃には花崗岩が主体であり、十四世紀中葉以降は砂岩や凝灰岩など地元石材が再度その数を増加させる[竹田二〇〇九]。

五輪塔　伊勢で最も古い紀年銘を持つ五輪塔は、弘安八年(一二八五)銘の花崗岩製の賢明寺五輪塔(津市)である。中ノ村真光五輪塔(津市)、棚橋蓮華寺五輪塔(渡会町)は、各輪に梵字を刻む花崗岩製五輪塔で、十三世紀末葉頃の年

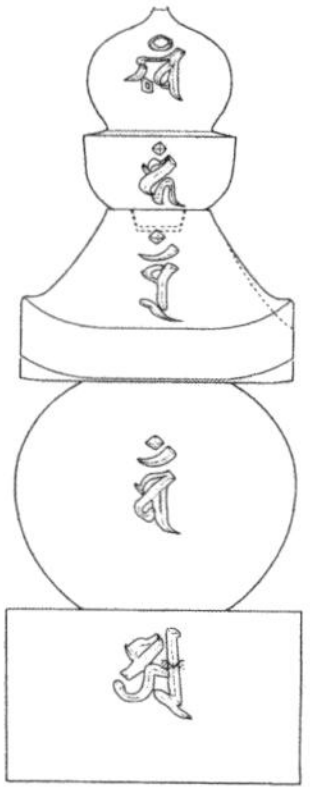

1　棚橋蓮華寺五輪塔
凝灰岩製

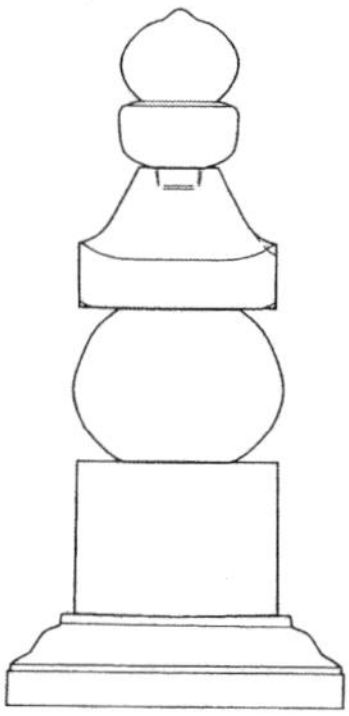

2　北山墓地２号塔
花崗岩製

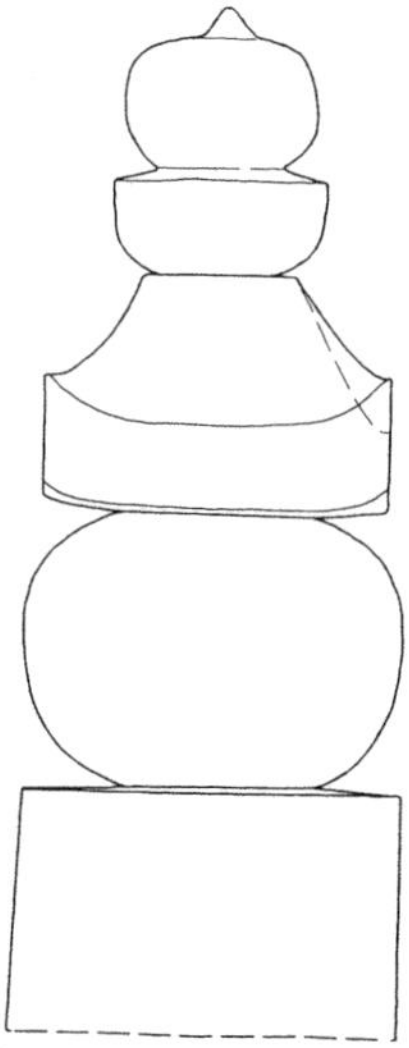

3　楠部大五輪
花崗岩製

4　丹生神宮寺宝篋印塔
正和三年（1314）
花崗岩製

5　東林寺宝篋印塔
貞和四年（1348）
硬質砂岩製

6　射和蓮生寺宝篋印塔
永和二年（1376）
硬質砂岩製

（1・2・4：S=1/30、3：S=1/40、5・6：S=1/20）

図１　伊勢の石塔（竹田 2012）

代が考えられる。これらは、南大和から伊賀を通じて伊勢地域にもたらされた経路が想定され、京都醍醐寺との関係がうかがえることも指摘されている［狭川 二〇〇九］。十三世紀末葉頃には、花崗岩製のほかにも、地元の砂岩や凝灰岩を石材とした五輪塔が散見され、導入期から在地石材の使用が認められることから、製作技術とあわせて石塔を受容していたことが想定できる。

十四世紀代にかけて、五輪塔は伊勢の各所で造立される。前葉は大半が花崗岩製五輪塔であり、中葉以降になると、在地の砂岩や凝灰岩が再び使用される。また、十四世紀中葉までは全輪に梵字を刻む五輪塔が多いのに対して、中葉以降は梵字のない五輪塔が造立される。楠部大五輪（伊勢市）や北山墓地五輪塔群（伊勢市）が典型例である。梵字のない定型化した大型五輪塔は、奈良西大寺叡尊墓塔を祖型とする西大寺様式の律宗系五輪塔と評価されており、律宗寺院の高僧の墓塔との関連性が考えられる。十四世紀後葉にかけて、五輪塔は群をなす事例も多くなり、その造立数を増していく［竹田 二〇〇九］。

宝篋印塔　銘文のある最古の宝篋印塔は、正安四年（一三〇二）銘の三多気真福院（津市）の凝灰岩製宝篋印塔だが、正和三年（一三一四）銘の丹生神宮寺宝篋印塔（多気町）など、十四世紀代の大型宝篋印塔は、花崗岩製が多くを占めている。十四世紀中葉頃からは、砂岩や凝灰岩を使用した宝篋印塔が増加していくようである。十五世紀中葉頃までの宝篋印塔は、主要街道沿いなどに単独で造立されている事例が大半で、また基礎や塔身の特徴から、分布域によっては大和や近江の影響を受けて製作された可能性も指摘されている［竹田 二〇一二］。

十四世紀中葉頃より製作が開始されるのが硬質砂岩製の宝篋印塔である。貞和四年（一三四八）銘のある東林寺宝篋印塔（いなべ市）を最古例として、伊勢国内だけでなく、濃尾平野や知多半島にまで分布している。十四世紀代は有力領主の本拠周辺や、交通の要衝でのみ分布するが、十五世紀代には地域的な偏差はあるものの、面的な分布を見せるようになり、十六世紀にかけても造立は続く。

石塔に使用された硬質砂岩の産地は、少なくとも北伊勢・南伊勢にあり、各地に搬出されていったと考えられるが、石材の質を問わない共通の「デザイン」(意匠)が認められることから、石材の分布範囲と石工集団が及ぼす影響の範囲は、必ずしも一致しないことが指摘されている［竹田 二〇一二］。共通の意匠を持つ硬質砂岩製の宝篋印塔は、美濃地域にも広く分布が確認される一方で、石質の異なる各地の在地石材を使用しつつも、石塔の意匠に対する共通意識が広域に及ぶものであったと推察される。

(2) 美濃の石塔(図2)

美濃の中世石塔に使用される石材は、花崗岩と砂岩が主体である。花崗岩は東濃地域を中心に露頭があり、砂岩は養老山系で産出する硬質砂岩が知られている。十五世紀中葉頃までの中世石塔は、花崗岩製の五輪塔と宝篋印塔が点的に確認されるものの、数量は多くない。十四世紀中葉以降には、硬質砂岩製の宝篋印塔が盛んに造立されるようになり、美濃地域の広範囲に分布域を広げていく［三宅・小野木他 二〇〇九］。

五輪塔　土岐氏の一族墓とされる光善寺跡(瑞浪市)には類代の墓塔が所在しており、最も古いものは十三世紀末葉～十四世紀前葉頃に位置づけられ、十四世紀代を通じて造立されている［狭川 二〇一一］。東濃の染戸五輪塔(恵那市)は、繰形座を持ち、各輪に梵字のない花崗岩製大型五輪塔であり、十四世紀前葉～中葉に位置づけられている。染戸五輪塔は、奈良西大寺叡尊墓塔を祖型とする西大寺様式の律宗系五輪塔と認識できることから、律宗寺院長康寺の奥の院に造立されたものと考えられている［松井・溝口 二〇一〇］。十四世紀代頃までの五輪塔は、面的な広がりが確認できず、上記のほか、長江氏墓塔(関ヶ原町)やお君が塔(瑞浪市)など、武士層の一族墓や高僧などの墓塔・供養塔として、限

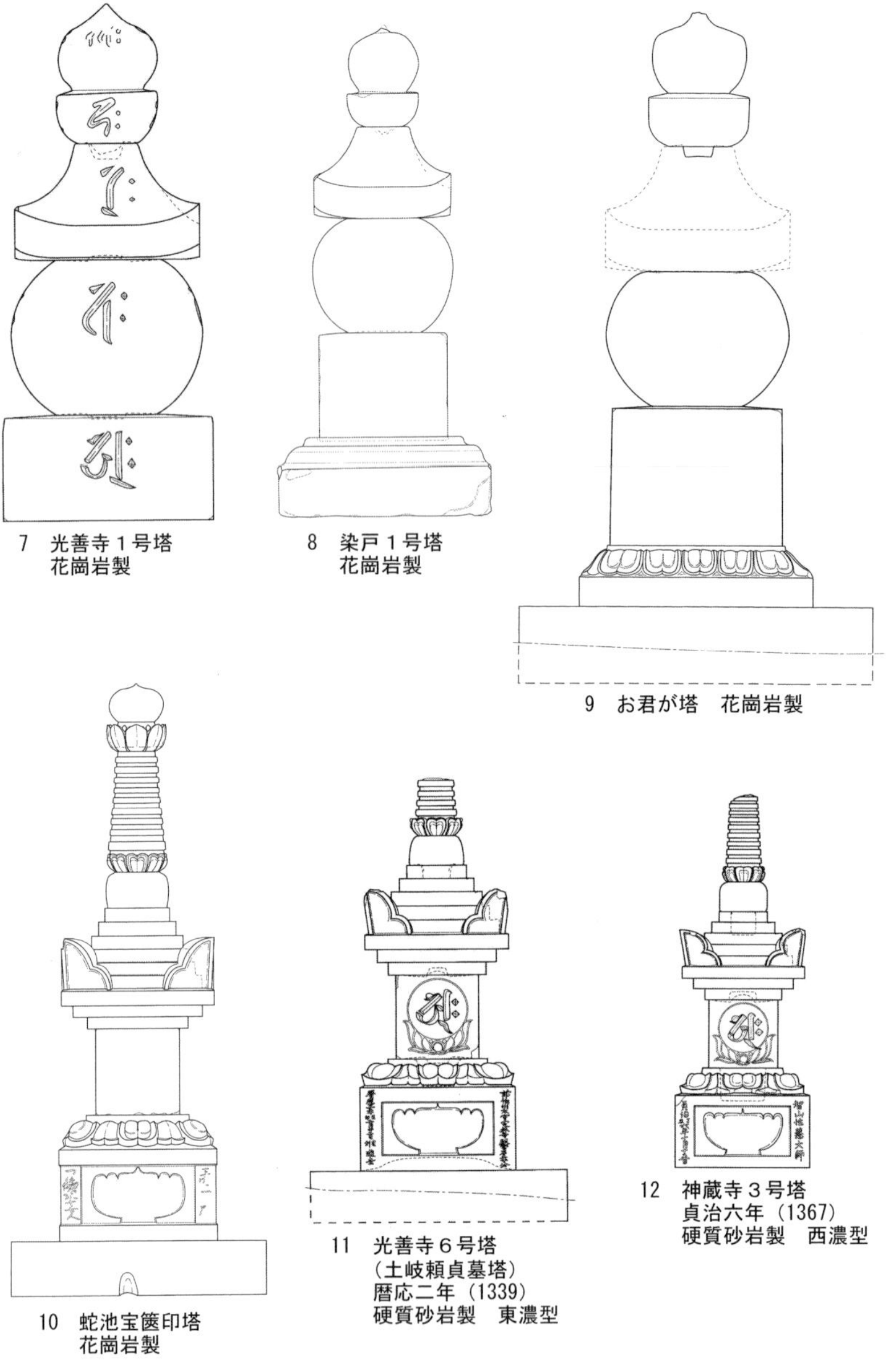

（7・11・12　：S=1/20、8・9・10：S=1/30）

図2　美濃の石塔（瑞浪市 2011）

られた地域において造立される傾向が強い[三宅・小野木他二〇一一]。瑞浪市・土岐市・恵那市などで実施された悉皆調査によれば、中世石塔が大量造立される十五世紀後葉以降には、小型化した花崗岩製五輪塔が、各所で多量に造立されることが明らかとなった[松井・溝口二〇一〇、三宅・小野木他二〇一一]。地域差はあるものの、美濃における十五世紀後葉以降の広域的な石塔の量産化を示すものと理解されている。

宝篋印塔　正安二年(一三〇〇)銘のある蛇池宝篋印塔(海津市)が、花崗岩製宝篋印塔として最も古く位置づけられる。西濃地域では長江氏墓塔(関ヶ原町)など十四世紀代の花崗岩製宝篋印塔の事例はあるが、数は少なく点的な造立であった。

暦応二年(一三三九)銘の土岐頼貞墓塔を最古例として、美濃地域では、十六世紀代まで美濃産の硬質砂岩製宝篋印塔が広く造立される。形態的には関西形式の要素を備え、花崗岩製宝篋印塔に祖型を持つものと考えられるが、先述した伊勢地域の硬質砂岩製宝篋印塔とは意匠の点で共通性が高く、一概に形態のみで系譜を追うことは難しい。十四世紀代には西濃地域や美濃東部土岐川流域などに分布域が比較的まとまり、十五世紀代以降になると分布域が面的に拡大する。また、塔身や基礎の特徴から分類することが可能とされ、それぞれの分布域から西濃型と東濃型宝篋印塔として把握されている[小野木二〇一二]。分布域の面的な拡大は、造立主体者の増加によって各地域で製作された石塔が拡散していった結果と推測されており、さらに十五世紀後葉以降には、硬質砂岩製のみならず、東濃地域には安山岩製の宝篋印塔も確認できるようになる。製作者集団の在地での造塔活動が活発化していったことを示すものと評価されている。

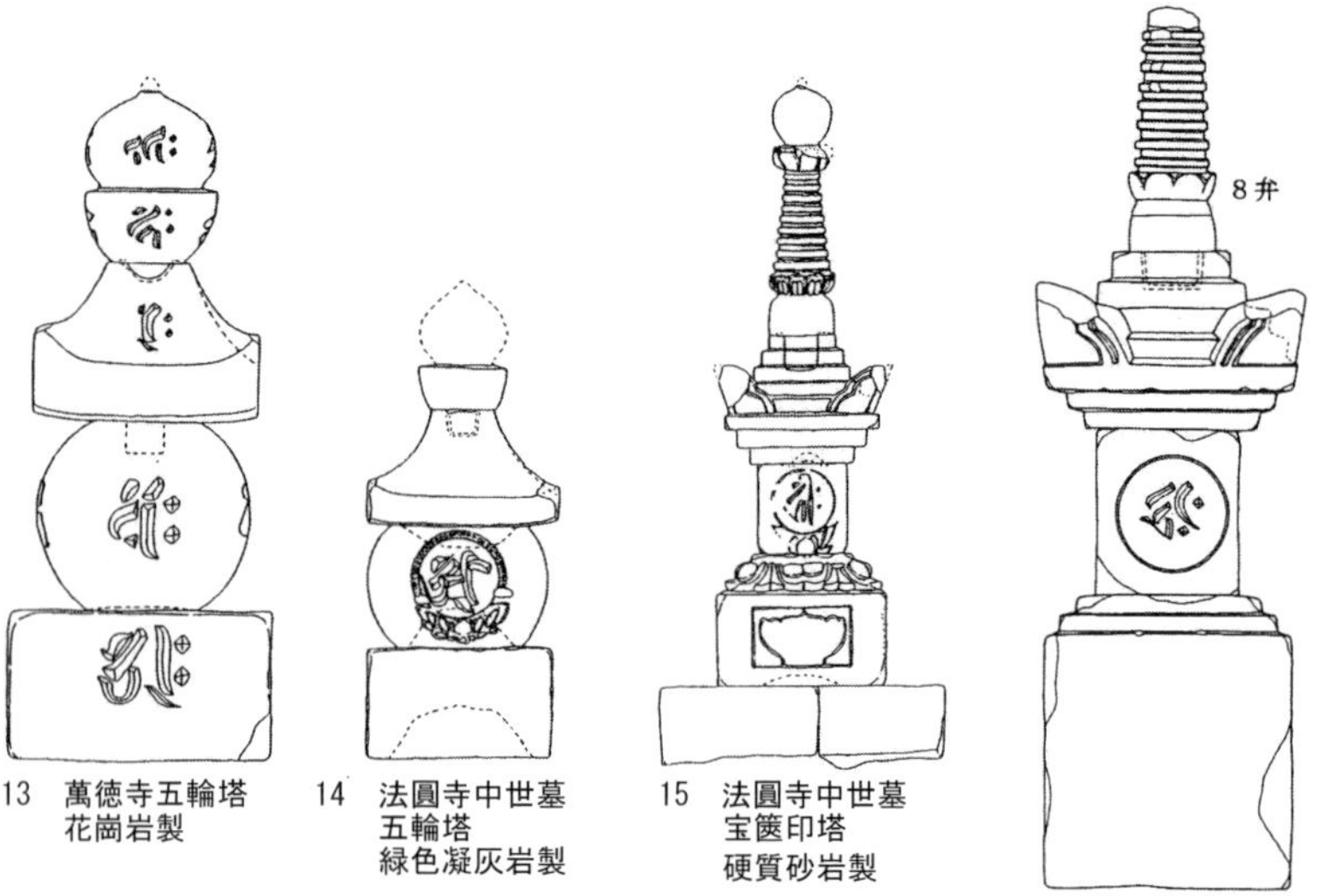

図3　尾張・三河の石塔（松井・木村 2011）

(3) 尾張・三河の石塔（図3）

尾張・三河では、他地域と比較すると、鎌倉〜室町中期頃の石塔造立は盛んではなかったものと考えられる。当地域では花崗岩や砂岩の産地はあるものの、それらを使用した石塔が造立されるのは、十五世紀後葉以降とみられ、その前段階には局所的に近畿や美濃などからの搬入品が確認できるのみである［松井・木村 二〇一二］。

五輪塔　法圓寺中世墓（一宮市）や萬徳寺（稲沢市）などには、紀年銘を欠くものの、十三世紀後葉頃に比定される花崗岩製五輪塔が残されている。十四世紀代にかけて数基が確認されるが、極めて少数であり、面的な分布は否定せざるを得ない。法圓寺中世墓では、越前産の緑色凝灰岩（笏谷石）製の五輪塔もあり、北陸との関わりも想起させる。

三河では、長泉寺（蒲郡市）の伝安達藤九郎盛永供養塔が十三世紀代唯一の花崗岩製五輪塔とされ、伊勢や美濃方面からの搬入品と推定される［松井・木村 二〇一二］。三河の場合、岡崎産の花崗岩製石塔は、十五世紀後葉以降に大量生産され、岡崎周辺で多くを占めるようになるが、形態的特徴から十五世紀後葉頃に位置づけられる長秀寺(田原市)の松代姫墓などが大量生産の始まる前段階の、中世石塔の祖型になると考えられている[松井・木村 二〇〇九]。

宝篋印塔 尾張では、法圓寺中世墓や萬徳寺で十四世紀代の宝篋印塔が数点確認されるが、極めて数は少ない。石材は硬質砂岩で、石塔の特徴から美濃地域からの搬入と考えられる。三河の鎌倉~室町中期頃の宝篋印塔も同様で、硬質砂岩製の部材が数点確認される程度である。岡崎産花崗岩製の最も古い段階の宝篋印塔は、尾張に搬入された運徳寺荒尾氏墓塔(東海市)など大型品が該当するものとみられるが、各部材の特徴から十五世紀中葉頃をさかのぼるものではない。荒尾氏墓塔などの大型品は、十五世紀後葉以降に隆盛する岡崎産花崗岩製の三河型宝篋印塔の祖型となるものであろう。こうした大型の宝篋印塔は、在地の有力領主らと関係の深い寺院などに残る事例が多数確認できるため、彼らの一族墓などに導入されていった可能性が指摘されている[西尾市 二〇二〇]。十五世紀後葉以降になると、五輪塔・宝篋印塔ともに搬入品はほとんどみられず、西三河では岡崎産花崗岩、東三河では東三河産砂岩製品がそれぞれに分布域を重ねながら、盛んに造立されるようになる。

(4) 遠江・駿河・伊豆の石塔(図4)

遠江・駿河・伊豆の中世石塔は、五輪塔と宝篋印塔がほとんどを占め、東海道が横断する東西に広い地理的特性を反映するかのように、石材や形式によって把握できる地域的な特徴も、それぞれ異なることが悉皆的調査によって明らかとなった[松井・木村・溝口他 二〇〇五~二〇〇九]。地域的特徴を知る手がかりは先に述べたように石材であり、花崗岩・凝灰岩・安山岩・砂岩の四種に大きく分かれる[溝口 二〇一二]。これらの研究とともに、静岡県が実施した県内の中近世墓調査事業の成果[静岡県教委 二〇一九・二〇二〇、静岡県 二〇二一]を踏まえ、地域的動向を確認する。

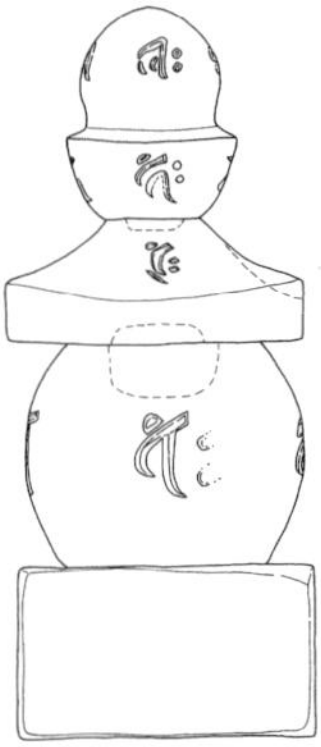

17　永安寺五輪塔
花崗岩製

18　眞珠院定仙大和尚五輪塔
正安四年（1304）
箱根伊豆安山岩製

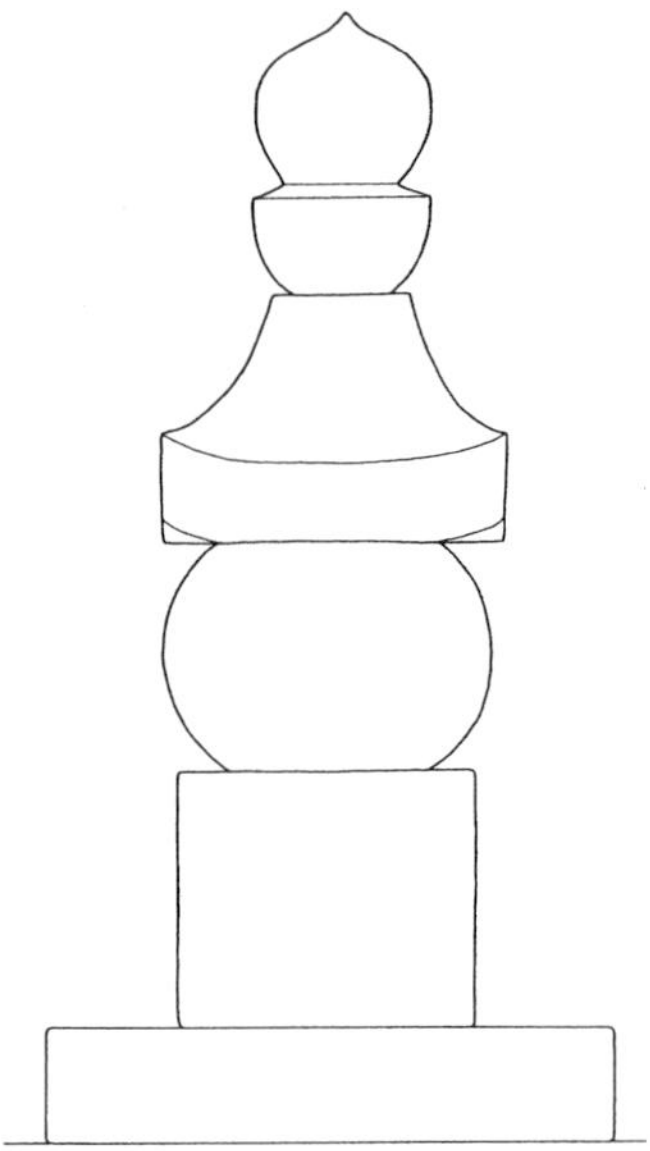

19　霊山寺五輪塔（復元）
元享三年（1323）納骨容器伴出
凝灰岩（伊豆）製

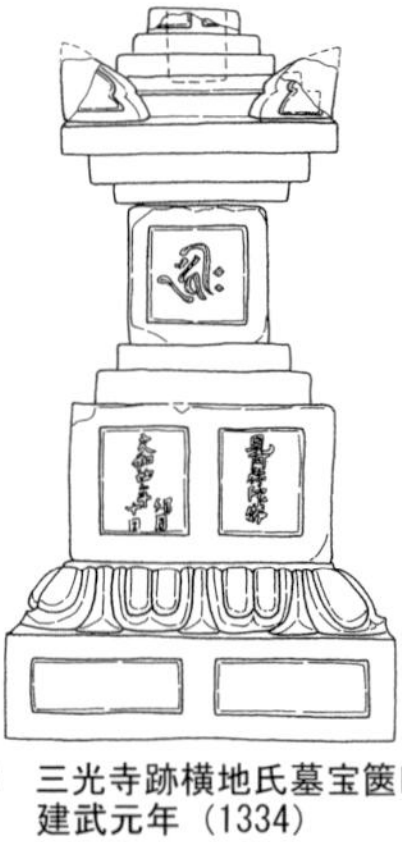

20　三光寺跡横地氏墓宝篋印塔
建武元年（1334）
箱根伊豆安山岩製

21　小長井長門墓塔
永徳三年（1383）
凝灰岩（駿河中部）製

22　重福院宝篋印塔
建武元年（1334）
凝灰岩（伊豆）製

（17・20：S=1/20、18・21・22： S=1/30、19：S=1/40）

図4　遠江・駿河・伊豆の石塔（静岡県教委 2019）

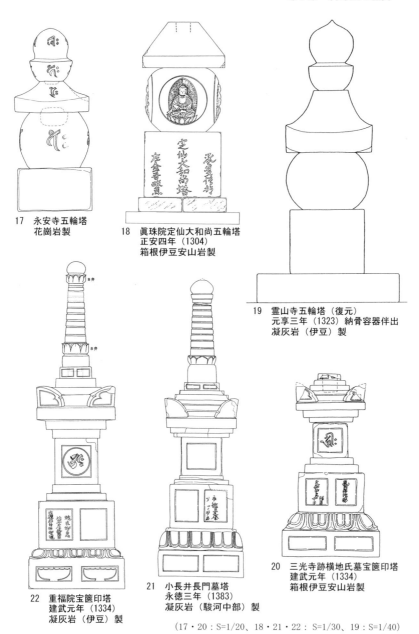

五輪塔　遠江で五輪塔が確認されるのは、岩水寺（浜松市）や永安寺（磐田市）などに残された十三世紀後葉頃の花崗岩製五輪塔である。遠江での中世石塔の初源といえるが、駿河では同時期の花崗岩製五輪塔は確認できない。石材の特徴から、美濃あるいは近畿方面からの搬入とみられ、石塔の残る場は点的であり、また密教系寺院との関わりが強いことも想定されている。花崗岩製五輪塔の搬入は、遅くとも十四世紀前葉までに限られ、その後は凝灰岩製五輪塔が主体となる。花崗岩製五輪塔は、室町後期以降になると、三河岡崎産の花崗岩製五輪塔が遠江西部地域を中心に造立されるようになる［静岡県 二〇二〇］。

伊豆では、十四世紀前葉頃から箱根伊豆産安山岩製の五輪塔が確認できる。箱根伊豆産安山岩製の石塔は、鎌倉の律宗寺院の高僧墓・供養塔として大蔵派石工らによって造立されたのが始まりであり、その後、律宗の教線拡大とともに鎌倉を中心に関東から伊豆にかけて高僧などの墓塔として広がっていったことが想定されている［本間 二〇一一］。西大寺様式の律宗系五輪塔は、石材は不明ながら加藤景廉一族墓（伊豆市牧之郷・沖の原地区）でも複数基造立されている。現状の石塔群は原位置を保つものではないが、かつて鎌倉極楽寺三世善願坊順忍の銅製蔵骨器が出土していることから、律宗寺院金剛寺の奥の院に比定されている。加藤景廉一族墓は律院の象徴的な石塔として造立されたことがわかる。

箱根伊豆産安山岩製の五輪塔は、遠江でも搬入が認められるが点的であり、有力寺院など限定された場で確認される。ただし、安山岩製であってもすべてが同一形式になるわけではない。伊豆では最古（正安四年・一三〇二）の在銘塔を持つ眞珠院定仙大和尚五輪塔（伊豆の国市）は、産地不明の灰白色安山岩製だが、箱根伊豆産安山岩製五輪塔とは形態が全く異なる。この時期には系譜の異なる石塔も造立されていたことが想定できる。

遠江・駿河では、十四世紀前葉～中葉に駿河中部（焼津市周辺）で産出する凝灰岩製五輪塔が広く造立される。在銘品はほぼないが、十四世紀前葉の緑色凝灰岩製五輪塔が遠江・駿河で数は少ないものの造立され、十四世紀中葉以降は褐色凝灰岩製五輪塔が主体となっていく傾向がある。分布は駿河東部地域にほぼ限定されるが、元亨二年(一三二三)銘の納骨容器を伴う霊山寺五輪塔(1)(沼津市)など、伊豆産とみられる灰白色凝灰岩製五輪塔も造立される。駿河中部産の凝灰岩製五輪塔は、十五世紀後葉以降は小型化し、後述する砂岩製品と並んで中世石塔の在地における主要石材となる。ただし、その分布圏は産地周辺の狭域にとどまる。

砂岩製五輪塔は、遠江・駿河の一部地域において、十五世紀中葉頃に凝灰岩製五輪塔を模倣したとみられる大型塔が確認できる。室町後期以降には、遠江・駿河の各所で小型化した砂岩製五輪塔が産地周辺の狭域に分布しており、在地での造立が進むようになるが、十五世紀中葉頃の大型砂岩製五輪塔はその初源的な石塔といえる。

宝篋印塔　遠江・駿河では、十四世紀前葉から中葉頃より、関東型式と呼ばれる形態の箱根伊豆産安山岩製の宝篋印塔の搬入が認められる。箱根伊豆産安山岩製の宝篋印塔は、律宗および大蔵派石工らによって大和地域から鎌倉に導入され、その後、五輪塔と同様、律宗の教線拡大とともに、各地での造立が確認できる。遠江や駿河西部では、十四世紀中葉以降に点的な造立が確認でき、海浜部や都市部を中心に受容された状況がうかがえ、特に横地氏や勝田氏といった在地領主層の一族墓における墓塔や、遠江国府周辺に集中的な搬入が認められる。地域的にも鎌倉に近い伊豆については、十四世紀代の宝篋印塔は韮山周辺などの限られた地域の分布であって、全体としてみれば、小型化・簡素化が進む十五世紀に降る石塔が多い。

箱根伊豆産安山岩以外の安山岩としては、富士川流域を中心とした地域に石塔の分布が確認でき、石材産地も同地域の富士川流域産と考えられる。十四世紀末葉頃から比較的大型製が造立され、富士川流域と駿河東部の狭域圏での分布が認められる。

箱根伊豆産安山岩製宝篋印塔の搬入は、当地域各地に宝篋印塔の造立をもたらす契機となったと考えられる。遠江・駿河にあっては、十四世紀中葉頃になると、駿河中部産凝灰岩製宝篋印塔の造立が確認される。造立年代は、梶原堂宝篋印塔(静岡市)の延文五年(一三六〇)や、小長井長門守墓塔(川根本町)の永徳五年(一三八三)など、断片的な紀年銘によって推測するしかないが、五輪塔と同様に緑色凝灰岩製宝篋印塔が先行し、その後、褐色凝灰岩製宝篋印塔が造立され、石材産地である駿河を中心に、遠江までも含む地域の主要な宝篋印塔となっていく。形態的な特徴から判断して、先行して搬入された箱根伊豆産安山岩製の宝篋印塔を祖型として、凝灰岩製宝篋印塔が製作されるようになったと考えられる。当該地域で普遍的な広がりを見せることから「駿遠型宝篋印塔」と定義づけることも可能である[溝口 二〇一二]。

十四世紀中葉の出現期には、大型かつ精緻な石塔が象徴的な墓塔・供養塔として造立され、その後、武士層の一族墓や高僧の墓塔などとして受容されて拡散し、多様な階層への石塔造立主体者の拡大によって、造立数を増加させていったと考えられる。しかし、十五世紀後葉には、宝篋印塔はその数を大きく減じていくことになる。

伊豆では、伊豆産凝灰岩製の宝篋印塔が伊豆中部・南部地域を中心に分布する。建武元年(一三三四)銘を持つ重福院宝篋印塔(下田市)をはじめ、十四世紀代の紀年銘のある石塔を含む大型品の造立もある。石塔の特徴は、駿河中部産凝灰岩製宝篋印塔と同様に、箱根伊豆産安山岩製宝篋印塔を祖型にしていると考えられる。十五世紀後葉以降には小型化・簡素化が進みつつ、主に伊豆中南部地域を中心に伊豆産凝灰岩製宝篋印塔の造立は継続するようである。

砂岩製宝篋印塔は、十五世紀中葉から後葉頃にかけて造立が開始される。遠江・駿河の砂岩製は地域ごとに産出する石質の異なる砂岩で製作されるのが特徴である。箱根伊豆産安山岩製や駿河中部産凝灰岩製宝篋印塔が比較的広域に分布するのに対して、砂岩製宝篋印塔はそれぞれの地域で分布域が狭域になることから、造立主体者の拡大による需要の増加に、各地域において応じたものと考えられる。

花崗岩は遠江・駿河・伊豆に産地がなく、石塔はすべて搬入品になるが、当該地域では十四世紀～十五世紀中葉頃までの花崗岩製宝篋印塔は確認できない。十五世紀後葉以降には、遠江西部地域に岡崎周辺の三河産花崗岩製宝篋印塔が多量に搬入されるようになるものの、分布は限定的である。

2　中世石塔にみる東海の地域性と造立背景

(1) 東海地域の中世石塔導入期の様相

東海地域における中世石塔の導入期は、おおむね十三世紀後葉から十四世紀前葉頃(鎌倉期)に位置づけられる。その端緒として確認されるのは十三世紀後葉から末葉頃の花崗岩製五輪塔である。花崗岩製五輪塔は形態的にも近畿方面から搬入されたものであり、街道筋に多く点在している。密教系有力寺院など拠点的な場に分布する傾向があることから、花崗岩製五輪塔は有力寺院の宗教施設のひとつであったとみられる。近畿地方での石塔導入には、集団納骨施設の標識としての役割があったとされており[狭川 二〇〇九]、東海地域においても明確にそれとわかる事例はないものの、石塔造立の契機となった可能性としては考えられる。

なお、十三世紀代の石塔の伝播は、近畿方面から遠江まで波及するものの、駿河以東では確認されておらず、東国からの影響も石塔の分布状況からうかがうことができない。したがって近畿方面からの波及は、遠江で一旦途切れるようである。

十四世紀前葉になると、東海各地で律宗系の石塔造立が拡大していく(図5)。律宗系石塔は、西大寺叡尊墓塔を祖

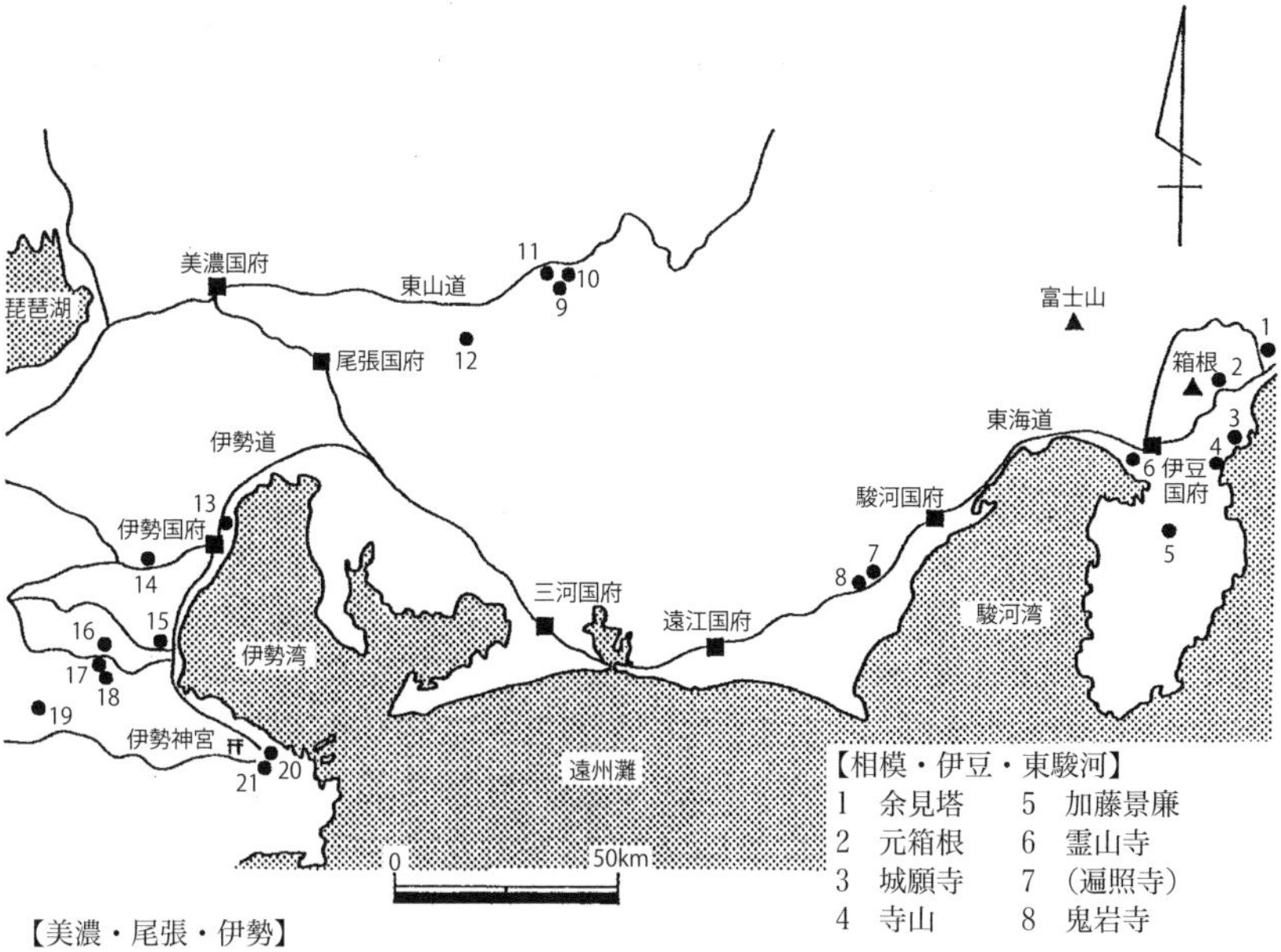

【美濃・尾張・伊勢】

9 染戸　14 亀山神社・善導寺　19 日神
10 長国寺　15 片田　20 楠部
11 （西行塚）　16 正福寺　21 北山
12 お君ヶ塔　17 稲垣
13 実蓮寺　18 開泉寺

図5　東海地域の律宗系石塔（松井 2011 を一部改変）

型とし、梵字を刻まない定型化した西大寺様式の五輪塔など、律宗とそれに連なる大蔵派石工などが関わったとされる石塔を指す。各地域では十四世紀前葉頃に律宗系石塔の造立が確認できるが、なかでも各地で造立される西大寺様式の律宗系五輪塔は、叡尊塔を頂点として、寺格や律僧の地位などに応じた高僧の墓塔あるいは分骨塔とされ、石塔の規模は階層差を現しているという［桃崎 二〇〇七］。これらが造立された寺院を中心にして、律宗の宗教的活動がなされていくと考えられる。

東海各地で確認できる律宗系石塔は、花崗岩製五輪塔が造立される伊勢・美濃といった東海西部では、近畿からの直接的な波及であったのに対し、東駿河および伊豆では、霊山寺や金剛寺（加藤景廉一族墓）などの有力寺院で西大寺様式の伊豆凝灰岩や箱根伊豆産安山岩製五輪塔が複数基確認されている状況から、

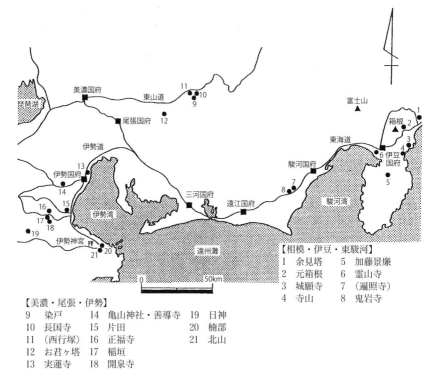

鎌倉で発展した律宗および大蔵派石工による箱根伊豆産安山岩製石塔が二次的な形で受容され、さらに在地においても独自の石塔が造立された地域ともいえよう。その祖型となったのは、鎌倉に分布する称名寺五輪塔群、極楽寺五輪塔や、箱根山の五輪塔・宝篋印塔等といった律宗系石塔であり、律宗の活発な宗教的活動の中でもたらされたものと考えられる。

ところが、伊豆・東駿河よりも西の尾張・三河・遠江では、律宗寺院は存在するものの、明確な律宗系の石塔が見出せない〔松井・木村 二〇一二〕。律宗の石塔造立を伴う宗教的な活動が低調だった可能性もあるが、その要因は不明であり、分布の特徴として指摘できるにとどまるものである。この時期の律宗系石塔の分布は、西国と東国を結ぶ律宗の布教ルート確保のため、拠点寺院に律宗系石塔が造立されたとの指摘もあるが〔松井 二〇一一〕、政治的・社会的な要因も併せて考える必要がある。鎌倉幕府および執権北条氏と律宗との関係などが想像されるが、今のところ明確なものではなく、今後の課題である。

中世石塔導入期の東海地域で石塔が点的に分布するのは、おおむね街道筋を中心としていると捉えられ、人とモノが流れる街道筋と宗教活動との密接な関わりを示す証左ともいえる。尾張の法圓寺中世墓では遠く越前からの石塔がもたらされるなど、交流の多様さは東海道筋に収まるものでもないが、東海地域が西国と東国の間にあって、双方からの影響を受け続けていた地域であることは、石塔の分布状況からも読み取ることができる。

以上、中世石塔導入期の状況を、街道筋における律宗系石塔の造立状況を通じて概観した。当然ながら、東海地域には、歴史的に密教系・禅宗系などの寺院をはじめとする宗教勢力が確かに活動している。ただし、律宗系石塔のように中世石塔との関連が十分に把握できておらず、そうした宗教勢力との関わりは今後の課題とせざるを得ない。

(2) 東海地域の中世石塔展開期の様相

東海地域における中世石塔の展開期は、おおむね十四世紀中葉〜十五世紀前葉(南北朝・室町前期)に位置づけられよう。十四世紀中葉以降になると、各地域において在地石材を使用した中世石塔が造立されていく。伊勢・美濃では、近畿地域の花崗岩製宝篋印塔などを祖型として、意匠を共有する硬質砂岩製宝篋印塔の製作が広域で開始される。また遠江・駿河・伊豆では、律宗系石塔である箱根伊豆産安山岩製の宝篋印塔をモデルとした、駿河中部および伊豆産凝灰岩製の宝篋印塔が地域色を持って盛んに造立される。十四世紀中葉は、いわば中世石塔の展開期の始まりに当たるものと思われる。

十四世紀中葉以降に石塔造立が展開していく背景には、有力武士層が葬送儀礼の中に一族墓として石塔の造立を導入したことや、寺院・教団などが教義・教線の浸透や拡大を図るにあたって、象徴的な石塔造立を盛んにおこなった結果であることが予測できる。しかし、このような展開は東海地域全体で起きるものではなく、地域的な偏差があることもまた見て取れる。

十四世紀中葉から後葉には、箱根伊豆産安山岩製の宝篋印塔が遠江・駿河・伊豆の湊付近に所在する寺院、国府見付周辺、有力領主層の横地氏や勝田氏の関連寺院などに集中的に搬入されている。これらの寺院はいずれも時衆に関わっており、人口密集地である国府や宿・湊における活動、また有力武士等の領主層からの帰依など、時衆勢力の積極的な宗教的活動が背景にあったと考えられる。時衆の供養に関わるシステムは律宗に倣った可能性が指摘されており[桃崎 二〇〇〇]、箱根伊豆産安山岩製の宝篋印塔が葬具のひとつとして使用されたことで、時衆寺院周辺で箱根伊豆産安山岩製品が残されたと考えられる[溝口 二〇一一]。十四世紀後葉以降、箱根伊豆産安山岩製を祖型とする在地石材製の石塔造立が遠江・駿河・伊豆に拡大していく契機となった背景のひとつには、葬送に関わる時衆の活動があったと考えられよう。

(3) 東海地域の中世石塔浸透期の様相

本稿ではわずかな言及にとどまったが、十五世紀後葉以降(室町末・戦国期)は、石塔造立のあり方が大きく変容していく。石塔を造立する階層の大幅な拡大を受けて、各地域において在地石材による石塔造立が面的に浸透し、その需要によって石塔製作技術が在地に定着し、大量生産が始まるのである。その結果として石塔の小型化・簡素化が進行すると同時に、各地域では石塔造立がより普遍的なものとなっていく。この傾向は東海地域に限らず、全国的な動きでもあるが、詳細な分析は今後の課題としたい。

おわりに

先学の成果によりながら、東海地域の中世石塔の導入期から展開期を追うなかで、東海地域が西国と東国の双方からの影響を受けつつ、段階を経て中世石塔が受容されていったことを概観してきた。律宗や時衆といった宗教勢力の活動を背景に、武士等の在地領主層といった限られた階層によってのみおこなわれてきた石塔造立は、次第に葬送儀礼の中でそれぞれの在地に定着していったと想定できるであろう。

東海地域は文化的な影響を東西から受ける結節点であることは、従来から人・モノの動きの中で指摘されてきたことではあるが、中世石塔の造立背景も同様であり、地域的な特質として把握できるものと考えられる。今回は現象面の指摘にとどまったが、石塔造立の政治的・社会的な要因もさらに追究していく必要がある。

中世石塔の考古学的手法による研究は、各地においてようやく部分的に比較できる成果が上がりつつあるが、まだ端緒についたばかりである。中世石塔のさらなる地域的な把握、またそれをめぐる造立背景の掘り下げが各地域で進められることで、さらなる研究の進展が図られることを期待したい。

註

（1）前稿［溝口 二〇一二］において、安山岩E類製として報告しているが、その後、伊豆地域の調査を進めた結果、伊豆産の凝灰岩製である可能性が高くなったため、訂正した。

参考文献

小野木学　二〇一二「東海〈美濃〉―砂岩製宝篋印塔の分布と編年―」『中世石塔の考古学』高志書院
狭川真一　二〇〇九「近畿の中世石塔」『日本の中世墓』高志書院
狭川真一　二〇一一「光善寺跡五輪塔群雑感」『瑞浪市歴史資料集』第一集　瑞浪市陶磁資料館
静岡県教育委員会　二〇一九『静岡県の中近世墓』基礎資料編
静岡県教育委員会　二〇二〇『静岡県の中近世墓』詳細調査編
静岡県　二〇二一『静岡県の中近世墓』総括・地域報告編
竹田憲治　二〇〇九「伊勢の石塔」『石造物研究会第10回研究会資料　東海地域における中世石塔の出現と展開―花崗岩製石塔と在地産石塔』
竹田憲治　二〇一二「東海〈伊勢・志摩〉」『中世石塔の考古学』高志書院
西尾市教育委員会　二〇二〇『西尾市石塔悉皆調査報告書』
本間岳人　二〇一一「伊豆産安山岩製五輪塔の研究」『石造文化財』三　石造文化財調査研究所
本間岳人　二〇一二「南関東」『中世石塔の考古学』高志書院
松井一明・木村弘之・溝口彰啓他　二〇〇五～二〇〇九「遠江中・東部地域の中世石塔の出現と展開―静岡県下における中世石塔の研究1～5」『静岡県博物館協会紀要』第28～32号

松井一明・木村弘之　二〇〇九「伊豆の石塔」・「尾張・三河の石塔」『石造物研究会第10回研究会資料　東海地域における中世石塔の出現と展開―花崗岩製石塔と在地産石塔』
松井一明・溝口彰啓　二〇一〇「石造物調査1　市域の中世石塔(1)」『岩村城跡基礎調査報告書』Ⅰ　恵那市教育委員会
松井一明　二〇一一「東海地域における律宗系五輪塔の出現と展開」『日引』12号　石造物研究会
松井一明・木村弘之　二〇一二「東海〈尾張・三河〉」『中世石塔の考古学』高志書院
溝口彰啓　二〇〇九「遠江・駿河の石塔」『石造物研究会第10回研究会資料　東海地域における中世石塔の出現と展開―花崗岩製石塔と在地産石塔』
溝口彰啓　二〇一一「遠江・駿河における宝篋印塔の地域的様相について」『日引』12号　石造物研究会
溝口彰啓　二〇一二「東海〈遠江・駿河・伊豆〉」『中世石塔の考古学』高志書院
三宅唯美・小野木学他　二〇〇九「美濃の石塔」『石造物研究会第10回研究会資料　東海地域における中世石塔の出現と展開―花崗岩製石塔と在地産石塔』
三宅唯美・小野木学・中嶌茂・砂田晋司・竹谷充　二〇一一「瑞浪市の中世石塔」『瑞浪市歴史資料集』第1集　瑞浪市陶磁資料館
桃崎祐輔　二〇〇七「高僧の墓所と石塔」『墓と葬送の中世』高志書院
桃崎祐輔　二〇〇〇「横地城周辺における中世石造物の展開とその意義」『横地城総合調査報告書　資料編』菊川町教育委員会

戦国期今川氏と御師亀田大夫

小林　郁

はじめに

近世に全国的な大流行を見せた伊勢参宮は、その萌芽を中世に見出すことができる。古代以来、国家の体制下に組み込まれていた伊勢神宮は、いわゆる皇祖神である天照大御神を祀ることから、天皇以外の奉幣を禁ずる「私幣禁断」の制を敷いていた。その詳細を示す文言は、延暦二十三年(八〇四)に伊勢神宮から太政官へ提出された『延暦儀式帳』の中に見ることができ、禁を犯した者は厳罰の対象となりえたとされている(「皇太神宮儀式帳」供奉幣帛本記事)。しかし、この制度によって社殿への参拝までもが禁止されていたわけではない。例えば、宝治元年(一二四七)の内宮遷宮を記録した『宝治元年内宮遷宮記』には、当時「幾千万」の参宮者が貴賤を問わず見物に来ており、その様相は承安元年(一一七一)から安貞二年(一二二八)にかけての遷宮を超えたとある(宝治元年九月十六日条)。また、十三世紀以降には史料の随所に伊勢参宮に関する記録が見られるようになり(『勘中記』など)、その数は十五世紀を境に一気に急増する傾向にある(『建内記』『氏経神事記』『寺院細々引付』『大乗院寺社雑事記』など)。このように、人々の伊勢参宮は少なくとも十二世紀の段階で見られたことが史料上明らかとなっており、十三〜十五世紀にかけて徐々に参宮の大衆化が進むと同時に、伊勢信仰が広く社会に浸透していった。

　ところで、近世の伊勢参宮において、信仰者と伊勢神宮を仲介する役割として「伊勢御師」は欠かせない存在であった。御師とは「御祈禱師」や「御詔刀師」の略称で〔窪寺 二〇一三〕、特定の社寺に所属しつつ師檀関係にある信仰者（檀家・檀那）の願意を取り次ぎ、神仏祈禱や祓札の頒布、檀那の参詣時には宿泊・案内などの便をはかった者を指す。およそ平安時代中期には全国各所の社寺にみられ始め、東海から畿内近国においては熊野三山や熱田神宮、津島神社などでも確認されている。このうち、伊勢神宮を拠点としたのが伊勢御師であり、発生史的には先述した諸社寺よりもやや遅れるが、十三世紀以降の参宮者の急増に伴って徐々にその頭角を現し、室町・戦国期にかけて飛躍的な発展を遂げ、最終的には東海地方の社寺参詣を代表する存在にまでのぼりつめた。

　伊勢御師は主に、荒木田氏・度会氏といった伊勢神宮の神職を世襲した一族に連なる「神主家御師」と、その一族とは出自を異にする「異姓家御師」に大別される。近年、伊勢御師の淵源や成り立ちに関する研究が見直されつつあるが〔岡野 二〇一一、小林 二〇一三〕、少なくとも神主家御師の前身的な存在と見なせる「口入神主」の活動は十二世紀より確認されており（『吾妻鏡』養和元年〔一一八一〕十月二十日条）、御師本来の意味である祈禱師としての姿は、元弘二年（一三三二）の「詔刀師沙汰文」（『群書類従』第一〇巻）に見出すことができる。一方、異姓家御師の淵源については十四世紀前半の段階で見られはじめ（『文保記』）、さらに応永三十年（一四二三）には近世のそれとほぼ同様の活動が確認できる（『義持公参宮記』三月二十六日条）。このようにそれぞれ異なる発生史を持つ神主家・異姓家だが、一四四〇年代以降には伊勢御師の根本財源である道者（信仰者）の権利売買証文（道者売券）が双方の関連史料に見られるようになることから〔萩原 一九七五、西山 一九八七〕、近世に続く伊勢御師像の実質的な形成は十五世紀中頃からと考えてよいだろう。そして、神主家御師は神職を本務としつつ御師業を営み、異姓家御師は神宮の職掌や自治組織の構成員等を兼務することで経済的基盤を確かなものとし、十六世紀には戦国大名とその家臣団、あるいは地域一帯を丸ごと檀所とするような御師家が複数台頭するまでに成長を遂げたのである。

かつて西山克氏は、戦国期の伊勢御師を「高利貸的土豪層」と定義した［西山 一九八七］。これは、十六世紀に至り高い経済力と流通網を併せ持つようになった伊勢御師を、単なる伊勢参宮を斡旋する祈禱師や宿主でなく、伊勢国を拠点とする土豪的な存在として評価したものである。実際、檀家となった戦国大名の多くは伊勢御師の経済力を重視していた傾向にあり、なかには御師自身やその血縁者を家臣化することで、師檀関係を越えた繋がりを築いた事例も存在する［伊勢市 二〇一一、小林 二〇一六］。戦国大名と伊勢御師の関係については、新城常三氏の成果を筆頭にこれまでいくつかの研究が展開されている［新城 一九八二、窪寺 二〇〇五、小林 二〇一七］。しかし、その数は決して多いとは言えず、事例の大半が戦国期の伊勢御師を概説する一例として紹介される程度に留まっており、十分な検証がなされているとは言い難い。そこで本稿では、戦国期の東海道における伊勢信仰の一事例として、従来ほとんど検討されてこなかった戦国大名今川氏とその御師である亀田氏の関係に注目する。現存史料数の乏しさから検証に限界があることは否めないが、今川氏と神宮の繋がりや今川領内の伊勢信仰の実態等について、両者の関係性から見出していきたい。

1　亀田氏について

古代より伊勢国度会郡を本拠地とし、豊受大神宮（外宮）の神主家として累代奉仕してきた氏族が、度会氏である。当氏族は「二門」と「四門」の二流が存在し、このうち亀田氏は、代々権祢宜を世襲した度会二門の一族にあたる。幕末に成立した度会神主家の総系図『考訂度会系図』によると、亀田氏は二門氏人有利の流れを汲む行末を祖とし、初めは「宮古氏」と称したが、二代目末貞が四門氏人の亀田元清の実子であったことから、当代から「二門亀田氏」を名乗ったとされる。なお、本家は行末を祖とする亀田太郎大夫家であり、中世から近世に至るまで四つの分家(内記家・主馬家・七左衛門家・宇兵衛家)が立てられている。このうち、本稿で触れる今川氏と関係のあった「亀田大夫」は本家の太郎大夫家であるが、四家の分流は幕末まで継続する一方、太郎大夫家は延享四年(一七四七)に当主末邸が他国へ移住したため断絶となっている(『考訂度会系図』)。

次に、亀田氏の伊勢御師としての側面について見ていきたい。史料上、亀田氏による御師活動は十五世紀の道者売券から確認することができる。例えば、文明十五年(一四八三)十二月六日付の道者売券では外宮の神主家御師である「世木橋爪顕光」から道者を購入しており(『輯古帖』)、さらに延徳元年(一四八九)十一月二十日には「度会神主亀田末久」から、同じく外宮の神主家御師である福井氏へ道者が譲渡されている(『輯古帖』)。中世における道者売券の初見は文安四年(一四四七)であり(『三方会合引留』)、統計的に一四八〇年代から一五六〇年代にかけて文書数が急増する傾向を考えると[西山 一九八七、小林 二〇二三]、亀田氏の中では比較的早い段階で御師活動が定着していたと見ることができる。なお、亀田末久は太郎大夫家の五代目当主にあたり、当時はまだ分家が立てられていないことから、文明十五年道者売券の買主「宮後亀田」は末久に比定してよいだろう。『考訂度会系図』を見ると、当家は末久の代より「太郎大夫」を代々の名乗りとしており、さらに末久の四男末重が「内記家」、次男盛行・三男末盛・五男末満がそれぞれ堤氏(荒木田)・福井氏(度会)・福嶋氏(度会)の養子となって家督を継承し、各分家はおおよそ寛永年間までに立てられている。御師家の急速な分立については、永正年間以降の道者数急増に比例する形で御師全体に見られた傾向であり、亀田氏もその例に漏れることなく、中世末から近世初頭にかけて一族の繁栄を見せたのである。

しかし、多くの有力御師が明治四年(一八七一)の神宮改革(御師制度廃止)までその勢いを保ったのと対照的に、近世以降の亀田氏は、御師としてそこまで目立つような存在ではなかった。神宮文庫が所蔵する『安永六年外宮師職諸国旦方家数改覚』を見ると、十八世紀後半段階の亀田氏の檀所は、相模国（一万六一二五軒）・播磨国（四四七二軒）・丹波国（三三五九軒）・近江国（一五九五軒）等が中心となっており、一族合わせて二万六〇〇〇軒程度と意外にもその規模は小さい。また、「林三郎右衛門大夫」や「中川安大夫」といった複数の御師家の持ち株に「亀田大夫」の名が見られ、これは近世半ばに至るまでの段階で、亀田氏が所有していた檀家の一部がいくつかに分売されたことを意味する。おそらく、延享四年の太郎大夫家断絶が影響していると考えられるが、関連史料の少なさから、これらの御師株がもともと太郎大夫家の所有であったかについては定かではない。なお、明治十二年（一八七九）に作成された旧師職の取り調べに関する帳簿類によると、残された分家のうち近代初頭まで御師活動が見られたのは内記家・主馬家の二家のみであり、多少の増減は見られるものの、基本的な檀所は十八世紀後半段階からほぼ変わらず継承していたようである（『旧師職総人名其他取調帳』）。

おおよそ、戦国大名やその家臣団といった有力層と師檀関係にあった御師ほど近世以降大きな規模に成長する傾向にあるが［伊勢市二〇一二］、戦国大名今川氏と師檀関係にあった亀田氏の場合、他の神主家御師と同様に中世の段階から伊勢御師としての活動を見せていたものの、近世以降は大御師に発展することなく最後まで中級程度の規模に留まり続けた。一方、甲斐武田氏の御師であった幸福大夫は、一族合わせて約一三万七〇〇〇軒の檀家を有する大御師へと成長していることから（『安永六年外宮師職諸国旦方家数改覚』）、これは単に今川氏が義元・氏真の代で大名としての立場が失われたことが要因とは考えにくい。実のところ、中世に遡る亀田氏の家伝史料は国立公文書館所蔵の書写本『勢州御師亀田文書』以外にはほとんど確認されておらず、史料的にあまり恵まれていないことから、戦国期における伊勢御師の一例として挙げられている場合を除き、亀田氏について検証した研究はほぼ皆無に等しい。よってこからは、『勢州御師亀田文書』を中心とした関連史料を詳しく見ていくことで、従来漠然と認識されてきた「戦国大名今川氏の御師」という亀田氏の存在自体を見直し、両者の関係について改めて検討する必要があろう。

2　関連文書にみる今川氏と「御師亀田大夫」

『勢州御師亀田文書』には、永正三年（一五〇六）から元亀二年（一五七一）にわたる今川氏側からの古文書一〇通が所収されている（表1）。このうち、今川氏との関係を示す初見となるのが永正三年六月三十日付の「今川氏親判物写」（史料1）であり、「遠江国山口十二郷」の口入米が亀田太郎大夫に寄進されている。

表1　『勢州御師亀田文書』内の関連文書一覧

	文書名	年月日	宛名	寄進地	備考
1	今川氏親判物写	永正三年六月三十日	亀田太郎大夫	遠江国山口十二郷	史料1
2	今川義元朱印状写	天文十一年十一月八日	伊勢之亀田代山下方	足洗郷	史料2
3	今川義元判物写	天文十九年九月二十七日	亀田大夫	重原料	史料3
4	今川氏真判物写	永禄四年八月二十六日	亀田大夫	彼地（三州）一所	史料4
5	今川氏真朱印状写	永禄七年十二月十四日	亀田大夫	遠州松袋井村	
6	今川氏真朱印状写	永禄八年十二月二十四日	亀田大夫	遠州蒲内金原名職	
7	今川氏真朱印状写	永禄九年七月五日	亀田大夫	遠州延久村	
8	今川氏真書状写	七月二十二日	亀田大夫	神領一所	史料5
9	蒲原真房・由比光綱連署状写	七月二十二日	亀田大夫	―	史料5の添え状
10	朝比奈信置寄進状写	元亀二年十二月吉日	御師亀田大夫	（駿河国）庵原郷西方	史料6
11	武田家朱印状写	元亀三年四月十四日	伊勢御師亀田大夫		

〔史料1〕

遠江国山口十二郷内口入米の事

右、前々の如く寄進せしむるの状件の如し

永正三年六月三十日　　五郎（花押影）

亀田太郎大夫殿

このとき氏親が寄進した「遠江国山口十二郷」とは、延久二年（一〇七〇）に成立したとされる山口御厨（外宮領）と考えられ（『神鳳鈔』『神宮雑書』）、現在の静岡県掛川市周辺に展開していた。宛所の「亀田太郎大夫」は亀田末弘に比定でき、前年に父・末久が死去していることから、本文書が末久の死去に伴う代替わりに際して出されたものであることがわかる。なお、前節で少し触れた延徳元年十一月付の道者譲状（『輯古帖』）では、末久から福井氏へ檀所（美濃・伊賀・三河・摂津・伊勢）が渡されているが、このときの受取人は、福井氏の宗家である福井美作家に養子入りした末久の三男・末盛に比定できる。

今川義元に関わる史料としては、朱印状（史料2）と判物（史料3）の二通が確認されている。

〔史料2〕

足洗郷御年貢米の内

（印文「義元」）
合わせて二百十俵

右、伊勢の亀田代山下方へ相渡すべきもの也、仍って件の如し

天文十一壬寅年　　飯尾善右衛門尉

十一月八日　　元時（花押影）

石水寺

建隆(花押影)

今度の進発に就き、立願として重原料の内に於いて百貫文、新寄進として永く奉納せしむる也、但し料地の事重ねて之を改め申し付くべし、此の旨を以って武運長久の懇祈を抽んずべきの状件の如し

天文十九年九月二十七日

治部大輔(花押影)

御代官

亀田大夫殿

〔史料3〕

史料2の「足洗郷」は、現在の静岡県旧安倍郡地区の巴川上流右岸にあった足洗荘一帯に比定でき、年貢米のうち二一〇俵を亀田大夫の名代である「山下」へ渡すといったものである。記載情報が少ないため詳細は明らかでないが、当史料が義元の朱印状である点や二一〇俵という米の数量等から考えて、亀田大夫側に対する足洗郷の寄進状と見るべきであろう。また、史料3の「重原」は、現在の愛知県知立市(旧碧海郡)に位置していた重原荘を指すと考えられ、本文書が出された天文年間の当地は、拠点となる重原城をめぐって織田氏(尾張)・今川氏(駿河・遠江)・松平氏(岡崎)が激しい争いを繰り広げていた。天文十七年(一五四八)には織田氏と今川氏の抗争が激化し、重原城は織田方の山岡河内守を最後の城主として、同二十三年(一五五四)に今川氏によって落城している。「今川義元判物写」(史料3)が出されたのは、まさに今川氏による重原城攻略の只中の時期であり、文中によれば「今度の進発」の立願につき「重原料の内百貫文」を新たに寄進することで、亀田大夫に対し戦勝祈願の祈禱を依頼している。

亀田大夫への立願祈禱にかかわる神領寄進については、今川義元が討たれた永禄三年（一五六〇）の桶狭間の戦い以降急増する。例えば、「今川氏真判物写」（史料4）では「太神宮立願の事」として、武運長久・国家安全の祈禱を毎年二〇〇俵の御供米をもって依頼している。

〔史料4〕

太神宮立願の事

右、三州に就いて本意は、彼地一所に於いて永く之を寄附奉るべし、但し錯乱の間は、まず駿遠の中に於いて毎年二百俵、日御供として奉納の処、相違有るべからざる者（也闕ヵ）、此の旨を以っていよいよ御神前に於いて、武運長久・国家安全の丹誠を専らとすべきの状件の如し

永禄四年辛酉年

八月二十六日　　　氏真（花押影）

亀田大夫殿

本文書が出された永禄四年（一五六一）当時は、義元討死による今川氏内部の動揺と三河を中心とした国人の相次ぐ離反が見られた時期であり、同年正月には松平元康（家康）が今川氏に対し断交の姿勢を見せていた。文中によれば、今回の立願につき「三州」の一所を寄進地としたが、当地が「錯乱の間」は御供米を奉納することができないため駿河・遠江から代納するとあり、当該期における今川氏側の情勢が強く影響している様子が見て取れる。なお、柴裕之氏の研究によると、氏真は松平元康離反にかかる一連の出来事を「三州錯乱」と後々まで表現したとされており〔柴二〇一四〕、史料4に見える「錯乱の間」はそれに該当するものと考えられる。

氏真による神領寄進に関する文書は四通確認されており、史料4を含めたほとんどが永禄年間に集中している。そ

の中で、「今川氏真書状写」（史料5）のみ年号の記載を欠いているが、花押影の形状から永禄十二年（一五六九）以降の文書に比定されている〔静岡県 一九九四〕。内容は、神前での祈禱依頼に際し「御神領一所」や武具類を奉納するというもので、前半には以前に亀田大夫から贈られた「御祓三種」と「矢五百」に対する礼が述べてられている。

〔史料5〕

来札披見、殊に御祓三種并に矢五百、書中の如く到来珍重に候、然らば本意せしむるにおいては、御神領一所・馬壱疋・太刀一腰・具足一両・甲共奉納せしむべく候、いよいよ御神前に於いて祈念専要に候、猶蒲原太郎四郎・由比四郎右兵衛尉申すべく候、恐々謹言

七月二十二日　　　氏真（花押影）

亀田大夫殿

檀家である戦国大名に対して、伊勢御師が大量の物資や兵糧米を調達する事例はいくつか確認されており、なかには大名側から物資調達を御師へ依頼している文書も存在する（「小早川隆景奉行人連署奉書」、『村山文書』）〔小林 二〇一六〕。従来の研究において、これらの事例は戦国大名と伊勢御師の主従関係を示すものとして認識されているが〔新城 一九八二、伊勢市 二〇一二〕、今川氏と亀田大夫の場合は検証し得る関連文書が少ないこともあり、本文書の内容のみで主従関係の有無を判断することは難しい。むしろ注目すべきは、檀家の有事に五〇〇本もの矢を調達している亀田大夫の経済力であり、伊勢神宮を拠点とする「高利貸的土豪層」としての亀田氏の姿を垣間見ることができる。なお、同日付の「蒲原真房・由比光綱連署状写」（表1-9）は、史料5の添え状である。

『勢州御師亀田文書』に所収される今川氏関連史料の中には、家臣であった朝比奈信置からの寄進状写も見られる。

〔史料6〕

大神宮御神楽銭として、庵原郷西方において拾弐貫之を寄進奉り候、御祈禱御精誠仰せの所に候、恐々謹言

元亀二辛未年　　十二月吉日　　朝比奈駿河守

信置(花押影)

御師

亀田大夫殿

信置は当初今川氏の家臣であったが、永禄十二年の武田信玄による駿河侵攻に際して甲斐武田方に帰属し、以後は信玄より「信」の偏諱と庵原領を与えられている。史料6が元亀二年十二月吉日付であることから、本文書が出されたのは信置が甲斐武田氏の配下となって以降のことであり、「大神宮御神楽銭」として「庵原郷西方」(現在の静岡県中央東寄りに位置していた旧庵原郡)のうち一二貫を寄進しているのは、この時すでに庵原城の城主となっていたためであろう。なお、甲斐武田氏は大名・家臣団ともに外宮の異姓家御師である幸福大夫と師檀関係にあったが[窪寺二〇〇五]、信置が今川方を離れた後も亀田大夫との交流を継続していたことは、史料6の内容からも明らかであり、当時の伊勢御師による檀家・檀所の把握は地域単位でなく、あくまでも個人的な繋がりを基本としたものであったことを物語っている。ちなみに、同文書群中には元亀三年(一五七二)付の「武田家朱印状写」一通も含まれており、かつての今川氏による「駿州富士郡」内の寄進を一旦反古とし、改めて武田側から同地が寄進し直されている様子が見られる。

以上、国立公文書館所蔵の『勢州御師亀田文書』所収文書から、今川氏と亀田大夫の関係について見てきた。先にも述べた通り、本文書群は謄写されたものとして一〇通程度しか残されていないが、全体の傾向としては、今川氏から亀田大夫に対しての神前祈禱・神領寄進に関する内容がほとんどを占める。これらの要素から、亀田氏が今川氏の

御師であったことは確実であるが、その一方で、当時の伊勢御師関係文書でよく見られるような檀所に関する文書は一切見当たらない。この点については、亀田氏と「今川領」の関係を反映している可能性があるものと考えられることから、別の関連史料から掘り下げて検証する必要がある。

3　戦国期今川領における伊勢信仰の実態

先述したように、延徳元年十一月付の道者譲状（『輯古帖』）を見ると、亀田末久が所持していた美濃・伊賀・三河・摂津・伊勢の五国は、福井氏に養子入りした三男の末盛へ譲渡されている。となると、この時点で駿河や遠江といった今川領の檀所は、本家筋である末久の跡を継いだ嫡子・末弘に譲られた可能性が浮上する。しかし、史料7の『足代文書』（神宮文庫所蔵）に所収されている道者売券を見ると、慶長十一年（一六〇六）に至るある段階で、駿河国の檀所の一部が福井氏に移っていたことがわかる。

〔史料7〕

永代うり渡し申す御道者の事

駿河国有渡之郡の内

在所者

長沼　上長沼　北長沼　古庄　八幡　稲河　おくろ

西嶋　一色

此分九里いりくミなし也

右の御道者ハ、急用の子細候て、判金弐枚五両ニ永代うり渡し候ところ実正明鏡也、自然この道者ニおいて、いつかたにも借銭以下少しも御座無く候、たとえ我等おやにて候ものゝ借銭出来候とも、この御道者ニハかけましく候、若むつかしきかたく御座候ハヽ、我々罷り出で、さハき申すべく候、そのため一筆かくの如くに候、よって件の如し

慶長十一年午丙十月十一日

亀田平左衛門尉

末永(花押)

すわいにしかハら

孫兵衛

下馬所

中西易右衛門尉殿　参

本史料は、駿河国有度郡(現在の静岡市南部と清水市南端部)のうち九里分の檀所を、山田下馬所(現在の三重県伊勢市豊川町)の異姓家御師である中西易右衛門尉に売却したものである。ここで、売主である「亀田平左衛門尉末永」に注目したい。史料7において末永は亀田氏を名乗っているが、『考訂度会系図』では亀田氏四家のいずれでもなく、福井氏の宗家である美作家の流れを汲む福井主計家の系図内にその名が見え、年代的にも齟齬がないことから、「亀田」を称する末永と福井末永は同一人物と考えてよいだろう。檀所が売買・譲渡される際、売主側の御師銘を買主側がそのまま継続して名乗ることは他の伊勢御師にも見られることから[小林 二〇一四]、おそらく福井主計家の場合も、駿河国の檀所については元の所有者である亀田太郎大夫の御師銘を残し、かつ血族でもあったため、末永はこのときあえて「亀田」を名乗っていたものと推測できる。

問題は、今川領の檀所がいつ頃福井主計家へ渡ったのかである。その具体的な時期を直接的に裏付ける史料は見当たらないが、先述した『勢州御師亀田文書』所収史料の特徴を考慮するならば、初見文書が出された永正年間の段階で、少なくとも亀田太郎大夫家の手元には今川領の檀所はなかった可能性が指摘できる。そして、今川領自体に檀所はあまり持たないが、前節で挙げたような伊勢御師が持つ「祈禱師」としての役割のほか、伊勢神宮と大名を結ぶパイプ役という側面から、今川氏やその家臣団と個別な関係を構築していたと考えることができる。

〔史料8〕

内宮の御造替有るべきに就き、御用却(脚)の儀、御屋形へ申される由に候、先ず以って目出たく候、然らば今度外宮巡番に相当たるの条、たとえ内宮より申され候と雖も、先々相拘られ候わば、神慮尤も然るべく候、叡慮上意仰せ合わされる筋目に候、御心得として申し入れ候、京都御沙汰の次第、重ねて是より御左右申すべく候、恐々謹言

六月九日　　　　　　　　　　備彦

雪斉和尚　侍衣閣下

〔史料9〕

恐れながら啓上せしめ候、そもそも太神宮御造宮萱米の儀につき、作所殿(松木備彦)より名代をもって御申し候、然れば御国の儀、御馳走候わば、御神忠めでたかるべく候、我等もきっと罷り下るべく候あいだ、祇候致し、御礼申し上げるべく候、御意を得るべく候、恐惶謹言

御師亀田大夫

六月吉日　　　　　　　　　　末繁(花押影)

謹上　朝比奈左京亮殿《泰朝》　参人々御中

右の史料8・史料9は、神宮文庫が所蔵する『外宮天文引付』（天文二十二年条）に見える書状の写しである。なお、史料9については、京都大学総合博物館が所蔵する『伊勢松木文書』の中に原本が含まれている。史料8は、外宮一祢宜（長官）の松木備彦から今川氏家臣の太原雪斎に出されたもので、内宮の社殿造替にかかる「御用却（脚）」（費用）の件を今川義元へ取り次ぐことに加え、次の外宮社殿造替に向けての算段を伝えている。当時、伊勢神宮は室町時代後期以来の費用不足によって正遷宮の中断が続いており、織豊政権による復興までの一二〇余年間は仮殿遷宮がおこなわれるのみとなっていた。戦国大名と師檀や被官の関係にあった御師の関連史料には、遷宮費用に関する大名からの文書がしばしば見られるが、史料8は神宮組織（外宮祢宜庁）の主要構成員である松木備彦から今川氏へ遷宮費用の斡旋を願い出ているものとなる。そして、その添え状とみられるのが史料9であり、かねてより今川氏と師檀関係にあった亀田末繁（当時の亀田太郎大夫家当主）が、神宮組織と今川氏を結ぶパイプ役として大名側からの遷宮費用捻出の交渉に一役かっていたのである。このような形で神宮組織が伊勢御師を利用した背景には、ひとえに御師の持つ師檀関係を通じた大名との深い繋がりがあり、複数の御師関係史料の中に遷宮費用に関する文言が散見されることからも、御師を介した大名との交渉は遷宮費用調達の常套手段であったことが窺える。

では、戦国期今川領を檀所としていた伊勢御師は誰であったのか。先述したように、亀田氏唯一の伝来文書の写しとなる『勢州亀田家文書』には檀所関連の史料は見当たらない。しかし、当時の駿河・遠江等の道者職にかかる文書は、亀田氏とはまったく別の御師史料である『橋村家文書』（天理大学附属天理図書館所蔵）の中に複数確認することができる（表2）。

橋村氏は、代々外宮の権祢宜職を世襲した度会四門の一族であり、さらに北九州一帯を主な檀所とした神主家御師

表2　『橋村家文書』内の今川領道者職売買関連文書一覧

	文書名	年月日	差出	宛名	売買・譲渡対象	備考
1	こわた屋秀次道者・上分米売券	長享二年九月吉日	こわたや二郎大郎秀友	橋村八郎大夫	遠江国山口の御道者幷くにう上分米	史料10
2	こわた屋秀友道者売券	延徳四年十二月吉日	中の郷こわたや二郎大郎秀友	橋村八郎大夫	するかの国一ゑん(他個人)	
3	高向二郎道者売券	明応三年十二月吉日	たかふきや二郎	橋村八郎大夫	伊豆国一円(「山地国之人」を含む)	
4	横橋国久等道者売券	明応四年四月吉日	横橋彦七国久・清三郎国正	橋村八郎大夫	駿河国一円(他個人)	
5	米屋吉久道者売券	明応八年二月三十日	いわふち米屋六郎左衛門吉久	橋村八郎大夫	遠江国一円	
6	益元嘉道者売券	明応九年十二月十八日	益三郎大夫元嘉	橋村	するかの国一ゑん(他個人)	
7	国道道者売券	文亀元年十二月二十六日	彦三郎国道	橋村新二郎	いつの国・さかミの国・するかの国・遠江国(他個人)	
8	恵順道者売券	文亀二年六月吉日	恵順	橋村八郎大夫	するかの国一ゑん(他個人)	
9	満近道者職売券	文亀三年十二月二十一日	まへの兵へ大夫満近	橋村八郎大夫	するかのくに一ゑん(他個人)	
10	こわた屋秀友請文	永正二年十二月十九日	こわたや二郎大郎秀友	橋村八郎大夫	—	史料11
11	橋村正康道者譲状	天正八年十二月吉日	橋村正康	禅才	遠江国	
12	橋村正康道者譲状	天正八年十二月吉日	橋村正康	新太郎	するかの国・いつの国・さかみの国・はうきの国・いなはの国・いつもの国・周防国・長門国・石見国・豊前国・筑前国・豊後国・土佐国	

注　№3：元は、下中郷二郎大郎方から譲渡されたもの。「伊豆国之道者注文」二通が付属。№8：元は、大世古八郎兵衛から譲渡されたもの。

でもあった。十八世紀中頃時点の檀家数は一族で三一万軒を超えたとされ(『安永六年外宮師職諸国旦方家数改覚』)、近年では近世・近代を中心とした膨大な家政資料が新たに発見されるなど、数多くの関連史料が現存している[小林 二〇二三]。

天理大学附属天理図書館が所蔵する『橋村家文書』には、今川領内の檀所に関わる文書が一二点所収されており、宛名の多くに見られる「橋村八郎大夫」は、橋村氏の本家である主膳家の御祓銘である。四代目当主の正世は文明十年（一四七八）、次代正家は永正十七年（一五二〇）に死去しているため、「こわた屋秀友請文」（表2-10）までの宛名は基本的に五代目当主の正家に比定できるが、文亀元年付「国道道者売券」（表2-7）の「橋村新二郎」は同史料群に所収される「橋村定正・正家連署譲状」（永正十三年〔一五一六〕十二月十九日付）の宛名にもみられるため、表2-7の道者については正家の子・正高が買い取ったものと考えられる。

このうち、長享二年（一四八八）から文亀三年（一五〇三）までの売券九通（表2-1~9）は、他家より道者を買得した際に出されたものであり、橋村八郎大夫が今川領である伊豆・駿河・遠江の檀所を積極的に獲得していった様子を窺い知ることができる。例えば、長享二年（一四八八）・延徳四年（一四九二）の売券は同じ「こわたや（小綿屋）二郎大郎秀友」が差出人となっており、特に延徳四年の売券では、「するかの国一ゑん」をはじめ、在地領主層と思われる植松氏・渡辺氏・宮原氏等「一家いちゑん」の檀家が二〇貫文で取引されている。また、明応三年（一四九四）には「たかふきや（高向屋）二郎」より伊豆国一円の道者を買得しており、田方郡三島の殿原等が列記された「伊豆国之道者注文」二通が付属する。

特筆すべきは、九通の売券すべての売主が異姓家（地下人層）の人間である点であり、「高向二郎道者売券」（表2-3）と「恵順道者売券」（表2-8）にいたっては、売却する道者の元々の持ち主も異姓家となっている。つまり、少なくとも十五世紀中頃段階における今川領の御師は亀田氏ではなく、複数の異姓家が入り乱れる形で檀所を所有していたのであり、それが十五世紀後半以降に橋村氏によって集中的に買い集められていたのである。

なお、天正八年（一五八〇）十二月吉日付の二通（表2-11・12）は代替わりに際する檀那譲状と考えられ、橋村主膳家八代目当主・正康から嫡子である新太郎（正房）に宛てた文書（表2-12）では、駿河・伊豆・相模三国のほか中国・四国・北九州地方一〇国の檀所が譲渡されている。表2-11の文書の宛名である「禅才」は、新太郎の兄弟で、後に橋村氏の分家となる宰記家を興し、「橋村肥前大夫」を名乗った正滋である。二通の文書には「我等持分一円」とあるのみで具体的な地名等の詳細は記されていないが、十五世紀後半以降に正家や正高が買収した今川領の檀所が含まれることは確実であり、代々の橋村主膳家・宰記家の檀所として継承されることになったのである。

ところで、前節で触れた永正三年六月三十日付の文書（史料1）では、今川氏親から亀田末弘に対して「遠江国山口十二郷」内の口入米が寄進されていた。しかし、実はそれ以前において、同所は橋村八郎大夫によって買得されていたのである。

〔史料10〕

永代うりわたし申御道者の事

合せて遠江国山口の御道者并くにう上分米の事

其ほか我らか御道者一ゑん

右、急用あるよつて、直銭廿五貫文ニ橋村八郎大夫殿へ永くうり渡し申す所実正明白也、たとい天下一同のとくせい行き候共、此道者ニおいてハ、さいおいあるへからす候、仍後日のためうりけん状如件

こわたや

長享二年九月吉日　　二郎大郎秀友（花押）

橋村八郎大夫殿まいる

右の史料は、表2-1の長享二年九月吉日付の「こわた屋秀友道者売券」である。本文を見ると、遠江国山口の道者と口入米の上分権が他の持分道者と共に、小綿屋秀友によって二五貫文で橋村八郎大夫へ売り渡されている様子がはっきりと読み取れる。そして、この遠江国山口の寄進をめぐっては、後々に亀田氏・橋村氏・秀友側の三者間でと

ある悶着が繰り広げられていた。

〔史料11〕

「下中郷小綿屋二郎大郎方の一筆　永正二年十二月十九日」
（端裏書）

彼の遠江国山口我らのたんな・同上分くにうまいの事、一ゑん先年橋村八郎大夫殿へうりわたし申し候事、まきれなく候、さ候間、今度新二郎殿するかの国へ御下り候御るすニ、我らをかめ田大郎大夫殿へめされ候て、少事礼物をくたされ候て、上ふんくにうまいの事、橋村殿へうり渡し申さす候よし、一筆を仕り候へと承り候間、無力ほうニすきたる体にて候ほとに、少事の御礼ニふけり候て一筆を仕り、かめ田大郎大夫殿へわたし申し候処ニ、橋村殿御ふくりう候あひた、又一筆を仕り候、之を進め候、無力ニよんて大郎大夫殿へ仕り候、之を進め候、一筆の事にて候間、さらニ以後の証ニハたち申すましく候、此よしきこしめしわけられ候ハ、畏み入るべく候、後日の為此の如く申候

うし　　　　　　　　　　　　こわたや

永正二年十二月十九日　　　　二郎大郎秀友（花押）

橋村八郎大夫殿まいる

史料11の永正二年（一五〇五）十二月十九日付「こわた屋秀友請文」（表2-10）によると、遠江国山口の檀那職と口入米の上分権は、間違いなく「先年」（長享二年か）に小綿屋秀友から橋村八郎大夫へ売り渡されたものであった。ところが、あるとき「新二郎殿（正高）」が駿河国へ下向するため留守にしていたところ、小綿屋秀友が亀田太郎大夫に呼び出され、過去に同所の口入米上分権を橋村氏側に売却した件について、その事実をなかったことにするよう亀田氏側から一筆を求められたのである。秀友は無力にも亀田氏から渡された「少事礼物」に目がくらみ要求を呑んでしま

うのだが、このことに「ふくりう（腹立）」した橋村八郎大夫の対応を受けて、最終的には亀田氏に渡した「一筆」内容の無効を明言する本文書を提出する結果となった。この悶着がその後どのように進展したかは定かでないが、本文書が出された一年後の永正三年に今川氏親から亀田氏に対して遠江国山口の口入米が寄進されていることから（史料1）、ある程度は亀田氏の思惑通りに事が進んだものと考えられる。

では、これらの文書をふまえた上で、改めて史料1の内容について見てみたい。先述したように、当史料は亀田太郎大夫家の代替わりに際して今川氏親から亀田末弘に宛てて出されたものと考えられるが、注目すべきは本文中の「前々の如く寄進せしむるの状」という文言である。本文書が出されたのが永正三年六月三十日のことであるため、少なくともこの文言からは、今川氏と亀田太郎大夫の師檀関係や口入米の寄進等が永正年間より以前から継続されてきたものであったことが窺える。しかし、寄進されている口入米の出所となる遠江国山口については長享二年の段階で小綿屋秀友から橋村八郎大夫へ上分権が売却されており、さらに史料1の前年に出された史料11では、その売却事実の取り消し工作が橋村氏不在の間に亀田氏によっておこなわれていた。つまり、当時の遠江国山口における口入米寄進については、今川氏の認識と、亀田氏を含む御師間の認識とで大きな差異が生じていたということであり、「前々の如く」という文言から察するに、この問題はかなり前から潜在していたものと推測できる。史料11にて亀田氏が多少強引な手を使ってでも事実関係の帳尻を合わせようとしていたのは、異姓家の小綿屋秀友が権利を売った相手が、亀田氏と同じ神主家の橋村氏であったことに何か不都合でもあったのか。以下は憶測になるが、例えば同所の権益は元々亀田氏が所有していて、史料1が出される以前に小綿屋へ売却していたが、今回今川氏から同所を安堵されるにあたり、権利の所有が他家の御師へ移行したことで生じる不都合を帳消しにしようとした、という可能性も考えられるのではないだろうか。

また、もう一つ指摘したいのが、寄進地の領主である今川氏が必ずしも寄進先の所有関係を把握しきれていたわけではなかったという点である。もちろん、表1中の「武田家朱印状写」(元亀三年四月十四日付)で示されているように、今川氏の滅亡後、かつての寄進地を甲斐武田氏が改めて亀田氏に与え直していることは、大名側における寄進地の情報管理が確かなものであったことの表れではある。しかし、今川氏の場合は、おそらく長期間にわたって情報の齟齬があった可能性が考えられ、それが御師同士の中で内々に解決しようとされていた点も興味深い。このように、大名と御師の師檀関係を保つ上で重要な意味を持つ寄進行為を必ずしも大名側が把握しきれていたわけではなかったという事実は、戦国期における大名と御師の関係だけでなく、御師による寄進地の運営管理の側面を考察する上で注目すべき事例として位置付けることができよう。

おわりに

以上、これまであまり検証されてこなかった伊勢御師亀田氏に焦点を当て、限られた関連史料の中から檀家である今川氏との関係性について考察を加えてきた。亀田氏伝来文書の謄写本である『勢州御師亀田文書』を見る限り、今川氏から比較的頻繁に神前祈禱・神領寄進を受けていた亀田太郎大夫は、従来の研究で認識されている通り間違いなく今川氏の御師であったと言える。しかし、当時の今川領における檀所については、複数の異姓家御師の手にあったものが十五世紀後半の段階で橋村氏によって集中的に買い集められており、少なくとも『橋村家文書』内の道者売券には亀田氏が売買に関与した形跡は見られない。つまり亀田氏は、御師として今川氏との強固な個人的関係を構築してはいたが、それが檀所の獲得に直接繋がっていたわけではなく、あくまで戦国期今川領の御師は異姓家御師や橋村氏であったのである。

戦国大名と御師の師檀関係は、例えば毛利氏とその家臣団の御師であった村山氏のように領主・領地を丸ごと檀家としている場合がむしろ一般的であり〔小林 二〇一四〕、今川氏と亀田氏の関係のような、領主と領地で契約関係にある御師が異なっているのはあまり知られていない例と言える。その背景を解明するにはさらなる史料分析と類似例との比較が必要となってこようが、『橋村家文書』内にみられる道者売買の証文が中世道者売券全体の中でも古い年代に出されていることは、極めて示唆的であると言える。今回検証した亀田氏の事例が、戦国大名と御師の師檀関係にかかる研究を深めるひとつの要素となり得ることを期待したい。

〔追記〕　本稿では、文部科学省科学研究費助成事業・基盤研究(C)「神宮御師資料の新たな発見に伴う信仰の地〝伊勢〟の総合的調査研究」(小林郁代表、令和元年～五年度、課題番号：一九K〇一〇〇六)の研究成果を一部反映している。

参考文献

伊勢市　二〇一一『伊勢市史』第二巻　中世編
岡野友彦　二〇二一『中世伊勢神宮の信仰と社会』皇學館大学出版部
窪寺恭秀　二〇〇五「中世後期に於ける神宮御師の機能と展開について」『皇學館大学神道研究所紀要』第二一輯
窪寺恭秀　二〇二三『伊勢御師と宇治山田の学問』弘文堂
小林　郁　二〇一四「戦国末期における伊勢御師の継承―村山文書を中心に―」『皇學館論叢』四七巻四号
小林　郁　二〇一六「伊勢御師と戦国大名の関係について」『神道史研究』第六四巻第一号
小林　郁　二〇一七「織豊政権と伊勢神宮―上部貞永との関係を中心に―」『神道史研究』第六五巻第二号
小林　郁　二〇二三「神宮御師橋村家資料における新出の中世道者売券について」『皇學館大学研究開発推進センター紀要』第九号
小林　郁　二〇二三「中世後期における伊勢御師の様相―道者売券を中心に―」『〝出入り〟の地域史　求心・醸成・発信からみる三重』雄山閣

静岡県　一九九四『静岡県史』資料編七　中世三
柴　裕之　二〇一四「今川・松平両氏の戦争と室町幕府将軍」『戦国・織豊期大名徳川氏の領国支配』岩田書院
新城常三　一九八二『新稿　社寺参詣の社会経済史的研究』塙書房
西山　克　一九八七『道者と地下人—中世末期の伊勢—』吉川弘文館
萩原龍夫　一九七五『中世祭祀組織の研究　増補版』吉川弘文館

富士山興法寺と武家権力

近藤 祐介

はじめに

中世~近世にかけて駿河国側の富士山登山道の一つであり、表口とも呼ばれた村山を管理していたのは、富士山興法寺という寺院であった。興法寺は村山三坊(大鏡坊・辻之坊・池西坊)を中心に運営され、近世には聖護院門跡を本山とする修験道本山派に属する修験寺院として活動していた。

中世の興法寺については、近年、富士宮市や富士市、富士山かぐや姫ミュージアムを中心とした史資料調査が進み、研究環境が大きく改善され、調査を踏まえた新しい研究成果が出されているところであり、本稿もこうした研究成果に学ぶところが大きい[富士宮市教委二〇〇五、富士市かぐや姫ミュージアム二〇〇七~、富士市教委二〇一三~など]。しかしながら、個々の史料の位置付けについては各論者で見解の相違も見られ、今なお総合的な把握が難しい面がある。この点に関わって、とくに本稿では、以下の二つの課題を指摘しておきたい。

一つ目は、「村山修験」という言葉に代表されるように、興法寺は富士山修行をおこなう修験寺院であり、そこの構成員は全員山伏である、という暗黙の前提のもとに議論されていることである。確かに、近世において興法寺が修験道本山派に属していたことは間違いない。しかし、興法寺が聖護院門跡末となったのは、十七世紀末のことであり、それ以前の興法寺の特性についてはなお検討の余地がある［近藤 二〇二三］。

二つ目は、興法寺と戦国大名権力との関係についてである。この点はこれまでの研究で、興法寺と今川氏との密接な関係が指摘されており、本稿も大枠ではこの理解を踏襲している。しかし、これまでの研究は史料解釈に過誤があり、武家被官人という立場で村山三坊の一つである辻之坊を相承した葛山助六郎と葛山与兵衛という、二人の人物の位置付けが十分ではないと考える。彼らの存在に注目することで、改めて興法寺と戦国大名権力との関係について検討を加えてみたい。

以上の課題を踏まえて本稿では、まず第1節で興法寺寺内における構成員とその身分について検討し、顕・密・修験兼修の山岳寺院という興法寺の特性を明らかにする。次に第2節では戦国時代に村山三坊を相承した人物らを検討したうえで、続く第3節で葛山助六郎・与兵衛に注目し、武家被官人という俗人の立場で辻之坊を相承した背景について検討することとしたい。

1　興法寺における〈衆徒〉と〈山伏〉

中世における興法寺の特性を検討するにあたって、まずは中世の地方寺院と山伏をめぐる現在の研究を見ておこう。長谷川賢二氏は近江大原観音寺や摂津勝尾寺といった畿内寺院において、顕密僧である寺僧(衆徒)と山伏が一個の集団を形成していたこと、山伏は行人・堂衆層として寺僧の下位に位置付けられたことを指摘している［長谷川 二〇一五］。一方で若狭国明通寺では、寺僧は「顕・密・修験」を兼ねる存在であり［林文理 一九八二、越前大谷寺や観音寺でも寺僧による山岳修行がおこなわれていたという。また、長谷川説を踏まえ、勝尾寺山伏について検討した小山貴子氏は、勝尾寺では十五世紀から山伏の存在が確認できること、それ以前から寺僧による白山参詣・入峰修行がおこなわれていたことを明らかにしたうえで、勝尾寺の山伏は寺僧が転じた形態であることを指摘している［小山 二〇〇二］。

以上の研究を踏まえると、山岳寺院の構成員をすべて山伏と一括することには慎重になる必要がある。そこで、興法寺内において、どのような身分集団が活動していたのかを検討したい。

この点について大高康正氏は、史料上に表れる「衆徒・山伏」という表記を「衆徒山伏」と解し、山伏である衆徒によって興法寺が運営されていたとする従来の見解を批判し、衆徒と山伏という二つの寺内身分があったことを指摘している（以下、便宜上、興法寺内身分を指す場合、〈衆徒〉〈山伏〉と表記）［大高 二〇一二］。そのうえで大高氏は、〈衆徒〉が〈山伏〉よりも上位であり、興法寺の正式な構成員であったこと、村山三坊は〈衆徒〉身分に該当すること、〈衆徒〉・〈山伏〉ともに富士山で修行をおこなう修験者であると評価した。

大高氏の指摘の通り、同時代史料内には衆徒と山伏が別々に表記されていることが確実な事例を確認できるので、興法寺の寺内身分として〈衆徒〉〈山伏〉という区別があったとする大高氏の指摘は首肯できる。また、〈衆徒〉である村山三坊が寺内の他坊や山伏を管轄する立場にあったこと、辻之坊と池西坊が寺務代として興法寺の中核であったことなどから、〈衆徒〉が〈山伏〉より上位にあったことも間違いない。しかしながら、〈衆徒〉と〈山伏〉をともに修験者とする点や、〈山伏〉を非構成員とする点には検討の余地が残されている。そこで、興法寺における〈衆徒〉と〈山伏〉がいかなる存在であったのかを検討してみたい。

まずは〈衆徒〉について、東泉院を事例に取り上げたい。東泉院は現在の静岡県富士市今泉にあった寺院で、富士郡下方地域にある下方五社の別当を務めていた。戦国時代の東泉院に関する先行研究では、〈衆徒〉である大鏡坊頼秀の子息「大納言」が住持を務め、自身も〈衆徒〉として、戦国大名今川氏と強い結びつきを持ち、国府・守護所にある駿府浅間社と一宮である本宮浅間大社を結ぶ国家祈禱を目的とする大祭礼に関与したほか、使僧や軍事奉公をおこなう存在であったこと、今川氏滅亡後、武田氏支配下では東泉院大納言が排除され、東泉院は久能寺の末寺に編成されたことなどが指摘されている〔大久保 一九八二、長谷川 一九九三、大高 二〇一三〕。

なお、この東泉院大納言については、『葛山系譜』や東泉院関係文書から「雪山」という人物に比定する説〔大高 二〇一三〕、永禄三年（一五六〇）に『富士山大縁起』を書写した「正別当大僧都頼恵」に比定する説〔前田 二〇一四〕があり、大高氏が示唆しているように、東泉院「大納言」＝頼恵であった人物が、のちに隠居し雪山と号した可能性もあるが、ここでは判断を保留したい。

東泉院について、次の葛山与兵衛尉返答状（『戦国遺文 今川氏編』二六二四号文書、以下同書については『戦今』と表記し、文書番号を記す）が注目される。やや長文であるが、のちの検討にも使用する史料なので、ここで掲げておく。

〔史料1〕　葛山与兵衛尉返答状

東泉院返答言上

葛山与兵衛尉

一、富士村山坊中、前々より東泉院拘り来たり候由言上、虚言の申す所に候、今川殿御代十一代に候、其の御代□未聞の儀に候、殊に今川殿御先祖の御判形所持の由、申され候、彼の御判形の儀ハ、先辻坊に拘り申し候葛山助六郎、去辰年（永禄十一年）氏真様御没落の刻、彼の助六郎逆心仕り候ニつきて、討手を仰せ付けられ候処ニ、欠落仕り候、梅原四郎衛門尉と申す者、相模の山角同心越智源十郎と申す者両人、彼の助六郎妻子須津の多門坊ニねまり候つる、其の荷物を押し取り候内ニ御判形共御座候、これを梅原ニこい申し、所持仕り候ハ、明鏡ニ由緒無く、乱取の御判形証拠ニ成さるべく候哉、同氏真様・氏政様御判形これ有るの由申し候、彼の御判ハ越国へ御使を申し候刻に下され候、尤も氏真御国ニ成られ候わば、辻之坊望み有るまじく候、其の意趣は懸河へ御供申し候故、六百貫余りの御判形下され候、然る上ハ、右の儀をさへ申し立つべく候へ共、只今の儀ハ、殿様御分国ニ罷り成り候故、其の引きかけハ入れ申すましく候、殊に我等儀は去午四月葛山本領七千貫余りの本帳、久野御城にて本田作左衛門尉殿へ指上申し候キ、御忠節たるの条、浜松へ参上申すべきの由仰せられ候間、参上申し候、御勘定落着仕り罷り帰り候き刻、坊中の儀作左衛門尉殿に申し付けて仰せ付けられ候、然る処ニ去午六月甲州御入国の刻、駿州侍御訴訟ある人ハことごとく今度立たるべきの由、作左衛門殿仰せられ候間、則ち六月九日ニ曽禰下野守と同心いたし、霜月御無事罷り成り候刻まて、大野の御取り出しニおいて走り廻り候、内々右の忠節申し候条々、助六郎軍役知行分と申し立て御訴訟申し上げるべき処ニ、其の刻作左衛門尉殿御煩いニ付きて其の儀無く候、然らば去々年鷹野様の申し様候ニ付きて、浜松において御裁許申し、聞し召さる分御朱印下され候間、先祖住書と存じ候処ニ、只今東泉院申し掠めらるる処ニ候、殊に其の時分ハ鷹野と同意いたし、東泉院浜松へ我等と同日ニ罷り越し、裁許落着まて踞り候つる、其の時分ハ閉口いたし、只今申し上ぐるハ如何様の子細候、彼の東泉院午の春中ハ当国ねまり候て、同六月十二日小田原へ罷り越し、お取り合いの内ハ相模ニ候て御無事の上、極月廿八日ニ罷り帰り、未の正月十四日ニ浜松へ参上いたし候、拙夫事ハ御取り合い中ハ御手先ニ候て御奉公申し候、此の儀申し上げざる故、今に助六郎軍役分下されず候事

一、五社拘申候別当ハ従前之平僧にてハ不罷成候条、院主学頭之御座候て、常ニ護摩修行候処ニ、当御代ニ罷成、女犯肉食をいたし、五人の宮僧一人もなく、御神事時ハ麦壱表、弐俵にて小僧・新法師を雇ひ懃候事御下知候哉、

（中略）

四月廿七日

進上　御奉行

この史料は今川氏・武田氏が滅亡した後の天正十三年（一五八五）に出されたと考えられるもので、東泉院某の訴えに対して、辻之坊の跡職を継承した葛山与兵衛が反論したものである。冒頭部から、両者の相論は東泉院某が、富士村山の辻之坊に対する権利を主張したことに端を発したものであることが窺える。そして、この訴えに対して葛山与兵衛は、現在の東泉院が所持する証文は今川氏滅亡の際の混乱の中で掠め取ったものであり、無効であると抗弁しているのである。

ここで注目したいのは傍線部で、五社別当たる東泉院住持は「平僧」では勤めることが出来ず、「学頭」でなくてはならないとする点、また「常ニ護摩修行」する僧が務めるもので、現在はそれが乱れていると批判している点である。

ここに見られる「常ニ護摩修行」について、密教僧としての素養を指すと解することもできるが、当時の東泉院が久能寺末の真言宗寺院であったことを踏まえると、この時の東泉院住持が密教的素養を備えていないとは考えにくい。それにも関わらず「常ニ護摩修行」が住持の条件として挙げられていることから、ここでの「常ニ護摩修行」は通常の護摩行とは違った意味を持っていると考えられる。

大高氏によると、中世後期までは富士郡上方地域に加えて、東泉院が所在した下方地域にまで興法寺の勢力が及んでおり、ともに富士山中での修行をおこなっていたことが想定できるという［大高 二〇一〇］。また前述したように、駿河国が今川領国であった時代の東泉院は、大鏡坊の子息である大納言某を住持とし、興法寺衆徒であり、富士東泉院とも呼ばれる存在であった。しかし、武田氏支配期に大納言某は排除され、富士山との関係も断たれたと考えられる。こうしたことを踏まえると、史料1の「常ニ護摩修行」の意味するところは、富士山での護摩行、富士山における山岳修行を指しているのではないか。すなわち、往時の東泉院住持は教学に通じており、なおかつ富士山修行という実践行をおこなう僧が務めてきたと主張しているものと思われる。

この与兵衛の主張から、戦国時代に〈衆徒〉であった東泉院は、教学に通じた僧であると同時に、山岳修行を実践する存在として認識されていたことが分かる。ここから考えると、〈衆徒〉とは、山岳修行者としての素養だけではなく、学僧としての素養を兼ね備えた存在であり、顕・密・修験を兼修する僧であったと考えられる。

次に〈山伏〉について検討したい。天文四年(一五三五)に今川氏輝が辻之坊頼真に宛てて出した判物に、「坊中において山伏退転の所は取り立て、出仕勤行申し計らうべし」とあり、〈山伏〉は興法寺内に坊を構える存在であったことが分かる(『戦今』五三二)。また元和六年(一六二〇)の「大鏡坊宮里言上状」(『静岡県史料第二輯　駿州古文書』角川書店、一九六六年)にも「山伏座」の存在が確認でき、大鏡坊同行がそこに加わっている。こうしたことから、〈山伏〉は興法寺の構成員であったと考えられる。

〔史料2〕　今川義元朱印状(『戦今』一〇三五)

（印文「如律令」）

富士山出仕の山伏、先々三光坊時の如く、彼の山へ出仕せしめ、国家の祈念等勤むべきの処、近年無沙汰せしめ、手に属せざるの旨其の謂われ無し、然らば駿・遠両国の内これを改め、堅く申付べし、自今以後其の役を勤めざる者、過怠有るべし、但し三光坊の時に手に属さざる山伏に至らば、其の沙汰に及ぶべからざるもの也、

仍って件の如し、

天文廿年

九月十一日
慶学（覚）坊

この史料は天文二十年（一五五一）に今川義元が慶覚坊に出した朱印状である。ここから「駿・遠両国」の「富士山出仕之山伏」の取りまとめをおこなっていた慶覚坊という存在がいたことが分かる。慶覚坊について同時代史料からは不明な点が多いが、『境内分配帳』（後掲表1参照）という史料によると興法寺内に坊を構えていたとされる。

以上のことから、〈山伏〉とは修験道（富士山における山岳修行）を専修する者で、興法寺寺内に坊を持つ者も含まれていたと考えられる。そして慶覚坊は〈山伏〉身分の代表者として「富士山出仕之山伏」を統括する立場にあったのである。

このように中世における興法寺は顕・密・修験を兼修する〈衆徒〉身分と、修験を専修する〈山伏〉身分から構成されており、観音寺や勝尾寺などの畿内寺院と同様の特性を持つ寺院であったと考えられる。

2　戦国時代の村山三坊

ここではまず、興法寺の中心にあった村山三坊の動向をまとめることから始めたい。戦国期の村山三坊の動向については、すでにこれまでの研究でも多く言及されているが、従来の研究では『葛山系譜』（東京大学史料編纂所所蔵謄写本）という史料に依拠しすぎているきらいがある。

『葛山系譜』とは、辻之坊を相承した富士郡の葛山氏一族の系譜を記した史料で、成立年代は判然とせず、藤原氏の神話的記述から始まり、室町・戦国時代頃から内容が具体的になり、明治初期まで記載がある。室町期以前はもとより、戦国から近世初頭にかけての『葛山系譜』に記載された人物の中には、他の史料から存在を確認できない人物も多く、不審な点も少なくない。しかし、同時代史料が僅少であるという事情もあり、これまでの研究では十分な検証がされないまま利用されてきている部分がある。

しかし近年、地方自治体などによる史資料調査が進み、状況が大きく改善され、『葛山系譜』とは異なる系譜史料がいくつか紹介されるに至った。それらを、まとめたものが表1である。残念ながら、現存する系譜史料は大鏡坊と辻之坊に関するもののみで、池西坊に関する系譜史料は欠いている。

表1　大鏡坊・辻之坊に関する系譜史料

史料名	成立年代	備考
『富士山伝記并興法寺歴代』	嘉永三年(一八五〇)	大鏡坊頼茂が書写。大鏡坊の歴代を興法寺住持として記す。
『元禄高由緒書上帳』	明治四年(一八七一)	大鏡坊頼宝が書き写したもので、その中に大鏡坊に関する系図が収められている。
『重代輯録・自天文至貞享記録』	文政九年(一八二六)	大鏡坊頼茂が辻之坊の古文書などを写した記録。正保二年(一六四五)に長坊頼円という人物の手になる辻之坊の歴代住持を記した「辻之坊跡職代々之覚」という史料の写しが収められている。
『境内分配帳』	寛政十二年(一八〇〇)	元禄十二年(一六九九)に成立した辻之坊所持本を書写。興法寺内の諸坊の所持高や由緒を記す。

出典はいずれも『村山浅間神社調査報告書』〔富士宮市教委 二〇〇五〕

『葛山系譜』と表1に挙げた系譜史料を比較してみると、「辻之坊跡職代々之覚」では、戦国時代の葛山助六郎から辻之坊住持の記載が始まるといった違いが見られる。また『元禄高由緒書上帳』の大鏡坊系図では、『葛山系譜』に言及した記載が見られ、『葛山系譜』において戦国時代の一族として挙げられている「頼秀」「頼慶」は当家(大鏡坊・富士氏)の住職であり、辻之坊住持ではないとし、その誤りを指摘している。

このように他の系譜史料と比較してみると、『葛山系譜』を戦国時代の実態を示したものとして評価することには疑念が生じる。また同様に、『葛山系譜』以外の系譜史料についても、相互に比較してみると、異同や同時代史料とも符合しない記載が散見される。結論だけ述べると、現存する系譜史料のどれか一つを確度の高いものと判断することはできず、それぞれの系譜史料の記載を同時代史料と照合しながら、戦国時代の実態を把握することが必要と考える。そこで迂遠ではあるが、まずは同時代史料から戦国時代の三坊の住持を確認したうえで、その活動と今川氏との関係について迫ってみたい。

戦国時代の大鏡坊について、同時代史料では頼秀と頼慶という人物が確認できる。頼の字を通字とすること、頼秀の活動の終見後に頼慶の活動が見られることを踏まえれば、系譜史料の物語る通り、両者は父子と考えるのが妥当であろう。第1節で述べたように、頼秀には東泉院を継承した大納言という子息もいたので、頼慶と大納言は兄弟と考えられる。

一方、辻之坊は天文二年（一五三三）、同四年の今川氏輝判物（『戦今』五〇四・五三一）において、頼真という人物がいたこと、頼真が興法寺の寺務代を務めていたことが確認できる。そして、その後天文二十年の今川義元判物（後掲史料3）から、葛山助六郎という人物が、頼真から辻之坊を譲与されたことが判明する。

そして、最後に池西坊であるが、残念ながら同時代史料では池西坊住持の名前を確認できる史料は存在しない。しかし、後掲史料3・4から池西坊が寺務代であったことが分かるので、名前は確認できないものの、池西坊某という住持がおり、寺務代として興法寺を統括する立場にあったことが分かる。

さて、こうした三坊の住持について、これまでの研究では『葛山系譜』に「頼慶　葛山助六郎」と注記があることを根拠とし、大鏡坊頼慶＝葛山助六郎と理解されている。また、池西坊某についても、後掲する史料3を根拠として、葛山助六郎が辻之坊と合わせて池西坊も相承していたと理解されている。したがって、この理解に立つと、天文二十年頃、村山三坊は頼慶＝葛山助六郎という一人の人物が相承していたということになる。

しかしながら、この頼慶＝葛山助六郎説および葛山助六郎が辻之坊・池西坊の両坊を相承していたとする説には疑問点が多く、再考の余地がある。そもそも大鏡坊頼慶と葛山助六郎を同一人物とする史料は『葛山系譜』のみであり、同史料の問題点は上述した通りである。

そこでまずは同時代史料から、頼慶＝葛山助六郎説を検証してみたい。葛山助六郎の初出は、次の史料である。

〔史料3〕　今川義元判物（『戦今』一〇二五）

富士村山知行半分事

右、辻坊跡職として永く領掌相違有るべからず、ならびに村山・木伐山・雷・粟蔵、同山目代、池清《（西）》坊と兼帯として執務せしむべし、頼真譲状の旨に任せ、勤行出仕等、代僧を以って疎略無く申し付くべき者なり、仍って件の如し、

天文弐拾甲寅七月九日　治部大輔（今川義元）（花押）

※干支は辛亥の誤りヵ

葛山助六郎殿

ここから、この時葛山助六郎に対して「辻坊跡職」の相承、「富士村山知行半分」について「池西坊と兼帯として執務」すること（この点については後述）が、認められるとともに、辻之坊頼真の譲状に基づき、「勤行出仕等」について代僧をもって勤めることが命じられたことが分かる。大高氏は〈衆徒〉が今川氏のための富士山への代参、駿府での

国家祈禱の担い手になっていたことを指摘しており、ここでの「勤行出仕等」とは今川氏のための祈禱を指していると考えられる[大高二〇一二]。

一方で、天文二十一年(一五五二)の今川義元判物において、「富士山興法寺大鏡坊領等之事」を安堵された人物として「大鏡坊頼慶」が登場する(『戦今』一〇七二)。したがって、同時代に辻之坊を継承した俗名を名乗る助六郎と、大鏡坊を相承し法名を名乗る頼慶が存在していることは間違いない。

しかし、天文二十一年段階で頼慶という法名が確認できる一方で、のちの永禄六年(一五六三)の今川氏真朱印状写(『戦今』一九一四)では「葛山助六郎」という俗名で記されているなど不可解な点がある。また没後の史料であるが、前掲史料1でも「葛山助六郎」と書かれていることから、助六郎という人物は終生俗人の立場にあったと考えられる。また、もし大鏡坊頼慶=葛川助六郎とするならば、前掲史料3にあるような今川氏のための「勤行出仕等」といった重要な宗教行事を、代僧でもって勤めるのは不可解であると言わざるを得ない。出仕勤行などに代僧を立てたのも、助六郎が俗人であり、宗教活動をおこなうことができないためであったと考えられる。以上のことから、大鏡坊頼慶と葛山助六郎は同一人物ではないと判断される。

では次に、助六郎と池西坊との関係について見ていこう。先行研究では、助六郎が池西坊を相承していたとし、戦国時代の池西坊某=助六郎としている。その根拠となっているのが前掲史料3中に見られる「池清坊と兼帯として執務せしむべし」という表記である。ここから、辻之坊を相承した助六郎が、池西坊を「兼帯」=兼任していたと解釈されてきたのである。

しかし、「兼帯」という語について、『日本国語大辞典』(小学館)では、①官職を兼ねること。二つ以上の職務や役目をかけもちすること。兼任。②一つで二つ以上の用を兼ねること。兼用すること。③複数の人で、一所を共有すること、という三つの意味を載せており、多義語である点は注意を要する。『日本国語大辞典』では、もっともよく見られる①の用法(以下、これを〈兼任〉と表記)とともに、③として、複数人での所領などの共有という語意(以下、これを〈共同知行〉と表記)が示されているのである。そして、③の事例として『多聞院日記』天正十一年(一五八三)の事例が挙げられている。すなわち、「兼帯」という語は戦国時代に〈共同知行〉の意でも用いられていたことが分かる。

そこで、今川氏発給文書で「兼帯」という文言に注目してみると、次の二点の史料が挙げられる。一つ目は興津信家宛ての天文二十一年十二月二十三日付「今川義元判物写」である(『戦今』一〇五七)。この史料は「遠州笠原庄村岡西方知行内、濱野村後の砂地の事」をめぐって、興津と斎藤六郎衛門なる人物が争ったことに対する、今川氏の裁許を示したものである。ここで今川氏は奉行人を派遣し現地を調査させたが、砂地の境界が不分明であるとし、「東西砂地明鏡の切り発き分、または自今以後開発せしむる砂地の田畠、兼帯たるべき旨、下知を加うる上は、双方立ち合い所務すべし」と命じている。係争地について「兼帯」とし、双方立ち合いでの所務を命じていることから、ここでの「兼帯」は〈兼任〉ではなく、興津と斎藤による〈共同知行〉と解されよう。

二つ目は、奥平定勝宛ての天文二十二年三月二十一日付「今川義元判物写」である(『戦今』一一四一)。この文書は、今川義元が奥平に対し、所領の安堵と所領支配に関わる指示をしたもので、全七ヵ条から成る。その中の一つに、「一、惣知行野山濱院、先規の如く支配すべき事　付けたり、佐脇郷野院本田、縫殿助と兼帯たるの条、去年雪斎の異見をもって、中分となすの上は、彼の異見の如く申し付くべきこと」とある。文意の取り難い部分もあるが、佐脇郷野院本田については縫殿助と「兼帯」であり、去年中分したとしており、ここでも「兼帯」は〈共同知行〉の意で用いられていると考えられる。

以上、史料3と同時期の今川義元発給文書中において、「兼帯」が〈共同知行〉という趣旨で用いられている事例があることが確認できた。したがって史料3においても、〈兼任〉ではなく〈共同知行〉と解する余地が生じる。

そこで改めて史料3を見てみると、「池西坊と兼帯として執務せしむべし（原文では「池西坊与為兼帯可令執務」）」とあり、〈共同知行〉と解することもできそうであるが、決め手に欠ける。そこで、別の史料から考えてみたい。

〔史料4〕　今川氏真判物（『戦今』二〇九八）

駿河国村山内辻坊兼帯地
　神鳴・木伐山栗（粟）蔵・富士嶽
　其の外役所以下ならびに畠屋敷等の事

右、先判形の旨に任せ領掌しおわんぬ、然らば両寺務代として神主役人等ならびに拘わり置く坊跡先達分、これまた先証の如く永く相違有るべからず、兼ねてまた社人十二間棟別・点役・門屋敷共、先印判の如く免除せしむる所なり、社役を勤むるの条自余に準ずべからず、次いで毎年代官参分の事、下方夏納所の内を以って、先印判の如く代官前より請け取るべしてへれば、此の旨を守り、勤行法度以下堅く申し付くべき者なり、仍って件の如し、

永禄九年八月廿一日　上総介（今川氏真）（花押）

池西坊

この史料は永禄九年（一五六六）に、今川氏真から池西坊に宛てた判物である。ここでは、池西坊に対して「駿河国内村山内辻坊兼帯の地」の安堵と諸役免除を認め、富士山への代参分の受け取りと、勤行法度以下の遵守を命じている。ここでは傍線部の辻之坊と池西坊を両寺務代とし、池西坊に勤行を命じていることに注目したい。

史料3・4の「兼帯」を〈兼任〉と解すると、辻之坊と池西坊は葛山助六郎が相承していることになる。しかし、そうすると史料4の「両寺務代」という表現は不自然なものとなり、また葛山助六郎が池西坊であるとするならば、代僧でもって勤行を命じられない点もやはり不自然である。一方、「兼帯」を〈共同知行〉と理解すれば、こうした不自然は解消されよう。

〔史料5〕

富士村山神領・同百姓ならびに参銭等の事、前々より辻坊・池西坊兼帯に知行仕り来たる由候ニつきて、諸事有り来たる如しと、最前御朱印を以って仰せ出だされ候処、彼の池西坊何かと申し掠め、違乱せしむの由候て、辻坊御訴訟に罷り上り候、様子聞し召し届けられ、兎角最前の御朱印の旨に任され、有り来たる如く仰せ付けられ尤もに候、恐々謹言、

以上

増右
長盛(花押)

十二月二十八日

長大
正家(花押)

中村式部少輔殿
御宿所

この史料は天正十八年(一五九〇)に長束正家・増田長盛から駿府に入封した中村一氏に宛てた書状である。この中で、富士山神領などの事について、以前から辻之坊と池西坊が「兼帯」に知行しており、豊臣秀吉から「諸事有り来

たる如く」という趣旨の朱印状を得たこと、それにも関わらず池西坊が違乱しており、辻之坊がこれを訴えたことが分かる。

池西坊の違乱を辻之坊が訴えている以上、この時点で池西坊と辻之坊はそれぞれ別人が相承していると考えられる。それにも関わらず、辻之坊は以前から「兼帯」で富士山領を知行してきたこと、それを「諸事有り来たる如く」とする朱印状を盾に、池西坊の違乱を訴えているのである。したがって、ここに見られる「兼帯」はやはり、〈共同知行〉の意で用いられていると考えるべきであり、なおかつそれを「前々より」「有り来たる如く」と主張しているのである。

以上のことから、史料3の「兼帯」は〈共同知行〉と解すべきであると結論される。これによって、戦国時代の村山三坊は、大鏡坊は頼秀―頼慶、辻之坊は頼真―葛山助六郎、池西坊は某によって、それぞれ別々に相承されていたことが明らかとなった。また、彼らの関係についても、同族(葛山一族)である可能性を完全に排除することはできないものの、少なくとも父子・兄弟・叔父甥といった近親関係にあったとは考えにくく、戦国時代の村山三坊はそれぞれ別々の家に相承されていたと思われる。そして、戦国時代の興法寺は、辻之坊である葛山助六郎と池西坊某を両寺務代とし、彼らを中心に運営されていたのである。

3　武家被官人による辻之坊相承の背景

戦国時代に辻之坊が葛山助六郎に相承されたことについて、従来の研究では助六郎＝大鏡坊頼慶と理解されたことにより、十分に注意が払われてこなかった。しかし、第2節で明らかにしたように、助六郎と大鏡坊頼慶は別人であったと考えられる。そうした理解に立つと、辻之坊が俗人である助六郎に相承されるという特異な状況がなぜ誕生したのか、改めて検討してみる必要があろう。葛山助六郎による辻之坊相承の背景について検討してみたい。

前掲史料3で確認したように、助六郎は天文二十年（一五五一）に頼真の譲りによって「辻坊跡職」を相承した。辻之坊頼真については村山浅間神社文書中に関連史料が二点ある。一つは天文二年の今川氏輝判物（『戦今』五〇四）で、ここでは「富士興法寺辻坊惣跡ならびに神領坊中当知行分の事」が「富士山興法寺々務代辻坊」に安堵されている。二つ目は、二年後の天文四年の今川氏輝判物（『戦今』五三二）で、そこでは大鏡坊との間で相論となっていた富士山中の銭所以下の支配権について、「辻坊頼真」に安堵されている。

頼真の経歴については不明な点が多いが、『葛山系譜』には「天文年中に寺務代辻坊ト家名仰せ付けられ村山に住」とある。同様の記載が『境内分配帳』（表1参照）にも見られ、そこでは辻之坊について「明応年中伊那に住、それより天文の始め葛山采女正頼真ならびに長門守頼為当山住職開基」と記している。これらの系譜史料に拠ると、辻之坊頼真は明応年間（一四九二〜一五〇一）までは伊奈に居住しており、天文年間（一五三二〜一五五五）初めに村山に移ってきたとされる。ただし、大高康正氏によると、辻之坊の初見は富士山頂大日堂にあった明応四年の大日如来坐像の銘文で、そこには「願主富士山興法寺辻之坊覚乗」とあるという［大高 二〇一一］。

以上を踏まえると、辻之坊はもともと興法寺寺内に存在していた坊であり、それを村山に移住してきた頼真が天文二年に相承したものと思われる。頼真はいわば新興勢力として、興法寺に勢力を扶植した存在であり、ゆえに大鏡坊との間に相論が惹起したと考えられる。

そして、頼真や助六郎が辻之坊を相承した天文年間は、富士郡一体において重要な意味を持つ戦乱が展開した時期であった。河東一乱と呼ばれるこの戦乱は、富士川の東にあたる富士郡・駿東郡一体の支配権をめぐって繰り広げられた今川義元と小田原北条氏との戦争で、実際の軍事衝突は天文六年から天文十四年まで続き、最終的に天文二十年ころに両氏の同盟が成立することによって決着した。そして、この戦争のなかで河東地域の支配権を確立した今川義元によって、河東地域の領国化が積極的に推し進められたという［大久保 一九八二］。

河東一乱は富士郡内の民衆や寺社にも多大な影響を与えたとされており、興法寺内の三女坊は在所を引き払って駿府に馳せ参じた忠節により村山抱分の安堵を獲得し、また北条方の捕虜となった東泉院大納言が自力で脱出し、駿府に参上した忠節などによって五社別当職を安堵されていることなどが指摘されている［湯之上 二〇一二］。興法寺においても河東一乱に関わって今川方として活動した者がいたこと、その忠節により安堵を獲得していたことが分かる。そしてこれ以後、村山浅間神社文書に今川氏発給文書が見られるようになってくることも、今川氏による富士郡域支配の進展を物語るものと言えよう。

このように、頼真や助六郎が辻之坊を相承した時期は、今川氏による河東地域の再編が進行していた時期であり、両氏の辻之坊相承を今川氏が安堵していることも、こうした動きと無関係ではないだろう。

葛山助六郎について、『重代輯録』（表1参照）は「大鏡坊頼秀之孫」とし、「是ハ国主今川殿へ御奉公仕り候故、山伏役ハ大鏡坊同行共、識真坊・金養院と申す山伏社役相勤め申し候、その後たいは《（大破カ）》仕り候に付き、大鏡坊より東光坊ニ申し付けられ候事」と記している。

助六郎を大鏡坊頼秀の孫とする点は、同時代史料では確認できず不審であるが、頼真と混同された可能性もあるかもしれない。いずれにせよ、助六郎を俗人として今川氏に仕えた武家被官としている点は重要である。のちの史料ではあるが、前掲史料1においても、「助六郎軍役知行分」という表現が見られ、助六郎に対する辻之坊安堵が軍役知行分と主張されているものと思われる。

大久保氏によると、富士郡下方五社の別当であった東泉院と今川氏との結びつきの背景には、支配の遅れていた富士郡への在地支配貫徹を目指す今川氏側の目的があったという［大久保 一九八二］。富士郡において大きな力を持った宗教勢力である興法寺に対しても、今川氏の働きかけがあったと考えていいだろう。

この点に関わって、この時期に今川氏が東海道を中心とした駿河―伊豆・相模間の交通路の統制をおこなっていたことに注目したい。相模の熊野先達らが北条氏に出した「相模国先達衆言上状写」（『新横須賀市史』資料編古代・中世補遺 三一〇一号文書）には、河東一乱によって「駿府不通」となり、熊野先達業務がおこなえなくなったと述べられている。このような今川氏による交通統制は、戦国大名の使者としても活動することのある熊野先達や山伏に限定されていた可能性もあるが、ここではひとまず、河東一乱をきっかけに今川氏が国境地域の交通統制を実施していたことをおさえておきたい。

そしてこうした交通統制に、興法寺が一定の役割を果たしていたものと考えられる。先述したように、興法寺は東海道筋の富士下方地域に大きな影響力を持っており、長谷川弘道氏は東泉院や大鏡坊が軍事的要素を持ちながら、交通路の管理にあたっていたとしている［長谷川 二〇〇二］。

また、この当時、駿河国沼津から相模に入るルートとしては東海道を利用した箱根越え、古代の東海道であった足柄越えのほかに、伊豆国三島から南下して北条から山越えで小田原に入る道があったという［静岡県 一九九七］。この伊豆ルートに関しては、天文十一年に今川義元が興法寺〈山伏〉身分の代表者と考えられる大内按察使坊に対して出した「今川義元朱印状」に、「今度伊豆江透る《（通る）》山伏預け置かるの条、駿・遠両国の山伏に申し付け、怠慢無く番等の事、次第を遂げ勤むべし」（『戦今』六八五）とある。ここから今川義元が駿河・遠江の山伏を興法寺の大内按察使坊に統括させたうえで、伊豆へ通り抜ける山伏を監督することを命じたことが分かる。これらのことを踏まえると、助六郎の辻之坊相承には、在地支配の貫徹、交通統制を図ることを目的とした今川氏の支援があったと考えてよいだろう。

そして助六郎の辻之坊相承に関しては、助六郎本人はもちろん、興法寺内でも大きな反発などは確認できず、むしろ勤行などの宗教行事を大鏡坊同行が代行するなど、協力する姿勢が見られ、興法寺も助六郎の存在を受け入れていたと思しい。富士山麓の広大な地域を神領とし、富士参詣に関わる諸権益を維持したい興法寺としては、今川氏との協調関係を築き上げる必要があり、助六郎のような存在を寺内に取り込むことで、これに対応したものと考えられる。

以上のことを総合的に判断すると、富士郡支配において興法寺の宗教的・政治的影響力を活用しようとする今川氏側と、興法寺内において勢力伸長を図る葛山助六郎側と、今川氏との緊密なつながりを築こうとする興法寺側、三者それぞれの利害が一致した結果、助六郎による辻之坊相承が実現したものと考えられる。

このような形で今川氏との関係を構築させた興法寺は、今川氏のための祈禱や富士代参、軍役奉公といった役目を果たすなど、宗教的・軍事的に重要な役割を担う存在となった。

しかし、永禄十一年(一五六八)十二月、武田信玄による駿河侵攻によって事態は急変する。武田氏の駿河侵攻に際して、興法寺内では異なる動きがあったことが確認できる。

一つは、今川氏に協力し武田勢と抗戦しようという勢力であり、その急先鋒にあったのが、興法寺〈衆徒〉で、富士郡下方五社の別当東泉院大納言であった。永禄十二年閏五月、東泉院は上杉謙信の援軍を期待する今川氏真から、越後国への使者として派遣されており、同時期に、上野国では興味深い騒動が発生していたことを、簗瀬大輔氏が指摘している[簗瀬 二〇二三]。それによると、この時、駿河の浅間菩薩が赤城山の一峰である小路嶽に飛来したという神託が下り、駿河と上野の神々の神意和合として上野国の民衆に熱烈に支持され、参詣者が押し寄せたという。簗瀬氏はこの怪異を、越相交渉をまとめたい勢力(北条高広・由良成繁)が、今川氏と上杉氏の一和を喧伝するために仕組んだものとしているが、その計画には東泉院も関わっていたとみられる。上杉氏の軍事行動を引き出すための、東泉院の主体的な動きが窺えよう。

しかしながら、こうした東泉院らの動きは功を奏さず、上杉氏の援軍はないまま今川氏は滅亡を迎え、武田氏は東泉院から大納言を排除、久能寺末とし統制を強めた。

一方、葛山助六郎は東泉院らとは別の動きを取っていた。前掲史料1に「先辻坊に拘り申し候葛山助六郎、去辰年(永禄十一年)武田氏真様御没落の刻、彼の助六郎逆心仕り候ニつきて、討手を仰せ付けられ候処ニ、欠落仕り候」とあるように、武田氏の駿河侵攻に際し、助六郎はいち早く今川氏を見限り、武田方に内応する姿勢を見せたのである。その結果、助六郎は討手によって命を落とすこととなった。

その後、辻之坊は葛山与兵衛という人物によって相承されることとなった。この与兵衛という人物と助六郎との関係は判然とせず、親子ではないと思われるが、同じ葛山を名乗っていること、前掲史料1で東泉院の所持する文書を「先祖住(重)書」と言っていることから推すと、親族と見ていいだろう。『重代輯録』では与兵衛について、「是ハ俗人ニて御座候」とし、山伏役を大鏡坊同行が務めたと記している。与兵衛については後年の史料であるが、元和六年(一六二〇)に山伏座の支配をめぐって辻之坊と対立した大鏡坊宮里が奉行所に提出した言上状に、「辻之坊親ハ、勝頼様御代の時、曽根内匠殿と申す人の被官に御座候与兵衛と申す者の子にて」とあることから、武田家臣で興国寺城代であった曽根昌世の被官であったと考えられる。

これらのことを踏まえると、助六郎没落後、辻之坊は同族である葛山与兵衛に相承されたこと、与兵衛は武田家臣に仕える武家被官であったことなどが分かる。武田氏が駿河を支配していた時期、興法寺および村山三坊宛の文書は見られず、その勢力は削がれていたとされる［大高 二〇一一］。そうであるならば、辻之坊が再び武家被官人によって相承されることとなったのは、与兵衛自身の意思はもちろん、武田氏との関係改善を図る興法寺側の狙いもあったのではないだろうか。

そして武田家滅亡後、与兵衛は改めて徳川家に仕えることとなった。天正十年（一五八二）、与兵衛宛の井出正次判物（『静岡県史資料編8中世四』一五三二号文書）では、「辻坊職」を安堵されるとともに「諸事助六郎の如く所務これ有るべく候」と命じられており、寺務代として興法寺を統制しつつ、武家被官として軍役を勤めることを期待されたのである。

実際に辻之坊与兵衛は、前掲史料1において北条氏との間で起こった天正壬午の乱の際に、一貫して徳川方として奉公したと主張しているように、徳川氏のもとで、武家被官として活動していたものと考えられる。

おわりに

本稿では、中世の富士山興法寺について、山岳寺院としての特性と武家権力との関係という二つの視点から検討をおこなった。その結果、中世の興法寺は、顕・密・修験を兼修する〈衆徒〉と、修験を専修する〈山伏〉から成る山岳寺院であったことを指摘した。そして、興法寺の中核である村山三坊は、それぞれ別々の人物に相承されており、とくに辻之坊は葛山助六郎という武家被官人によって相承されていたことを明らかにした。そのうえで、助六郎の辻之坊相承は、戦国大名今川氏・助六郎・興法寺、三者の利害が一致した結果であること、助六郎亡き後、辻之坊を相承した葛山与兵衛もまた武田家・徳川家に仕えた武家被官人であったことなどを指摘した。

それでは最後に、葛山与兵衛とその後の辻之坊の相承について述べてみたい。

先に触れた元和六年の大鏡坊宮里言上状には、「彼の与兵衛、我々親を頼り、山伏ニ成され候て下され候由、様々申し候ニ就き、其の儀ならば尤もと申し、かみ《髪》をすり、けさ《袈裟》を出し、侍従と名をつけ、みね《峰》へ入れ、我々親ニ候者山伏に致され候」とある。与兵衛の子は大鏡坊らの弟子となり侍従と名付けられ、山伏として辻之坊を相承したことが分かる。これがいつ頃の出来事かは明確ではないが、『重代輯録』では侍従の弟子入りを七歳の時としているので、天正～慶長十年（一五七三～一六〇五）ころと推定される。

駿河国において天正～慶長という時期は、今川氏が滅び、武田氏も滅び、徳川氏は関東へ移封となるなど、武家権力の移り変わりが激しい時代であった。こうした趨勢の中で、与兵衛は自身の子に武家被官人として辻之坊を相承させる道を断ち、山伏として辻之坊を相承させる道を選んだのである。もはや武家被官人であることが、興法寺、辻之坊双方にとって有効ではないと判断されたものと思われる。そうした意味でこの選択は、興法寺および辻之坊における、戦国社会の終焉を象徴する出来事であったと言えよう。

参考文献

大久保俊昭　一九八二「今川氏と在地勢力五社別当大納言」『戦国期今川氏の領域と支配』岩田書院（二〇〇八年所収）
大高康正　二〇一〇「中世後期から近世初期における東泉院支配の推移」『六所家総合調査だより』七
大高康正　二〇一一「中世後期の富士山表口村山と修験道」『富士山信仰と修験道』岩田書院（二〇一三年所収）
大高康正　二〇一三「富士山東泉院の歴史」『富士山信仰と修験道』岩田書院
小山貴子　二〇〇二「中世後期顕密寺院における山伏の実態」『中世修験道の展開と地域社会』同成社（二〇二三年所収）
近藤祐介　二〇二三「富士村山三坊における近世的体制の成立」『山岳修験』七〇
静岡県　一九九七『静岡県史通史編二　中世』
長谷川賢二　二〇一五「山伏集団の形成と諸相」時枝務・長谷川賢二・林淳編『修験道史入門』岩田書院
長谷川弘道　一九九三「戦国大名今川氏の使僧東泉院について」『戦国史研究』二五

長谷川弘道　二〇〇一「戦国大名と地域寺社」『戦国史研究別冊』
林　文理　一九八二「地方寺社と地域信仰圏―若狭国における如法経信仰―」『ヒストリア』九七
富士市かぐや姫ミュージアム　二〇〇七～『六所家総合調査だより』
富士市教育委員会　二〇一三～『六所家総合調査報告書』
富士宮市教育委員会　二〇〇五『村山浅間神社調査報告書』
前田利久　二〇一四「中世　解説」『六所家総合調査報告書　古文書①』富士市教育委員会
簗瀬大輔　二〇二三『対決の東国史７　小田原北条氏と越後上杉氏』吉川弘文館
湯之上隆　二〇一一「六所家旧蔵中世文書の紹介」『六所家総合調査だより』九

〔追記〕　本稿は科学研究費補助金基盤研究（C）「中近世移行期の門跡に関する史料学的研究」の研究成果の一部である。

第2部　武家領主の相剋

東海地方の荘園と鎌倉期の武家領

廣田 浩治

はじめに

東海地方の駿河・遠江・三河の荘園については伊勢神宮領群が院政期に数多く形成されることが、神宮領を記した神領注文や『神鳳鈔』をもとに論じられている（本書岡野論文）。伊勢神宮領は東海地方に特徴的ではあるが、その多くは封戸・免田・御厨が荘園化したものである。その一方で伊勢神宮領以外の荘園の全体像は明らかになっていない。

これに対して中世荘園の主流を占めるのは、平安後期とくに院政期に形成された領域的な荘園である［小山 一九八二］。また国衙領の寄進と立荘による荘園形成の過程で中央権門（都市領主）を中心に重層的土地所有の体系が構築されるのは周知のことであろう［川端 二〇〇〇、工藤 二〇〇二、高橋一 二〇〇四、鎌倉 二〇〇九］。この観点からすれば東海地方の荘園もまた、領域的な国衙領を基盤に形成される中央権門の荘園を中心に考え直す必要がある［廣田 二〇一九a・b］。

もとより史料の乏しさはあるものの、東海地方の領域的な荘園の領主には天皇家を中心とする中央権門がいることが知られている。中央権門の荘園は全国的にみても大規模であることが多い。つまり地域社会にとっても重要な役割を果たす荘園ということである。

中央権門の荘園は、関東を基盤とする鎌倉幕府の成立により影響を受け、幕府勢力の関与により荘園支配の再編成が進んだことも知られている[工藤 一九九三、高橋典 二〇〇二]。鎌倉期を通じて幕府が荘園制を維持しつつ影響を及ぼし変質させていく動きは東海地方においてもみられ[岡田 一九八八、廣田 二〇一九b]、武家領の形成を生み出すものと考えられる。このような観点から鎌倉期の東海地方の荘園の再編や変質をみていくことも課題である。

本稿ではこうした問題関心から、東海地方における荘園制の形成、鎌倉幕府と北条氏による荘園の支配、荘園制の再編としての武家領の形成を論じたい。中世後期への展望は最後に見通しを示すことにする。考察の主たる素材は駿河・遠江の二か国とし、その周辺として三河と伊豆についても必要に応じて言及する。古文書史料については特に断らない限り、『静岡県史』『愛知県史』資料編に依拠した(以下、史料名は『静岡県史』資料第五巻二〇〇号史料を『静五―二〇〇』というように略する)。

1　東海地方の荘園と権門

まず東海地方の中世前期の荘園の特質を国ごとに考察する(表1参照)。

①**駿河**[福田以 一九九〇b、廣田 二〇一九b]

伊勢神宮領が益頭・志太・庵原郡で計七か所、これに対する王家領(御願寺領を含む天皇家領)は国内七郡のうち五郡にみられる。

益頭荘(益頭郡)　服織荘(安倍郡)　蒲原荘(庵原郡)　富士神領(富士郡)
富士領(富士郡)　富士荘(富士郡)　大岡荘(駿河郡)　大岡牧(駿河郡)

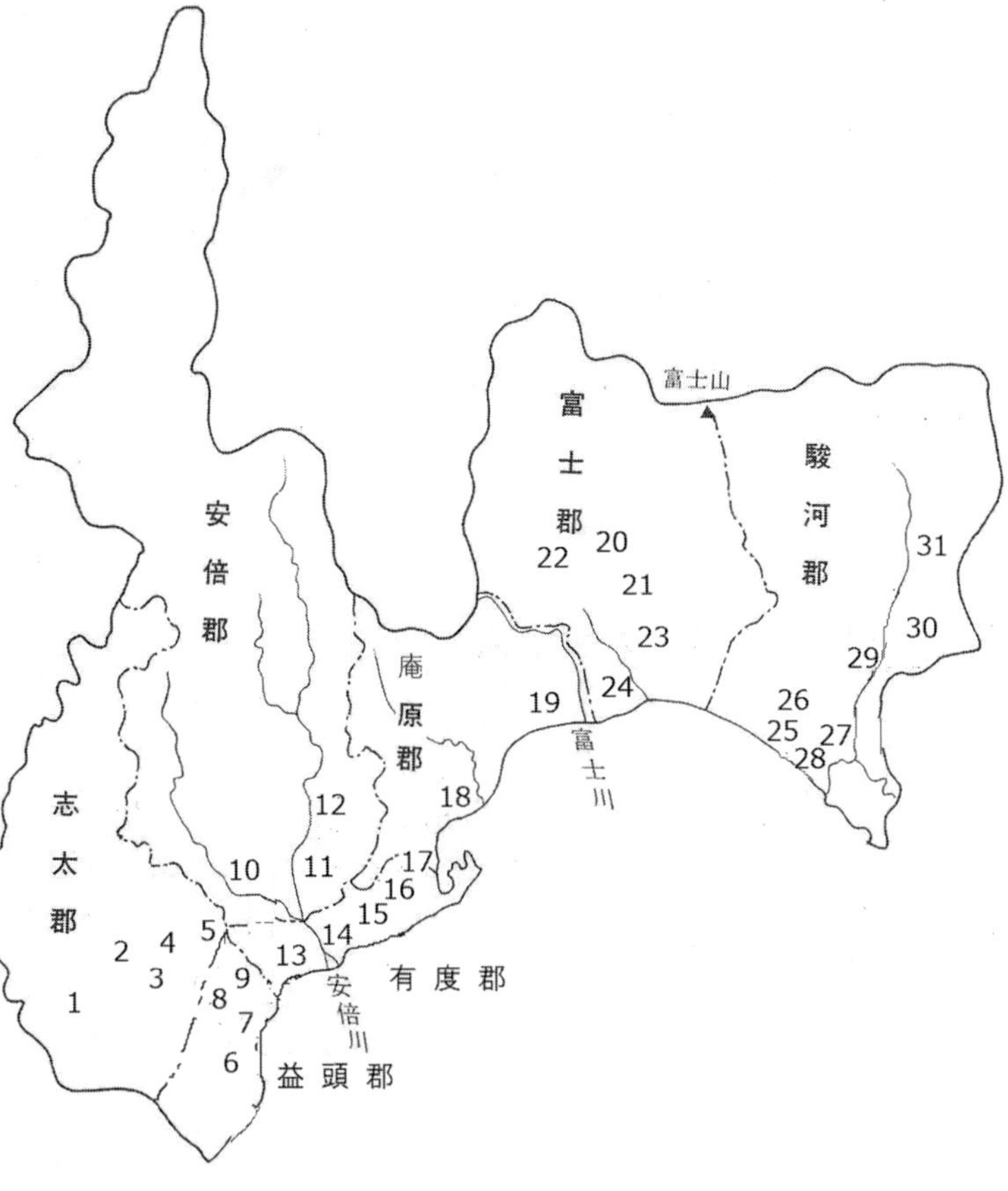

第１図　駿河の荘園所領地図（福田 1990b 駿河国荘園分地図をもとに作成）

1 大津新御厨・大津御厨　2 葉梨荘上郷　3 伊賀留美郷　4 藪田郷　5 宇津谷郷
6 益頭荘　7 方上御厨　　8 小楊津御厨　9 良智郷　10 服織荘　11 安東荘　12 浅服荘
13 長田荘　14 下島郷　15 中田保　16 池田郷　17 入江荘　18 高部御厨・興津郷
19 蒲原荘　20 富士神領　21 富士領（富士荘）　22 富士上方・上野郷　23 富士下方
24 賀島荘　25 大岡荘　26 大岡牧　27 阿野荘　28 沼津郷　29 泉荘　30 佐野郷
31 大沼鮎沢御厨　※小泉荘（富士郡）は所在地不明

駿河の荘園はほとんど田数が判明しないが、田数の大きな荘園は伊勢神宮領の方上御厨と小楊津御厨（益頭郡）がそれぞれ『神鳳鈔』では一七八町と二八〇町である（静五―三七一）、摂関家渡領小泉荘（富士郡）は戦国期の史料では田代二八〇町である（静七―二三七）。益頭荘や富士荘・富士領・富士神領は郡名荘であり、益頭・富士郡で大きな領域を占めたと考えられる。

伊勢神宮領の大津御厨・大津新御厨（志太郡）もそれぞれ一八〇町・二〇〇町の大きな荘園である（静五―三七一）。大津御厨は当初は太皇太后宮（近衛天皇后多子）領であり王家領として成立し（『吾妻鏡』文治五年〔一一八九〕五月二十二日条、以下『鏡』）、建久三年（一一九二）の給主は伊勢神宮神領注文では故一条大納言家子息であった（静五―三七〇）。大津新御厨は同じ御厨名である大津御厨の加納・新荘として成立したと見られる。伊勢神宮領のなかにも王家領を前提とした御厨があった。熊野社領の長田荘（有度郡）も長田荘本家領家等相伝系図によれば当初は王家領として成立した（静六―二〇〇三）。

他に田数は不明だが有度郡の入江荘は複数の郷村からなる大規模な荘園である。庵原郡の伊勢神宮領高部御厨と王家領蒲原荘も臨海部から山間部を含む大規模な荘園とみられる〔廣田二〇一九a・b〕。

②伊豆〔福田以一九九〇a〕

田数の分かる荘園はないが、王家領の狩野荘（田方郡）と仁科荘（那賀郡）は、複数の郷から成る大規模な荘園である。伊勢神宮の御厨も二か所あるが、うち蒲屋御厨（加茂郡）は三〇町である（静五―三七一）。

③遠江〔岡田一九八八、池永一九九〇、山本二〇一一〕

伊勢神宮領は二十二か所と最も多く国内十二郡のうち十一郡にある。このうち浜名神戸（浜名郡、一九一町）〔朝比奈二〇一五〕や伊勢神宮領・東大寺領蒲御厨（長上郡、五五〇町）が知られるが、この他にも一〇〇町を越える大規模荘園が多いので以下列記する（静五―三七一）。

刑部御厨（引佐郡、一〇〇町余）　美園御厨（長上郡、五〇〇町）　豊永御厨（長上郡、一四三町）

鎌田御厨（山名郡、一〇〇町）　小高御厨（佐野郡、三〇〇町）

王家領を含むそれ以外の権門領を挙げておく。

摂関家渡領吉美荘（敷智郡、一〇〇町、静五―一五五六）

松尾社領池田荘（磐田郡、田三八四町余・畠一六四町余、静四―一八六四）［谷岡 一九六六］

摂関家渡領浅羽荘（山名郡、一六九町、静五―一五五六）［湯之上 二〇〇〇］

第２図　伊豆の荘園所領地図
（福田 1990a 伊豆国荘園分地図をもとに作成）

1 三島社　2 馬宮荘　3 江馬荘　4　三津御厨
5 長崎郷　6 狩野荘　7 井田荘　8 仁科荘
9 蒲屋御厨

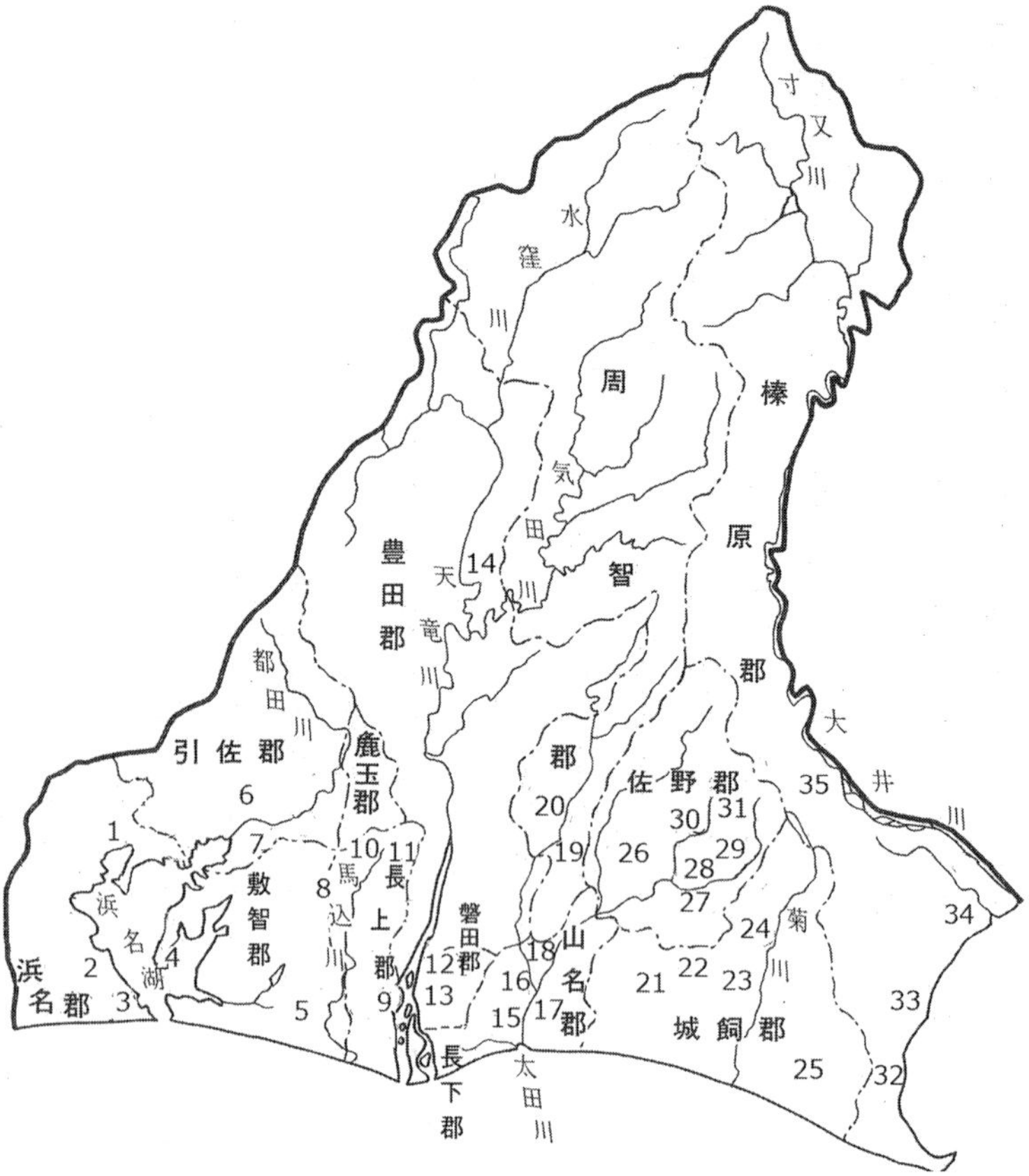

第3図　遠江の荘園所領地図（池永1990遠江国荘園分布図をもとに作成）

1浜名神戸　2吉美荘　3那賀荘　4村櫛荘　5浜松荘　6気賀荘　7刑部御厨
8宮口郷　9蒲御厨　10豊永御厨　11美園御厨　12池田荘　13池田御厨
14山香荘　15二宮荘　16鎌田御厨　17浅羽荘　18山名荘　19宇狩郷　20飯田荘
21各和郷　22下西郷　23内田荘　24河村荘　25笠原荘　26原田荘　27曽我荘
28大池荘　29小高御厨　30西郷荘　31上西郷荘　32相良荘　33勝田荘　34初倉荘
35質侶荘　※渋俣郷は所在地不明

王家領質侶荘（榛原郡、田二〇九町・畠一二六町、静四―一六七一・一六七五）〔原 一九八六〕
王家領相良荘（榛原郡、田地一〇〇町以上、静五―一四九二）〔斎藤 二〇〇五〕

ただしこれらの神社領には公家を給主とする荘園がある。池田荘は王家の近臣が松尾社に寄進した荘園で、松尾社領になる以前は王家とその近臣が支配していたと考えられる（静五―七六四・七六六）。伊勢神宮領では蒲氏の開発所領を神官が寄進した蒲御厨の立荘経緯が知られ〔棚橋 一九八三〕、浜名神戸でも複数の神官の支配関与がみられる〔朝比奈 二〇一五〕。伊勢神宮領には神官の給主がいるが〔山本 二〇一七〕、公家が給主権を持つ神宮領もあった。豊永御厨は鎌倉初期には公家の源中納言家が給主である。美園御厨は葉室流藤原氏（藤原惟方）が支配権を持ち葉室流の寄進により得分の一部が王家領になっている。小高御厨は平安後期には藤原顕季家（葉室流）が給主であった（静五―三七〇）〔池永 一九九〇〕。

この他にも遠江では複数の所領から成る規模の大きい荘園には王家領が多い〔池永 一九九〇〕。

村櫛荘（敷智郡、東郷と西郷あり）　浜松荘（敷智郡、荘内に七郷）
飯田荘（周智郡、上郷に三か村あり）　山香荘（豊田郡、多数の郷村あり）
初倉荘（榛原郡、荘内に四郷）〔本多 一九八二〕

遠江では王家領は伊勢神宮領より数は少ないが七郡に十五か所ある（上記の王家領のほかに引佐郡気賀荘・山名郡山名荘・佐野郡曽我荘・同郡原田荘・同郡西郷荘・榛原郡勝田荘がある）。また王家領や王家・公家に関係のある神社領に大規模荘園が多いことが注目される。

④三河〔新行 一九九〇〕

伊勢神宮領が二十一か所と最も多く、国内八郡のうち海辺部に近い四郡にある。三河の荘園は田数が分かるものは

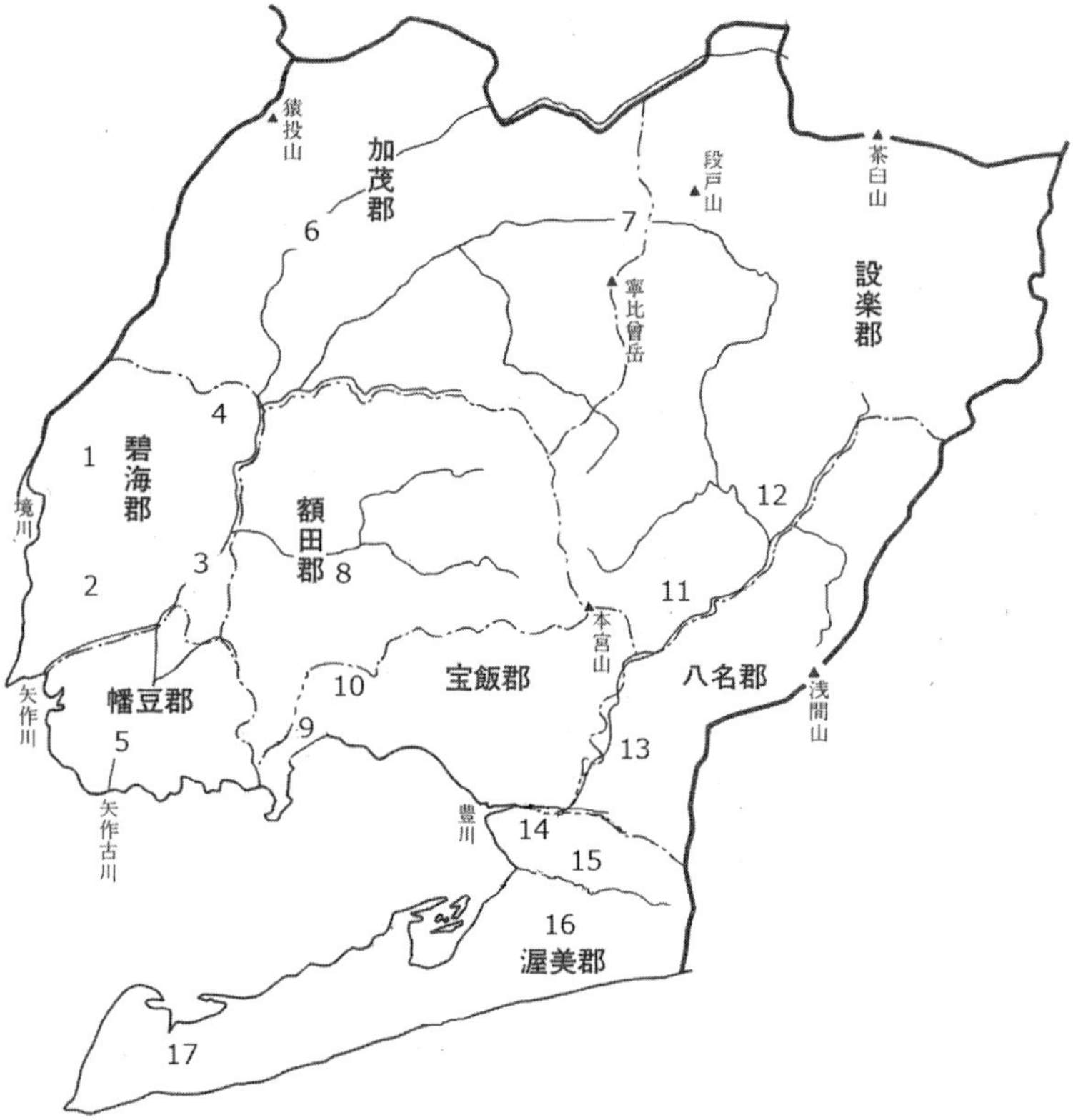

第４図　三河の主要な荘園所領地図（新行 1990 三河国荘園分布図をもとに作成）
三河については重要と思われる荘園所領のみ掲載。
1 重原荘　2 志貴荘　3 碧海荘　4 上野荘　5 吉良荘　6 高橋荘　7 足助荘
8 額田郡　9 竹谷荘　10 蒲形荘　11 富永保　12 設楽郡・設楽荘　13 小野田荘
14 牟呂郷　15 草間郷　16 渥美郡　17 伊良胡御厨　※小山辺荘・二宮荘は所在地不明

ないが、複数の単位所領を持つ荘園を挙げておく。

近衛家領志貴荘（碧海郡、上条と下条あり）

熊野社領碧海荘（碧海郡、郡名荘、十数か郷あり、愛八―五六八）〔松島二〇一六b〕

王家領高橋荘（加茂郡、本荘と新荘、多数の郷あり）

足助荘（加茂郡、複数の郷あり）

九条家領吉良荘（幡豆郡、東条と西条あり）〔松井二〇一二、田島二〇一八〕

伊勢神宮領伊良胡御厨（渥美郡、多数の村落所領から成る）〔苅米二〇〇四〕

碧海荘は鳥羽院三条女御領として立荘されたので、当初は広義の王家領である（愛七―一一二五）。足助荘も王家領と推定されている。複数の郷から成る設楽荘は設楽郡の公領または郡名荘の可能性がある。三河でも王家と摂関家の荘園の規模が大きい〔松島・渡邊二〇一八〕。また伊勢神宮領でも公家の給主がいる御厨が相当ある（静五―三七〇）。

⑤大規模荘園の立荘経緯

i 駿河

益頭荘の立荘経緯が知られる。大治五年、女院（鳥羽后待賢門院）の意向により「駿河御庄」の立荘が決定されている。召しに依り女院御方に参る、女房中納言公を以て仰せらる、（中略）また仰せて云く、駿河御庄立て畢んぬ、但し志太山に於いては国司の訴えに依り除き畢んぬと云々（静四―一六九一）

「駿河御庄」は国司の訴えにより荘域から除外された「志太山」に近接する益頭荘である。益頭荘は待賢門院により立荘され御願寺円勝寺領とされている。この前年に益頭郡では伊勢神宮領方上御厨神人と国衙（国司・官司）の抗争が起こっている（静四―一六八五）。益頭荘は方上御厨に隣接する公領を基盤に成立しており、国衙や方上御厨との対立関係を調整する上で立荘されたと考えられる［廣田二〇一九b］。

ⅱ遠江

池田荘と質侶荘で中級公家の寄進による立荘がわかる。池田荘は保元年間には成立していたが、嘉応二年（一一七〇）に知行国主藤原保盛が松尾社に寄進して正式に立券され、宣旨により立荘されて四至が確定された（静四―一八六四）。質侶荘も遠江守大江公資の所領を摂関家庶流（御堂関白道長流の長家・信長、次いで俊家流）が本家として伝領し、その下で大江氏・藤原永実・永範が支配した。そして大治三年に待賢門院御願寺円勝寺に寄進され、翌四年の立券を経て待賢門院庁により四至が確定された（静四―一六六九・一六七一・一六七五）。

ⅲ三河

志貴荘は三河守藤原保相が私領を立券して関白藤原頼通に寄進し、頼通の摂関家嫡流の荘園から近衛家領となっている［稲葉二〇一六］。

ⅳ駿河国富士郡

駿河・遠江・三河でも立荘は国司・国主による私領寄進が基盤になっているが、その成立をめぐっては権門相互により権益の調整がなされていた。その動きを王家領が複数存在する駿河国富士郡についてみよう［廣田二〇一九b］。駿河国富士郡は富士上方七郷・富士下方二郷が公領であるが、王家領として富士神領（八条院領）、富士領（富士御領、後白河院領）、富士荘（長講堂領）がみえる。

富士神領は鳥羽院の皇女八条院の所領で、「神領」とあるので富士上方にある駿河一宮富士浅間社の所領（神領）が八条院の荘園となったことが分かる。おそらく富士浅間社の神官や在地領主を荘官機構に組み込んでいたであろう。

富士領（富士御領、後白河院領）は鎌倉初期に現れ、後白河院の庁分御領である。「御領」とは不輸権を持たない半不輸領のことで［工藤 一九九三］、富士領は後白河院と駿河国衙に両属する所領と考えられる。こうした半不輸領の支配には国衙在庁や在地領主の関与が欠かせない。富士領は駿河国衙の在庁や別名領主を基盤としたであろう。

長講堂領富士荘は後白河院の御願寺領であり（静五―三五三）、後白河院が寄進した荘園であろう。後白河院領の富士領を継承したのは長講堂領の領主である宣陽門院（後白河の皇女）である（静五―一〇一〇）。とすれば領域的には後白河院領富士領と長講堂領富士荘は一体の荘園である可能性が高い。富士領は富士荘となり不輸の荘園となったであろう。富士荘は富士神領のある富士上方でなく富士下方に所在したと考えられる［廣田 二〇一九b］。

後白河院と八条院は兄妹ながら、平安末期には後白河院が王家領を形成したのに対して、八条院は後白河院とは距離を置いていたことがすでに知られる。その関係を背景に駿河国富士郡では鎌倉初期（またはそれ以前の平氏時代）に、八条院領富士神領と後白河院領富士領が並立することになった。富士郡に近い駿河郡でも後白河院と平頼盛（清盛弟）の荘園大岡荘と、八条院領大岡牧があった［福田以 一九六一、廣田 二〇一九b］。伊豆でも後白河院御願寺蓮華王院領の狩野荘がある［福田以 一九九〇a］。大岡荘にみるように後白河院の荘園形成は平氏の支配を基盤としていたことはよく知られる。後白河院政期の平氏は駿河国務を支配し目代橘遠茂を家人としていた［廣田 二〇一九b・二〇二二］。なお富士郡の摂関家渡領小泉荘も摂関家と平氏との姻戚関係のもと、平氏の支配が及んだと推察される。

このように王家領が近接して複数形成される場合、領域や支配系統の調整がおこなわれていたことが推測される。富士神領は富士浅間社を基盤に、富士領・富士荘は国衙および富士下方の公領と別名領主を基盤に成立した。院政期の荘園制形成は権門・軍事貴族・在地領主の抗争を中央および全国の在地に至るまで発生させたが、その一方で互いに緊張関係が激化しないような措置もなされていたのであった。

表1　中世前期の東海地方諸国の王家領・武家領(関東御領・北条氏所領)

＊王(王家領)　関(関東御領)　北(北条氏所領)　幕(幕府関係寺社領)　足(足利氏所領)
伊(伊勢神宮領)　熊(熊野社領)　高(高野山領)　摂(摂関家領)　公(公家領)
＊伊勢神宮領は王家領と関わる所領など一部のみ記載した。

国	郡	所　領
駿河	志太	大津御厨(王・伊)　大津新御厨(伊)　葉梨荘上郷(北・鎌倉崇寿寺領)　伊賀留美郷(関・北・幕＝伊豆走湯山領)　薮田郷(北)　宇津谷郷(幕＝久遠寿量院領)
	益頭	益頭荘(王・関・北)　小楊津御厨(伊・西園寺家領)　良智郷(幕＝三島社領)
	安倍	服織荘(王)　安東荘(北)　浅服荘(北)
	有度	長田荘(王・熊・関・北)　下島郷(北)　中田保(幕＝伊豆走湯山領)　池田郷(幕＝鶴岡八幡宮領)　入江荘(関・北・幕・鶴岡八幡宮領)
	庵原	高部御厨興津郷(伊・北)　蒲原荘(王)　蒲原荘関島(北)
	富士	富士神領＝富士浅間社領(王)　富士領＝富士荘　(王・関・北)　富士上方・上野郷(関・北)　富士下方(関・北)　賀島荘(北)　小泉荘(摂)
	駿河	大岡荘(王・北)　大岡牧(王)　阿野荘(関)　泉荘(北)　沼津郷(北)　佐野郷(北)　大沼鮎沢御厨(伊・北)
伊豆	田方	三島社(関・北)　馬宮荘(王・幕＝伊豆権現領)　江馬荘(熊・北)　三津御厨(摂)　長崎郷(北・幕＝三島社領)　狩野荘(王)　狩野荘北条・南条(北)
	那賀	井田荘(摂)　仁科荘(王)
遠江	浜名	荘園は浜名神戸など全て伊勢神宮領
	敷智	吉美荘(摂)　那賀荘(高)　村櫛荘(王・北)　浜松荘(王・北)
	引佐	気賀荘(王)
	麁玉	宮口郷(北)
	長上	蒲御厨(伊・北・東大寺領)　豊永御厨(伊・公)　美園御厨(伊・王・公＝葉室家領)
	豊田	池田荘(松尾神社領・北)
	磐田	池田荘(松尾神社領・北　豊田・磐田郡に所属)
	山香	山香荘(王)
	山名	鎌田御厨(伊)　浅羽荘(摂)　山名荘(王)
	周智	宇狩郷(北)　飯田荘(王)
	城飼	各和郷(北)　内田荘(青蓮院門跡領)　河村荘(賀茂社領・北)　笠原荘(摂・関・北)
	佐野	下西郷(北)　原田荘(王)　曽我荘(王)　大池荘(北)　小高御厨(伊・公＝葉室家領)　西郷荘(王)　上西郷荘(王)
	榛原	相良荘(王)　勝田荘(王)　初倉荘(王・高・南禅寺領)　質侶荘(王)
	不明	渋俣郷(北)
三河	碧海	重原荘(北)　志貴荘(摂)　碧海荘(王・熊・足・北)　上野荘(王)
	幡豆	吉良荘(摂・足)
	加茂	高橋荘(王)　足助荘(王)
	額田	額田郡(足)
	宝飯	竹谷荘(熊)　蒲形荘(熊)
	設楽	富永保(足)　設楽郡・設楽荘(足)
	八名	小野田荘(賀茂社領)
	渥美	牟呂郷(北)　草間郷(北)　渥美郡(北)
	不明	小山辺荘(北)　二宮荘(北)

池永1990・川島2008・新行1990・廣田2019a・2019・福田以1990a・bを中心に、参考文献により作成。三河については重要と思われる荘園所領を掲載。

2　荘園制と鎌倉幕府・北条氏

次に東海地方の荘園制が鎌倉幕府の成立により被った影響をみていこう。これについては関東御家人の地頭職補任や東海地方進出が指摘されている。そのことも踏まえて、鎌倉期を通じた幕府・北条氏の荘園支配の拡大をみよう(表1参照)。

①駿河

鎌倉初期から各荘園に対して幕府の関与が強く及んだ[高橋典 二〇〇五、廣田 二〇一九b・二〇二〇]。鎌倉初期には大津御厨や蒲原荘で地頭や幕府方所務人の違乱が発生し、幕府はこうした違乱を鎮静し、早い時期から北条氏を中心とした国務・公領と荘園の支配を進めた。このため駿河では次のように将軍が荘園領主である関東御領が多い。

益頭荘　長田荘　入江荘　富士荘　富士郡

さらに甲斐武田一族の地頭が排除され、国司・守護北条氏の支配下で表1のとおり北条氏所領が拡大した[川島 二〇〇八]。王家領では益頭荘・大岡荘が北条氏所領となり、関東御領も事実上の北条氏所領となったであろう。鎌倉将軍家分国であった駿河の公領も国司・守護北条氏の支配下に入り、公領を北条氏被官が知行したり、公領内の一部田地が幕府関係寺社に寄進されたりした。隣国伊豆が北条氏の本拠であったことも作用し、伊豆などの北条氏被官が駿河に進出し、駿河の在地勢力の北条氏被官化も進んだ。さらには鎌倉の鶴岡八幡宮などの幕府関係寺社の所領・料所が拡大し、関東伺候・親幕派の公家廷臣の所領も現れた。

これらにより駿河の荘園は以前からの権門領主は変わらないものの、北条氏を中心とした幕府勢力の所領となった。

一方、伊勢神宮領では地頭職は早期に停止され、幕府の影響が及んだのは親幕派公家の西園寺家領となった小楊津御厨くらいである[廣田 二〇一九b]。幕府が伊勢神宮領保護政策を厳重に実施したためであろう。

②富士郡の荘園・公領

幕府・北条氏の権限が強く及んだ動向がわかる。源平争乱終結後の文治二年(一一八六)、頼朝は後白河院から富士領(富士御領)の年貢納入の命令を受けている。

一、富士領の事、件の年貢早く進済すべし、御領たるべきの由、先々仰せられ了んぬ(『鏡』同年六月九日条)

頼朝は富士郡の済物を「仙洞」こと後白河院に納入する権限を行使している。

また綿千両を仙洞に奉らる、これ駿河国富士郡済物なり(『鏡』文治五年十一月八日条)

この富士郡は半不輸の後白河院領富士領のことであろう。頼朝以後も幕府は建保四年(一二一六)に富士領の済物を京進する責務を負っている

富士御領済物京進綿、皆済実儀なきの旨と云々、甘苔夫は必ず今明日中進発せしむべしの由と云々(『鏡』同年十二月二十日条)。

こうした経緯から富士領は関東御領となったことがわかる。

富士領(富士荘)は執権政治期には北条氏所領になったと考えられる。また富士神領にある富士浅間社についても貞応二年(一二二三)に北条義時(陸奥守)が造替遷宮を差配している。

駿河国富士浅間宮造替遷宮の儀なり、奥州御経営たりと云々(『鏡』同年六月二十日条)

これは駿河守護である義時の一宮に対する国務沙汰とも考えられるし、また義時の八条院領富士神領への権力浸透とも考えられよう。北条泰時も駿河守となり承久元年(一二一九)に富士浅間社の神拝をしている(『鏡』同年三月二

十六日条)。寛喜元年(一二二九)には泰時は故将軍実朝の追善の御塔の造営のため、富士郡での材木調達を命じている(『鏡』同年十二月二十六日条)。

幕府滅亡後、後醍醐天皇は富士郡上方(富士上方)を富士浅間社大宮司に与えている(静六―五二)。

駿河国富士郡上方、浅間宮に寄附せらるるところ也、条々請文に任せて社家興行を致し、御祈りを専にすべし、てえれば天気此の如し、これを悉せ

建武元年九月八日　　民部権大輔(花押)

大宮司館

富士上方つまり富士郡北部の公領は後醍醐により没官された所領、つまり北条氏所領であった。また富士郡南部の富士下方も後述するように北条得宗領であった(静五―九二九)。このように富士郡の相当部分を占める富士領(富士荘)・富士上方・富士下方は北条氏所領となったことが分かる[廣田 二〇一九b、渡邊 二〇二一]。富士神領も北条氏所領になった可能性があろう。

③伊豆

北条氏の守護国で北条氏や被官の所領があり、被官の駿河進出の基盤となった。北条氏の本貫である狩野荘北条や伊豆一宮の三島社とその周辺(田方郡北部)を中心に、北条氏所領となった荘園・公領がいくつも見られる[北条氏研究会 二〇〇一、川島 二〇〇八]。地頭職の見えない公領も守護北条氏の国務支配下に置かれたであろう。

④遠江

駿河ほど幕府・北条氏の勢力拡大は顕著ではない。遠江も国司・守護を北条氏が世襲したが、駿河国富士郡ほど公領の支配をおこなったかは分からない。とはいえ荘園については、幕府方が惣地頭と預所を得た笠原荘(城飼郡)が関

東御領と考えられる（『中山文書』「笠原荘一宮記」）［覧 一九九三］。武田一族の地頭は遠江でも鎌倉初期に排除され、伊勢神宮領で地頭が置かれたのは蒲御厨くらいである。北条氏所領には次の荘園・公領がある［池永 一九九〇、川島 二〇〇八］。

荘園　村櫛荘（敷智郡）　浜松荘（敷智郡）　蒲御厨（長上郡）　池田荘（豊田郡）　笠原荘（城飼郡）　河村荘（城飼郡）
　大池荘（佐野郡）

公領　宮口郷　宇狩郷　下西郷　各和郷　渋俣郷（静六―二九）

笠原荘は北条得宗の外戚（毛呂氏・安達氏）所領を経て北条得宗領となった（静五―四八七）。これらは東海道に近い荘園や交通の要衝地をおさえている。蒲御厨では地頭の北条氏が御厨惣検校の源氏（蒲氏）を地頭代に代々補任している［湯浅 二〇一一］。遠江でも北条氏および外戚御家人が幕府方で最大の勢力であり、公領にも北条氏が領主権をもつ所領がある。ただし幕府関係寺社領は駿河と異なり遠江では見られない。

遠江は駿河と対照的に伊勢神宮領以外でも荘園領主の一定度の在地支配権行使が各荘園に見られる［永村・村井 一九九七］。

荘園領主の在地への文書発給：相良荘預所の在地寺院別当補任（静五―一六八三）
検注帳の作成と荘園領主への調進：原田荘細谷村（静五―一一一八）
荘園領主への年貢諸役負担：河村荘の賀茂社用途負担（静五―一二〇九）、村櫛荘の年貢散用（静五―一七五二）
荘園領主への申状提出や朝廷への訴訟も見られ、朝廷による荘園所領の安堵もある。
国役免除の申請：池田荘沙汰人の造内裏役免除の申状提出、免除の官宣旨発給（静五―七六四・七六六）
朝廷の荘園安堵：最勝光院領原田荘（静五―一四五二）、相良荘平田寺（静五―一四五二）

また鎌倉後期の遠江の公領は熊野新宮の造営料所となっていた［原田二〇一八］。荘園領主内部の相論は朝廷が裁判権を持ち、幕府はこれに介入していない。その一方で荘園領主と地頭の相論は次の荘園で発生し、幕府が裁判をおこなっている。

浜松荘（静五―一七三二）　鎌田御厨（静五―七七七）　二宮荘於保郷（山名郡　静五―一一七九）

内田荘（静五―一四八五）　原田荘細谷郷（静五―一七七八・一七八〇）

那賀荘（敷智郡）では百姓の一味神水・一揆の張本の追捕を命令している（静五―一二一二）。とはいえ遠江一国でみると幕府は裁判権行使に抑制的な傾向が強い。

⑤三河

遠江より荘園関係史料は少なく、守護となった有力御家人足利氏の所領が知られている。足利氏の所領には碧海荘・吉良荘（幡豆郡）・額田郡・設楽郡・富永保（設楽郡）が知られる。足利氏は被官に郷内所領を給与し領内の裁判権を行使し［福田豊一九七七、松島二〇一六a］、郡名荘や郡規模の公領の支配も見られる。一方、駿河・伊豆・遠江には足利氏の所領はない。また遠江のように荘園領主の支配権行使の事例も賀茂社領小野田荘（宝飯郡）で見られる（愛八―五五八）。

それでも鎌倉後期には次のように北条氏所領が増加している［川島二〇〇八］。

荘園　重原荘　碧海荘　渥美郡　小山辺荘　二宮荘

公領　牟呂郷　草間郷

三河は守護足利氏の強力な基盤であり、北条氏の有力な外戚でもあった足利氏の支配浸透が先行したのは間違いなかろう。しかしこれに北条氏の勢力が食い込み、足利氏の拠点とされる西三河の矢作川流域の碧海荘を奪取し［松島二〇一六a・b〕、足利氏勢力が弱い渥美郡の公領も掌握し、足利氏に伍する勢力を築いたと見られる。すでに知られる鎌倉後期の足利氏の衰退や碧海荘の喪失のなか、足利氏を従属させて姻族関係を維持したことで北条氏は三河においても優位に立ったのではなかろうか。

3　荘園支配の再編と鎌倉期の武家領

以上にみた幕府勢力の拡大とりわけ北条氏所領の増加が荘園制に及ぼした影響を考える。北条氏所領の量的拡大はこれまでも諸国の研究で指摘されてきた〔北条氏研究会 二〇〇一、川島 二〇〇八〕。ここでは東海地方の荘園の北条氏所領化による質的な変化を考えたい。もとより北条氏所領はほとんどが地頭職と思われ荘園領主権は有しないため、それは荘園制を否定・変革するものではない。にもかかわらず幕府方とくに北条氏の所領にはそれまでの荘園制を変質させていく側面を見ないわけにはいかない。

以上に見てきた北条氏所領形成の要因をみると、駿河では鎌倉初期から幕府による没官や関東御領の形成が展開し、将軍家分国と国司・守護北条氏の下で北条氏所領や幕府関係寺社領が形成された。史料に乏しいが北条氏の本国である伊豆も同じ傾向にあるだろう。遠江では鎌倉でも早い時期の地頭職獲得は限定的で、所領の拡大集積の時期や経緯は不明だが、三河では鎌倉後期の得宗専制のなか北条氏所領の急速な形成が進んだと見られるので、遠江も三河に似た傾向にあると考えておきたい。

関東御領である駿河の富士郡公領は、将軍が荘園領主権を有し北条氏がその権限を事実上吸収したであろう。また富士領(富士荘)も事実上の幕府ついで北条氏の所領と考えられる。頼朝は文治三年に富士郡田所職(在庁)の補任権を行使し、北条時政が沙汰している。

橘次為茂免許を蒙り、北条殿の計いとして、富士郡田所職を賜わる、これ父遠茂平家方人として、治承四年二品を射奉る、よりて日来囚人たりと云々（『鏡』同年十二月十日条）

頼朝による富士の巻狩も、富士（富士郡・駿河郡）における狩倉の設定（『鏡』建久四年五月二日条）による原野や領域の囲い込みを伴った可能性があるだろう。

頼朝は富士領の寺社への田地寄進をおこない、江間四郎（北条義時）が沙汰している。

駿河国富士領上政所福地社、神田を寄せ奉る、江間四郎これを沙汰す（『鏡』文治二年七月十九日条）

駿河国富士領帝尺院、田地を寄附せらる、これ奥州征伐の祈禱なり、江間小四郎これを沙汰す（『鏡』文治五年七月五日条）

富士領の上政所も頼朝・北条氏の支配下にあったことが分かる。『浅間文書纂』所収「富士大宮司（和迩部）臣系図」によれば、富士直信は「上政所」で「鎌倉殿御代、御自筆」とされ、「上政所」はその玄孫の勝時が継承している（静四―系図三）。直信の孫の文直は「帝釈院荘下司」とある。大宮司富士氏も御家人であったが（『鏡』建暦三年五月六日条）［廣田 二〇二二］、その一族も幕府の富士領支配に組み込まれていた。このように富士郡・富士領では幕府勢力は所職補任権や田地寄進権を獲得していた。遠江の蒲御厨でも地頭北条氏が地頭代・惣検校の補任を行使している［湯浅 二〇一二］。富士上方では伊豆の南条氏などの北条氏被官が地頭職や所領を与えられている［梶川 二〇〇八］。

富士下方でも次の幕府政所連署奉書から、執権（得宗）と幕府政所による下方政所と諸社供僧・神官およびその所領に対する支配のあり方がわかる（静五―九二九）［渡邊 二〇二一］。

一 富士下方内諸社供僧職の事

或いは俗、或いは女、相伝の由を称し雑補せしむの間、講会の暑、僧侶を語らい代官に立つと云々、事の次第敢えて正儀に非ず、且つ故殿の御時御沙汰あり、停止すべきの由御下知先に了んぬ、其の状いかでか黙止せしむ哉、早く先の御下知の旨に任せて、男女の相伝を停止し、器量の僧徒を補すべきの由、普くこれを相触れらるべし、若し猶叙用せざるの輩は、併しながら交名を注せらるべきなり

一同じく供僧ならびに神官等、式日といえども参社せずと云々、事若し実たらば甚だ自由なり、限りある禁忌・触穢・遠行の外、神事に相従わざるの輩は、科を注し申さるべき由、別の御計いあるためなり、兼て又神田・講田を引き募りながら社役闕怠の類、同じく過に行わるべし

（中略）

以前の条事、此の旨を以て相触れらるべきの由候なり、よって執達、件の如し

寛元二年十二月二日

左衛門尉清原季氏　判

左衛門尉藤原行泰　判

図書允　藤原清時　判

富士下方政所代兵衛六郎殿

幕府政所は「故殿」（政所執権別当泰時）の沙汰に従い、「器量」にもとづく富士下方の諸社供僧の補任をおこなうとし、さらに神事を勤めない供僧・神官の処罰や神田・講田・社役の維持と合わせて、富士下方政所代に通達している。「器量」により補任するとしているが、その補任権は執権（得宗）と幕府政所にあった。三河でも足利氏が奉行所の組織を持ち、所領には公文所を置いて支配をおこなっている［福田豊 一九七七、松島 二〇一六a］。

富士郡の北条氏所領である賀島荘の実相寺でも北条泰時が「御下知状」により、

当寺院主、自今以後住僧等中、撰び補すべきの旨、これを定め置かる(静五―一一七三)

と定めている。また北条氏は実相寺領田畠の実検や認定の権限を持っていた(静五―一一八四)。実相寺の院主職は院主による譲与になっていたが、文永年間には住僧が院主を解任し「住僧」の「撰補」に戻すように幕府に訴えて相論となった。前院主の「御推任」で補任された当時の院主は堂舎を修理せず荒廃するに任せ仏事を止め顕密の学僧を招かず、境内に田畠をつくり養蚕を営み柑子を採集し富士川で漁をおこなわせ、酒宴・魚食にふけり遊君を招き、住僧から銭を取り立て僧坊地を取り上げて売却あるいは俗人を住まわたりしている(静五―一一七三)［渡邊二〇一一］。顕密寺院から逸脱したこうしたおこないは、一方で寺院を殖産興業の拠点とする新事業を展開したもので、下層民衆の要求に応える寺院改革とする評価もある［井原二〇一二］。

院主に対して実相寺住僧がその解任を訴えた申状によれば寺院運営は泰時の「御子孫繁昌」を祈るものであり、

昔武州前君の作、五十一箇条式目なり(中略)、今羊僧下愚の捧、五十一箇条訴状(静五―一一七三)

とあるように、泰時が制定した御成敗式目にならって申状を五十一箇条にしている。

院主の様々な行為も北条氏への叛逆ではなく、

或いは馬を参籠の行人に宛て、鎌倉の女を送らしむ

□尽院主坊地、若干柑子乞い、住僧・柑子を鎌倉に召す事(静五―一一七三)

とあるように鎌倉との人(女)・物(柑子)の往来を前提にしている。北条氏はその所領での院主の補任解任の権限を持っており、上級の荘園領主はこれに関与していない。その一方で北条氏所領内であっても寺院の運営は院主や住僧に任されていた。

このように北条氏所領では、所職補任・被官への給与・田地寄進・僧侶神官の補任・寺社領の実検や認定といった

広範な領域支配の権限が北条氏により行使されていた。それは荘園領主(権門・将軍)の存在や荘園制の職の重層的体系を冒すものではなかったが、実質的な権限を掌握するものであった。これは地頭請・下地中分や御家人役勤仕の「武家領」形成〔高橋典 一九九六・二〇〇二〕とは異なるが、以上のような所務運営の掌握も鎌倉期の武家領の一つのあり方といえよう。それは荘園制を否定せず荘園制システムに依拠しながら、支配の内実を変質させるものであった。

むすびに

本稿では駿河・伊豆・遠江・三河の荘園を俯瞰し、王家領・大規模荘園・幕府および北条氏所領を軸に東海地方の荘園を考察した。それらの荘園所領は東海地方においてもこれまで考えられてきた以上に重要な存在であった。次に北条氏所領について駿河の富士郡の荘園・公領を中心にその具体的な支配権限を考察し、北条氏が広範な領域支配を強固なものにしたことを論じた。あらためて北条氏所領の武家領としての重要性が認識されたように思う。

本稿では伊勢神宮領と幕府・北条氏の関係は論点としなかったが、幕府は伊勢神宮領に対しては地頭を設置した御厨も一部あるものの、基本的には保護・不干渉の方針であったと言える。これには幕府にとって伊勢神宮が京都・畿内政局での対抗的な権門でなかったためであろう。ただし有力御家人和田義盛が伊勢神官度会氏と親族であったように(『鏡』建保元年〔一二一三〕七月二十日条)、伊勢神官と幕府勢力には様々な関係が想定される。伊勢神宮と幕府・北条氏の関係には、鎌倉後期の幕府の神宮領興行徳政政策〔海津 一九九四〕にとどまらない複雑な様相を考えるべきであろう。

一口に東海地方と言っても駿河・伊豆・遠江・三河では荘園制や武家領のあり方に差異もある。駿河・遠江に比べて三河・伊豆は王家領の比重が高くない。また駿河・伊豆と遠江・三河では幕府・北条氏の荘園支配に濃淡差がある。遠江では荘園領主の支配権行使が駿河・三河に比べて相当うかがえる。東国・西国の区分で言えば遠江は東国であるが、幕府が強く介入しない荘園領主の支配は今まで以上に評価すべきかも知れない。

最後に論じきれなかった課題や南北朝期以降の展望をふれてむすびに代えたい。

荘園制を支える在地領主・在地武士の動向については論じることができなかったが、地頭級在地領主の支配が最も展開したのは遠江で、内田氏(佐野郡内田荘)・原氏(原田荘細谷村)・相良氏(相良荘)である。これに対して駿河・伊豆は関東御家人地頭や北条氏被官の勢力が展開した。駿河では在地領主の地頭は国内では極めて少なく、三河でも足利氏・北条氏以外の在地領主地頭は少ない[新行 一九九〇、廣田 二〇二一]。文書史料に恵まれる遠江の地頭級在地領主が「武家領」の形成をいかに志向したのか否かが問われる。

南北朝期以後については、王家領・幕府・北条氏所領がどのように再編・継承されたのかが課題になる。駿河・遠江では寺社本所領が再編されるとともに在京武家領が形成され、駿河では幕府・北条氏所領が室町幕府・在京幕臣・幕府および鎌倉府関係寺社の所領となっている[湯浅 二〇一〇・二〇一八、廣田 二〇二〇]。三河でも幕府奉公衆が多いことがすでに知られ、幕府料所や奉公衆所領が多数あったと考えられる。また遠江守護斯波氏や三河・遠江に所領を持つ足利一門吉良氏も在京領主であった[谷口 二〇一七]。駿河守護今川氏は在国守護とみられているが、範国・泰範・範政ら歴代守護や一門の貞世(了俊)が在京していることが知られており、在京領主としての今川氏の所領支配を見ていく必要もあろう。

駿河の富士郡をみると前述のように富士大宮司は建武政権期に富士上方を与えられ(静六—五二)、さらに応永二十五年(一四一八)には富士大宮司は室町幕府から「富士上方以下所々段銭・棟別・借銭等課役」を認められ、「当社(富士浅間社)造営」と「神領内給主」への社役催促の権限を保障された(静六―一六一〇)。

富士浅間宮領駿河国富士上方以下所々段銭・棟別・借銭等課役の事、免許すべきの旨、守護人に仰せ畢んぬ、早く先規に任せて当社造営金物要脚として、其の沙汰を致すべし、次いで神領内給主等ややもすれば社役を対捍すと云々、頗る其の咎を招くもの歟、先例を守り催促を致し、神用を全うすべきの由、仰せ下さるところなり、よって執達、件の如し

応永廿五年八月廿七日　　沙弥(花押)

富士大宮司殿

このなかの「段銭・棟別・借銭等課役」は新たに成立した賦課権限を富士大宮司に与えたものであろう。また「神領内給主」への支配権はかつて北条氏が行使した権限を継承している。こうした富士大宮司の武家領形成の前提には北条氏の領域支配権限があったことが想定される。

参考文献

朝比奈新　二〇一五「中世伊勢神宮領にみられる多元的支配権の性格」『史苑』七五―一
池永二郎　一九九〇「遠江国」網野善彦ほか編『講座日本荘園史5　東北・関東・東海地方の荘園』吉川弘文館
稲葉佳代　二〇一六「荘園社会の諸相」愛知県『愛知県史通史編1　原始・古代』
井原今朝男　二〇一一『史実　中世仏教　第1巻』興山舎
岡田清一　一九八八「遠江国と北条氏」『鎌倉幕府と東国』続群書類従完成会
海津一朗　一九九四『中世の変革と徳政』吉川弘文館
筧　雅博　一九九三「関東御領考」『史学雑誌』九三―四
梶川真子　二〇〇八「得宗被官南条氏の基礎的研究」『創価大学大学院紀要』三〇
鎌倉佐保　二〇〇九『日本中世荘園成立史論』塙書房

苅米一志　二〇〇四「荘園社会における在地法会の意義」『荘園社会における宗教構造』校倉書房
川島孝一　二〇〇八「北条氏所領の認定・集積・そのゆくえ」北条氏研究会『北条時宗の時代』八木書店
川端　新　二〇〇〇『荘園制成立史の研究』思文閣出版
工藤敬一　一九九三『荘園公領制の成立と内乱』思文閣出版
工藤敬一　二〇〇二『荘園制社会の基本構造』校倉書房
小山靖憲　一九八一「古代荘園から中世荘園へ」『中世寺社と荘園制』塙書房
斎藤慎一　二〇〇五「遠江国沿岸荘園の空間構造」小野正敏ほか編『中世の伊豆・駿河・遠江』高志書院
新行紀一　一九九〇「三河国」網野善彦ほか編『講座日本荘園史5　東北・関東・東海地方の荘園』吉川弘文館
田島　公　二〇一八「『兵範記』・同紙背文書にみえる西三河の荘園の基礎的研究」『新編西尾市史研究』四
棚橋光男　一九八三「中世伊勢神宮領の形成」『中世成立期の法と国家』塙書房
高橋一樹　二〇〇四『中世荘園制と鎌倉幕府』塙書房
高橋典幸　一九九六「鎌倉幕府軍制の構造と展開」『鎌倉幕府軍制と御家人制』吉川弘文館
高橋典幸　二〇〇二「荘園制と武家政権」『鎌倉幕府軍制と御家人制』吉川弘文館
高橋典幸　二〇〇五「鎌倉幕府と東海御家人」『鎌倉幕府軍制と御家人制』吉川弘文館
谷岡武雄　一九六六「天竜川下流域における松尾神社領池田荘の歴史地理学的研究」『史林』四九ノ二
谷口雄太　二〇一七「室町期在京領主吉良氏と遠江国浜松荘」『国際日本文化研究センター日本研究』五四
永村真・村井章介　一九九七「荘園の展開と人びとのくらし」『静岡県史　通史編2中世』静岡県
原田千尋　二〇一八「王権と井伊氏」『静岡県地域史研究』八
原秀三郎　一九八六「遠江国質侶荘に関する二、三の問題」『静岡県史研究』創刊号
廣田浩治　二〇一九a「中世駿河の荘園公領制」『歴史と文化』四　歴史と文化の研究所
廣田浩治　二〇一九b「中世駿河の荘園公領制と鎌倉幕府」『歴史と文化』五　歴史と文化の研究所
廣田浩治　二〇二〇「中世後期の駿河国の荘園制と武家勢力」『静岡県地域史研究』一〇
廣田浩治　二〇二一「中世前期の駿河国の在地領主・武士団」『静岡県地域史研究』一一
福田以久生　一九六一「岡野馬牧と大岡荘」『相模駿河の武家社会』清文堂出版
福田以久生　一九九〇a「伊豆国」網野善彦ほか編『講座日本荘園史5　東北・関東・東海地方の荘園』吉川弘文館

福田以久生　一九九〇b「駿河国」網野善彦ほか編『講座日本荘園史5　東北・関東・東海地方の荘園』吉川弘文館
福田豊彦　一九七七「鎌倉時代における足利氏の支配機構」『室町幕府と国人一揆』吉川弘文館
北条氏研究会編　二〇〇一「北条氏所領一覧」『北条氏系譜人名辞典』新人物往来社
本多隆成　一九八二「遠江国初倉荘の村落構造」『人文論集』三三　静岡大学人文学部
松井直樹　二〇一二「丸山御所の時代」田島公編『史料から読み解く三河』笠間書院
松島周一　二〇一六a「足利氏の三河支配とその周辺」『鎌倉時代の足利氏と三河』同成社
松島周一　二〇一六b「霜月騒動の衝撃(Ⅱ)」『鎌倉時代の足利氏と三河』同成社
松島周一・渡邊正男　二〇一八「三河の荘園」『愛知県史　通史編2　中世1』愛知県
山本倫弘　二〇一一「中世前期地域社会の形成と権門体制」『静岡県地域史研究』一
山本倫弘　二〇一七「「給主」からみた伊勢神宮領荘園の構造」『鎌倉遺文研究』四〇
湯浅治久　二〇一〇「室町期駿河・遠江の政治的位置と荘園制」阿部猛編『中世政治史の研究』日本史史料研究会
湯浅治久　二〇一一「遠江蒲御厨と蒲検校」高橋慎一朗編『列島の鎌倉時代』高志書院
湯浅治久　二〇一八「室町期都鄙間交通と荘園制・在地領主」木村茂光・湯浅治久編『生活と文化の歴史学10　旅と移動』竹林舎
湯之上隆　二〇〇〇「遠江国浅羽荘の成立と変遷」『日本中世の政治権力と仏教』思文閣出版
渡邊定正　二〇二一「富士下方、北条氏領国化の一考察」『富士学研究』一六

鎌倉幕府の東国・西国支配と東海地域

――境界地域の特性をさぐる――

勅使河原　拓也

はじめに

日本列島の東西の地域性という問題は、しばしば論じられてきた。特に関東に鎌倉幕府が開かれて以降、東国と西国の違いはより顕在化する。従来の研究においても、鎌倉幕府の東国支配の他地域に比しての特殊性や、東国御家人の西国御家人に対する優越・抑圧などが注目されてきた。近年でも、二〇一三年中世史サマーセミナー「中世の西国と東国」、二〇二二年中世史研究会大会「列島東西の社会構造とその変質」など、中世における列島東西をテーマにしたシンポジウムがしばしば開催され、それぞれ鎌倉幕府を対象とした報告がなされている［熊谷 二〇一四など］ことからも、このテーマに対する関心の高さがうかがえる。

こうした列島東西という枠組みを考えるとき、焦点となるのが東と西の境目となる地域の評価である。本論集のテーマとなっている東海地域はまさに東西の境界にあたり、この問題を考えるにあたっては東海地域の評価が大きな問題となる。逆に、この地域を考えるにあたって境界としての特性を無視することもまたできないだろう。先述の各シンポジウムが、本論集の企画元でもある東西の研究者の交流を目的として発足した集会、そして愛知県を拠点とする学会で企画されたこともそのことを象徴しているように思われる。これらの場で取り上げられるのは多くが中世後期の問題であるが、先に挙げた鎌倉幕府に関する論考のように、前期の研究もあり、あらためて中世を通じた東国と西国の関係を問う必要がある。

こうした東海地域の特性と鎌倉幕府に注目した研究としては、たとえば伊豆・駿河・遠江という東海の三ヶ国の御家人制を検討した高橋典幸氏の論考［高橋典 二〇〇五］がある。高橋氏は、伊豆の御家人と甲斐源氏の支配下から幕府の支配下に入った「被征服地」たる駿河・遠江の御家人とでは、存在形態に大きな差異があったとして、同じ東国（遠江・信濃以東一五ヶ国）の御家人であっても、差異があることを示した。筆者もかつて、甲斐源氏や美濃・尾張源氏の勢力下にあった遠江や美濃等の事例をもとに、治承・寿永内乱を経ていかに鎌倉幕府の支配体制が成立するかを論じており、建久年間（一一九〇年代）半ばにかけてこれらの勢力が排除されるなかで、幕府の東国・西国という支配の枠組みが出来上がっていくことを論じた［勅使河原 二〇一七ａ］。こうした研究動向も踏まえて、あらためて列島東西と東海地域との関係を論じてみようと思う。

以上の問題を考えるにあたってとりうるアプローチとしては、まず個別事例検証を重ねることだろう。ただし、いま筆者に十分な準備がなく、また中世後期に比べれば前期の史料は数が多いわけではないので困難もある。よって本稿では、支配の枠組みを総体的に示す史料をいくつか検証してみたい。これらには、古くから注目されてきた史料もあれば、最近になって新たに発見されたものもある。これらを検証することで新たな知見を提供できればと考える。なお、本稿が直接テーマとするのは太平洋側の東海地域であるが、その東西の境界という特性上、日本海側の北陸との比較にも留意したい。特に本文で述べるように、越後は東海諸国と似通っている点が見受けられる。こうした点も踏まえて考察を進めていく。

以上の点から、守護制・地頭制・御家人制など、鎌倉幕府の支配体制が東国と西国の境界たる東海地域でいかに展開していったのかを論じたい。

1　鎌倉幕府成立期の境界地域

まず、幕府成立期の東国と西国を考える。その実態を特に具体的に明らかにし、従来の議論でも重要視されていたのが次の史料である。

〔史料1〕『吾妻鏡』文治二年（一一八六）六月二十一日条所収源頼朝言上状

天下澄清がため、院宣を下され非道を糾断し又、武士濫行を停止すべき国々の事

山城国　大和国　和泉国　河内国　摂津国　伊賀国
伊勢国　尾張国　近江国　美濃国　飛騨国　丹波国
丹後国　但馬国　因幡国　伯耆国　出雲国　石見国
播磨国　美作国　備前国　備後国　備中国　安芸国
周防国　長門国　紀伊国　若狭国　越前国　加賀国
能登国　越中国　淡路国　伊予国　讃岐国　阿波国
土佐国

右件の卅七ヶ国、院宣を下され武士濫行方々の僻事を紀定し非道を正理に直さるべきなり。但し鎮西九ヶ国は帥中納言（吉田経房）殿の御沙汰なり。然れば、件の御進止として濫行を鎮められ僻事を直さるべきなり。（中略）此の趣を以

て奏達せしめたまうべきの由、帥中納言殿に申さしむべきなり。

文治二年六月廿一日　　　　　　　　　　御判（源頼朝）

本史料は、前年の源義経の挙兵にともないいわゆる「文治勅許」から半年ほど経った段階で源頼朝から朝廷に送られた文書である。その趣旨については、文面の難解さ故、国地頭の停廃であるとか、荘郷地頭の設置においての折衝である等、様々な評価があるが、この点は後考を期して本稿ではさしおく。問題とするのは、その対象範囲である。この文書の趣旨をどう考えるにしろ、朝廷との交渉が必要な範囲は、この文書の対象外となっている「東国」に比べて幕府の支配の強く及ばない「西国」であると評価することができる（九州が対象外となっているのは大宰権帥・関東申次の吉田経房の管轄とされたため）。幕府の東国支配を具体的に明らかにした佐藤進一氏は、ここから文治二年六月当時の幕府の「東国」の範囲は東海・東山両道の三河・信濃以東および越後とした。そして、承久の乱後に京都に設置された六波羅探題の管轄範囲も東海・東山両道についてはこれと一致するとして、この範囲は六波羅探題の設置まで変わることはなかったとした。そして鎌倉末期には、三河が関東の管轄から六波羅の管轄へと移されたとする［佐藤 一九四三］。この佐藤氏の捉え方は、飛驒の扱いなど部分的な異論が呈されつつ［熊谷 二〇一四］大枠で継承されており、管轄領域における使節遵行などの六波羅探題の「西国成敗」のあり方が具体的に明らかにされている［外岡 一九八六・二〇一〇・二〇一五］。

ここでは、越後や三河など境界地域の位置づけを論じたい。この二国は、史料1では「東国」に含まれつつも、鎌倉幕府の支配が特に強く及び、承久の乱における動員範囲や鎌倉番役の賦課範囲ともなっている遠江・信濃以東一五ヶ国には含まれない。ただし、三河の扱いなどには先行研究でも幾分混乱や曖昧さがみられるので、少し細かくなるが検討しておく。

まず、越後が史料1で「東国」に含まれたのは、上横手雅敬氏の指摘するように当時関東知行国として安田義資が越後守であったためと考えられ、熊谷隆之氏もそれを踏襲する［上横手 一九六三、熊谷 二〇一二］。一方、三河が含まれない理由は何だろうか。石井進氏が関東知行国の沿革を網羅的に考証したなかで、元暦二年（一一八五）四月に源範頼が三河守を辞して関東知行国から離れたとしたが［石井 一九六〇］、石井氏の考証にそのまま依拠した近年の熊谷氏の論考［熊谷 二〇一四］ではその点が明確でない。関東知行国の考証も石井氏の研究に尽きているわけではなく、部分的に修正がほどこされており［上横手 一九七二、七海 二〇〇五］、見直しておく必要がある。

今一度石井氏の考証を確認しておくと、源範頼が三河守に任じられたのは元暦元年（一一八四）六月五日のことであり、駿河守や武蔵守に任じられた源氏一門らとともに任じられたものであった（『吾妻鏡』元暦元年六月二十日条）。この駿河・武蔵は鎌倉時代を通じて関東知行国となる（第2節参照）ので、石井氏は三河も知行国と考えた。翌年範頼は頼朝経由で三河守の辞状を朝廷に提出しており（『吾妻鏡』元暦二年四月二十四日条）、翌年三月の「頼朝知行の国々」九ヶ国に三河は含まれていないため（『吾妻鏡』文治二年三月十三日条）、このときに三河は範頼の辞任とともに知行国を離れたとされたのである。

範頼が元暦二年頃に三河守を辞したとの理解は、近年の三河についての専論などでも踏襲されている［松島 二〇一六］。だが、実はこれ以降も範頼が三河守に在任していたことを示す史料はある。『吾妻鏡』文治三年五月十三日条には、前々年の地震で破壊された閑院内裏の修復のために各国に宛てられた役を、三河守範頼が無沙汰していることを伝え聞いた頼朝が範頼を譴責した、という記事がみえる。この点につき、中世の国土分割について論じた保立道久氏は、「一一八六年（文治二）三月一三日の頼朝書状には、（中略）とあって、頼朝の知行国からははずれている。しかし、現実には範頼は、これ以降も参河守の任にあり続けており」として、それゆえ文治二年六月に三河は「関東分」であったとした〔保立二〇〇八〕。文治二年六月時点での範頼の国司在任およびそれが史料1に三河が記載されなかった理由とすることには筆者も賛同する。ただ保立氏は、三河が当初関東知行国であったとする石井氏の指摘自体は否定しておらず、それでは範頼が在任しつつも知行国から外れた理由が説明し難い。近年の『愛知県史』収載の論考でも、範頼の辞任は否定しつつも関東知行国であったことは認めるが〔青山二〇一八〕、やはり矛盾が出る。

この点については、実は先述の上横手氏も示唆しており、史料1で越後・三河が含まれていないのは両国が知行国だったからとしつつも、さきの文治三年の閑院内裏造営の事例から、元暦二年四月の範頼の辞状は受理されず、「あるいは三河は頼朝の知行国ではなかったかもしれない」としていた〔上横手一九六三〕。だが、注記という形でかつ煮え切らない筆致だったため、あまり注意をひかなかったのかもしれない。その後金澤正大氏は、上横手氏の指摘には触れていないがこの点を詳しく論じ、三河が最初から知行国ではなかったと明確に主張し、その主張は幕府の東国掌握過程についての論考でも踏まえられている〔金澤一九九七、七海二〇〇五〕。だが、これまでみたように多くの研究者に受け入れられているとは言い難い。三河はもとより知行国ではなく、文治二年六月時点で範頼はいまだ三河守在任中であり、史料1にて「東国」として扱われたのは、越後と類似してはいるが若干相違した理由だった。石井氏の考証への信頼感も手伝って、先行研究でもいささか混乱がみられたが、このように考えるのが最も整合的だと思われる。

史料1によって、当時三河・信濃・越後以東が「東国」に属したと理解されてきた。だが、三河と越後については、当時国務が幕府側の人間に属したという時限的な問題も考慮する必要があるだろう。幕府の「東国」支配を初期から強固かつ制度的に安定していたと過分に評価することには慎重でありたい。それはこの両国のみではない。幕府の最も強力な支配が及んだとされる「遠江・信濃以東一五ヶ国」の西端の遠江ですら、この時期に実質的な支配をおこなっていたのは甲斐源氏の遠江守安田義定（越後守義資の父）であった。三河は建久二年（一一九一）までに九条兼実の知行国となって範頼が離任しており、この時期までに「遠江・信濃以東一五ヶ国」という枠組みがほぼ成立していたとする見方もあるが［七海 二〇〇五］、やはり筆者としては義定が頼朝によって失脚に追い込まれた建久四年（一一九三）を画期として重視したい［勅使河原 二〇一七a］。遠江がそうした状況である以上、その西方の三河が果たして鎌倉を中心とする領域支配の外縁であったと言うことができるか、疑問を感じる。範頼は頼朝の異母弟ではあるが、義定や義資と同じく建久四年ごろに失脚しており、頼朝にとっては脅威となり得る源氏一門であった。頼朝からの一定の自立性という点でも、彼らの任国を幕府の強力な支配下にあったと評価することにはためらいがある。

熊谷氏は、関東知行国の西限が三河→駿河→遠江と移動するなかで遠江以東という「東国」の枠組みが定まっていき、三河は史料1で「東国」の扱いをうけたものの、遠江以東という枠組みには含まれず、前述の通り鎌倉末には六波羅管国に移されたとした［熊谷 二〇一四］。だが先述のように、そもそも三河は知行国に含まれていたとは考えにくく、こうした三河の複雑な性格は、幕府成立期から頼朝の弟が国司となりつつ知行国には含まれないという形で胚胎していたとも言える。

ところで範頼の国務に関連して興味をひかれるのは、さきにみた文治三年五月の頼朝による譴責の翌月、三河国より「今銭」の禁止などの申請が朝廷にあったことである（『玉葉』文治三年六月十三日条）。これは閑院内裏造営費の賦課調達を円滑におこなうための申請と考えられると同時に、十二世紀末の朝廷の銭貨政策においても一つの重要な画期となったことが指摘されている［井原 二〇〇一、伊藤啓 二〇〇八］。この範頼の申請については、背後に頼朝の存在が想定され、東国の銭貨の流通状況が背景にあるという可能性も指摘されている［井原 二〇〇一、中島 二〇一四］。ただし頼朝は造営の懈怠について譴責はするものの実状は把握しておらず［金澤 一九九七］、この施策も範頼が独自に講じたものである可能性も否定できない。範頼の申請の背景は、頼朝からの一定の自立性という政治的立場、さらには東国と西国の境界としての三河の地理から、総合的に考えていく必要があるだろう。

以上、文治二年六月二十一日の頼朝の言上状をもとに、幕府成立期の東国と西国の枠組みを見直したが、境界地域の不安定さにあらためて注目する必要がみえてきた。それとともに、ひとつのキーワードとなり得るのが、関東知行国などの国務である。この点について、節をあらためてさらに考えてみよう。

2　守護制度の展開と境界地域

次の史料は最近紹介されたもので、鎌倉幕府の守護制度を考える上で重要な発見として注目を集めた〔渡邉 二〇一九、木下 二〇一九〕。

〔史料2〕「国々守護事」（丹波篠山市教育委員会蔵「貞永式目追加」）

一　国々守護の事

修理権大夫殿（北条時房）　伊勢　志摩
　遠江　佐渡

左京権大夫殿（北条泰時）　美乃　土佐
　伊豆　駿河

遠江守殿（名越朝時）　越後　越中
　能登　大隅

相模守殿（北条重時）　日向　若狭
　信乃　和泉

越後守殿（佐介時盛）　丹波
　摂津

備前守殿（大仏朝直）　河内

駿河前司（三浦義村）　安房
　讃岐

長井左衛門大夫（泰秀）　備後
　出羽

豊後修理亮（島津忠時）　薩摩
豊前大炊助入道（大友親秀）　豊後
豊前々司（武藤資能）　筑前　豊前　肥前　対馬
近江入道（佐々木信綱）　近江
淡路前司（長沼宗政）　淡路
上野入道（結城朝光）　加賀
下野入道（小山朝政）　下野　播磨　壱岐
浅沼小二郎　備中
千葉介（千葉時胤）　伊賀　下総
上総介（上総常秀）　上総　丹後
出羽判官（中条家平）　尾張
遠山大蔵少輔（景朝）　甲斐
金持兵衛大郎　伯耆
毛利入道（季光）　飛騨
壱岐左衛門　備前
守護無き国々
　山城　大和　参川　相模　武蔵　陸奥

玄番頭（後藤基綱）　越前
城介（安達義景）　上野
小笠原大郎（長経）　阿波
宇津宮下野守（泰綱）　伊与
海老名左衛門大夫（忠行）　因幡
足利左馬頭殿（義氏）　美作
周防前司（藤原親実）　安芸
伊東大和前司（祐時）　石見
佐原肥前守（家連）　紀伊
隠岐次郎入道　出雲　隠岐
奥大郎左衛門（小田泰知）　常陸
太田次郎左衛門（政直）　但馬
和泉前司（天野政景）　長門
完戸左衛門　参河

本史料のように鎌倉時代のある一時期（一二三〇年代後半、一二三八年か）の全国の守護を網羅的に記載したものは、類例がない。そのため現在までこの史料に言及した研究も一定数あるが、本格的・全般的な考察はまだこれからの課題である。

本稿との関わりでいま重要なのは、守護の地域偏差をめぐる議論との関わりである。近年では、鎌倉幕府の守護制度が東国で発達したとの従来の説が相対化され、守護制度はむしろ西国で発達したとの見方が提示されている〔上横手一九九四〕。そこからさらに、東国においては、守護は基本的に不設置であったとの見解も出されている〔熊谷二〇〇八、伊藤邦二〇一〇〕。筆者も基本的にこうした議論に掉さして守護制・御家人制を論じていたが〔勅使河原二〇一八〕、本史料が紹介され、東国を含む大半の国々に「守護」がいたと記され、筆者のものを含め東国における守護の不設置を想定する見方に疑問が呈されることになった〔木下二〇二二〕。

確かに、鎌倉前期において東国で明確に「守護」と称される存在が見当たらなかったことを一つの根拠としていたこれまでの議論に再考が必要なことは否めないであろう。ただし、すでに本史料紹介後に若干の検討をおこなった拙稿でも触れたように〔勅使河原二〇二一：以下「前稿」〕、本史料から幕府が彼ら東国の国ごとの存在を「守護」と認識していたことを読みとれるとしても、それが彼ら「守護」自身の認識と一致しているとは限らない。たとえば有名な下野小山氏の譲状では、下野における所職が「権大介職」と表されるのに対し、播磨におけるそれは「守護奉行職」と表される(「小山文書」『鎌倉遺文』六―三九六〇)ものの、「国々守護の事」はこれらを区別せず「守護」として扱う。鎌倉前期においても、幕府首脳部(北条氏、京下吏僚など)がこれら小山氏をはじめとする東国豪族を「守護」として扱おうとしていたことは、次のよく知られた『吾妻鏡』の記事からもうかがえるところである。

〔史料3〕『吾妻鏡』承元三年(一二〇九)十二月十五日条

近国守護補任の御下文等、これを備え進らす。其の中、千葉介成胤は、先祖千葉大夫、元永以後当庄検非違所たるの間、右大将家《(源頼朝)》の御時、常胤を以て下総一国の守護職に補さるの由申す。三浦兵衛尉義村は、祖父義明、天治以来相模国の雑事に相交わるに依り、同じ御時、検断の事、同じく沙汰を致すべきの旨、義澄これを承り訖んぬの由申す。小山左衛門尉朝政申して云わく、本御下文を帯せず。曩祖下野少掾豊沢、当国の押領使として検断の如きの事、一向これを執行す。秀郷《(藤原)》朝臣天慶三年更に官符を賜るの後、十三代数百歳奉行の間、片時も中絶の例無し。但し右大将家の御時は、建久年中、亡父政光入道、此の職を朝政に譲与するに就き、安堵の御下文を賜るばかりなり。敢えて新恩の職にあらず。御不審を散ずべきと称し、彼の官符以下の状等を進覧すと云々。(後略)

こうした認識の違いという可能性も踏まえて、史料2の価値をあらためて評価していくことが重要であると考える。

そうした点を踏まえ、本稿では、前稿で突き詰めることのできなかった二点を検討したい。まず、知行国支配との関係である。熊谷隆之氏は、東国においては守護に収斂しない複線的な支配がおこなわれたと論じ、そのなかで国務・国奉行・有力在庁などに注目した[熊谷 二〇〇八]。このうち国奉行と有力在庁については、さきにみた小山氏(下野国在庁)や安達氏(上野国奉行)の事例から前稿でも検討をしたところである。一方、残る関東知行国の国務については十分な検討ができなかった。前節の幕府成立期の公武交渉の考察からも分かるように、知行国や国務がもつ意味は小さくなく、この点をあらためて考察したい。もう一点は、史料2に関して前稿で触れられなかった末尾の「守護無き国々」(「無守護国々」)についてである。あまり注目されていないが、本史料は鎌倉前期の東国にも「守護」がいたことを示す史料であると同時に、幕府が名実ともに守護不設置であると認識していた国が従来の考証よりも多く存在していたことを示す史料でもある。こうした点も踏まえ、前稿の遺漏を補いつつ本史料を再評価してみたい。

まず末尾の「守護無き国々」について。これらのうち、冒頭の山城と大和については、佐藤進一氏の考証[佐藤一九四八]をはじめ諸氏の考証でも守護不設置だということに異論はない。次に後ろの三国、相模・武蔵・陸奥について。

これらの国々は先行研究でも守護の設置をめぐって見解の分かれてきた国々である。

佐藤氏の考証をまとめると、①相模については、当初三浦氏が守護であったが宝治合戦後は守護不設置になった。②武蔵については、一二三〇年代までは武蔵守が守護の業務をおこなったが四〇年代からは北条氏家督（得宗）が守護となった。③陸奥については、奥州合戦後に「奥州惣奉行」が置かれたものの、守護が置かれた形跡はない。以上のようになる。

これらの佐藤氏の考証に対し、近年では東国における守護の設置を自明視しない立場からの見直しがされている。②武蔵の事例は佐藤氏のように「国司が守護の事を行なった」と理解するのでなく、もとより国司の職務（国務）として理解すべきことである〔上横手 一九九四〕、①相模や③陸奥についても、有力在庁（三浦氏）や国奉行（奥州惣奉行）による支配とみることができる〔熊谷 二〇〇八、伊藤邦 二〇一〇〕、などである。

いま史料２をみると、相模・武蔵を守護不設置とすることは幕府公式の見解であったということが分かる。先述のように、近年の研究で守護不設置だとされていた国も「国々守護の事」では「守護」と表されているわけだが、それらとは別に相模・武蔵などが「守護無き国々」とされたのは何故だろうか。これら相模・武蔵・陸奥に共通するのは、関東知行国（あるいは陸奥はそれに準じる国）だということである。佐藤氏や石井進氏が早くに比定したように、相模・武蔵は幕府成立期から鎌倉時代を通じて関東知行国であった。また、陸奥も一二三〇年代は知行国だったとされる（後述）。よって、「守護無き国々」とは幕府が国務を掌握していた国である、という可能性が高い。先行研究や筆者はこれまで、有力在庁・国奉行・国務といった存在が守護とは異なると論じており、こうした存在は「国務・検断沙汰人」とも概念化される〔伊藤邦 二〇一〇〕。だが「国々守護の事」を見ると、そのなかでも検断を主任務とする前二者と国務とでは、重みに違いがあったと見られる。

だがそう考えた場合、若干の問題が浮上する。当時、幕府の知行国だった国はこれら「守護無き国々」に数えられた国々だけではない。駿河・遠江・越後等も一二三〇年代後半の知行国と考えられている。だが史料2で、駿河は北条泰時の、遠江は北条時房の、越後は名越朝時の「守護」国として記される。これらの国々と相模・武蔵・陸奥等との違いは何なのだろうか。

ある国に「守護」がいる、ということは、つまり特定の御家人がその国の「守護」と称され得る地位に就いているということである。筆者自身はその権限は東国と西国では異なるという立場に立つが、では、この「国々守護の事」における「守護」がいないということはどういうことか。それはその国のことに責任を負う特定の御家人が存在しない(と幕府からみなされる)ということではないか。つまり「守護」の地位は特定の御家人が請負う私的な側面が強いのに対し、「守護無き国々」は幕府の直轄としての公的な側面が強いのではないかと思われる。

たとえば武蔵を例にとってみると、

〔史料4〕『吾妻鏡』康元元年(一二五六)十一月二十二日条

(前略)今日、執権を武州長時に譲らる。また、武蔵国務・侍別当、幷びに鎌倉第同じくこれを預け申さる。但し家督幼稚の程の眼代なりと云々。

五代執権北条時頼が執権を一族の長時に譲った際の『吾妻鏡』の記事であるが、ここで「武蔵国務」があわせて譲られていることに注意したい。ここで長時は「家督幼稚の程の眼代」と位置づけられているので、「武蔵国務」は得宗家に付随するものとみることもでき、武蔵守護を得宗家が相伝してきたことの根拠ともされていた〔佐藤 一九四八〕。だが、これは得宗家の家産ではなく、鎌倉殿から北条氏に付託されている地位・渡り領的な邸宅等であると見ることもできる〔高橋秀 二〇一二〕。この「武蔵国務」が幕府の機関の長である執権職とともに譲られていること、同じく譲られた「鎌倉第」が後に「執権第」とよばれ執権の地位に付随するようになること[秋山 一九九七]を考えれば、長時が武蔵守であったことは当然関係していようが、「武蔵国務」も本来的に執権という地位に付随していた鎌倉幕府の公的な地位ということができるのではないだろうか。武蔵国務を長時に譲らねばならなかったことに、北条氏内部における時頼(得宗)の不安定な地位を見出すことも可能である[秋山 二〇〇〇]。

以上の想定を、東国以外の知行国の例から補強してみよう。承久の乱後、備前・備中両国が兵粮料所として与えられ、上洛した北条泰時が備前で国務をおこない、同じく備中は時房が拝領している。両国においては、泰時・時房時代の先例が「不易の先規」として、公武双方が尊重すべきものとされていた(備中国隼島相論文書[豊田 二〇一三])。泰時・時房は六波羅探題の地位に基づき国務をおこなったと言うことができよう[中野 一九八九]。彼らの立場は、公家知行国の国務奉行(国務を管掌する家司)と同じものと言える[宮本 二〇〇四]。こうした西国の知行国と六波羅探題との関係を、東国の知行国と執権・連署との関係と同様のものと考えることは、そう難しくないと思われる。

武蔵の「国務」は、本来的に幕府の公的地位に付随するものであり、御家人たちの家の譲状にも記されるように特定の家に相伝される「職《しき》」としての性格を強めてゆく守護の地位[熊谷 二〇〇八]と比べると、前者は公的、後者は私的な性格が強いということができるだろう。そしてこうした性格は、その他の相模や陸奥にも敷衍できると思われる。相模は武蔵とともに幕府の拠点として重視され続けた国である。対して陸奥は、鎌倉期を通じて知行国だったわけではなく、相模や武蔵に比べると幕府の「お膝元」としての性格は濃くはない。だが、寛喜三年(一二三一)には知行国となっている[石井 一九六〇]。いつまで知行国として存続したかは定かではないが、「国々守護の事」が作成されたとみられる一二三八年まで存続した可能性もある。また、当国は鎌倉時代後期には公家の堀川家の知行となっているが、依然として北条氏など幕府の関係者が国守に補任されており、幕府の特殊な支配が及んでいたことがうかがえる

〔七海 一九九七、大島 二〇二三〕。「守護無き国々」の記載は、陸奥の支配と相模・武蔵といった関東知行国の支配とが直轄支配としての共通性を有する〔大山 一九八二、今野 一九九二〕ことを裏づける。周知のように、執権・連署には、相模守・武蔵守の官職をもつ者が多く、鎌倉後期の『沙汰未練書』にも「両国司とは、武蔵・相模両国の国司の御名なり。将軍家執権の御事なり」との認識が見える。これに陸奥を加えた三国の守が執権・連署の在任時の官職の通例であり〔秋山 二〇〇〇〕、この三国にはやはり特別な位置づけが与えられていた可能性が高い。

では、これに対して「守護無き国々」に含まれない越後・遠江・駿河はどうか。「守護無き国々」が関東知行国の国務としての公的な性格が強いのに対し、「守護」がいるとされる国々は家産としての性格が強いと考えたが、そうであればこれらの国々もその「守護」とされる家の支配が強く及んでいたことになる。越後については、従来より名越氏の守護国と比定されており、実際に「国々守護の事」でも北条(名越)朝時が「守護」となっている。駿河についても得宗家が、遠江についても時房流(大仏氏)が守護であったと比定されており、その地位の本質を守護と考えるにしろ国務と考えるにしろ、いずれも北条氏の各家との関係が密接だったと言えよう。

得宗が有していたとされる駿河についてもう少し詳しくみてみよう。「はじめに」で取り上げた高橋典幸氏は、駿河の御家人と伊豆の御家人とがともに行動することが多いと指摘し、両国の武士同士のつながりの深さを読み取った。こうした在地の動きとともに、注目されるのは「守護」についてである。この両国は、一貫して北条得宗家の分国であった。「国々守護の事」でも泰時が「守護」となっており、『吾妻鏡』にも「武州《泰時》分駿河伊豆両国」(『吾妻鏡』嘉禄三年〔一二二七〕五月二日条)とある。高橋氏の挙げた事例が幕府成立期からのものであるように、両国の武士の結合が上から一方的に編成されたものであるとは言えないが、「守護」北条氏によってより強化された面もあったと思われる。伊豆の武士から幕府の首脳に上り詰めた北条氏が両国を管したのも、こうした結びつきを前提にしていたとも言える。

次の史料は、高橋氏も伊豆と駿河の御家人がともに行動した一例として挙げたものである。

〔史料5〕『吾妻鏡』宝治元年（一二四七）六月二日条

近国の御家人等、南より北より馳せ参ず。左親衛（北条時頼）の郭外の四面を囲繞す。雲の如く霞の如くおのおの旗を揚ぐ。相模国の住人等は皆陣を南方に張り、武蔵国の党々、幷びに駿河・伊豆国以下の輩は、東西北の三方に在り。已に四門を閉じ、輙く推参の者無し。（後略）

北条氏が三浦氏と軍事衝突した宝治合戦の際、「相模国の住人等」「武蔵国の党々」「駿河・伊豆国以下の輩」が時頼の邸宅の四方を固めたという。承久の乱の際の軍事動員、さらに乱後に将軍御所を守らせる鎌倉番役の賦課が遠江・信濃以東の一五ヶ国の「東国」に対して賦課されたように、これらの国々が北条氏（得宗時頼）の重要な拠点であることは確かだろう。史料上も駿河と伊豆の御家人は一体となって行動しており、時頼の「家」に密着していたということができる。一方、これまでの考察に照らせば、相模・武蔵両国の動員は駿河・伊豆と性質を異にする。両国の武士は時頼が執権としての地位に基づき動員したもので、より公的な性格を有していたといえる。このとき時頼が対峙した三浦氏は鎌倉前代からの相模の有力豪族であり、さきにみた史料3の『吾妻鏡』記事でも三浦氏が相模の「守護」として扱われている。通説では、この宝治合戦にいたるまで三浦氏が守護であったと考えられてきた〔佐藤 一九四八〕（ただし史料3以外に三浦氏の守護在任の明証があるわけではない〔伊藤邦 二〇一〇〕）。史料2と史料3では相模国の扱いが異なっており、いずれが正しいのか。この間に三浦氏の守護国に変動があったとみることもできるかもしれないが〔高橋秀 二〇一三b〕、相模は三浦氏の最大の拠点であり、史料3でも東国「守護」の改替に着手できなかった幕府がなぜこの間に三浦義村の地位を奪うにいたったのか（小山氏の下野や千葉氏の下総はそのまま）、明確でない。一方で、史料2の記載が幕府公式の認識であったとしても、三浦氏が相模に有していた勢力・権益を無視して北条氏が国務として支配を確立できたとも考え難い。鎌倉時代前期の相模においては、「守護」について必ずしも一致した見解があったわけではなかったのではあるまいか。近年の研究では、鎌倉幕府の守護を全国的に斉一な制度としてでなく、前代からの在地の状況を踏まえて理解しようという姿勢が強まっており[三好 二〇〇五]、相模でもそれは例外ではない。三浦氏自身とて頼朝との結びつきにより相模での勢力を拡大したことに相違ないが、北条氏からみれば在来の勢力である。近年では、北条氏と三浦氏の対立を自明視する見方も相対化されつつあるが[高橋秀 二〇一二]、こうした相模をめぐる相克も両者の関係に少なからず影響を与えたと思われる。そして、宝治合戦の段階にいたっても、時頼が執権の地位に基づいて相模の武士を動員し得たことは、両者の命運にも影響を与えた可能性があろう。

こうした鎌倉幕府の「国務」によって担われていた武蔵や相模の支配であるが、それも鎌倉末期になると変化がうかがえる。

〔史料6〕「若狭明通寺文書」(『鎌倉遺文』三一―二三九一七)

異国降伏の御祈の事、駿河・伊豆・武蔵・上野・若狭等の国の寺社において精誠を致すべきの由、厳密に別当・神主に相触るべきの旨、守護代に下知せしめ給うべきの由、仰せ下され候なり。仍って執啓件の如し。

延慶三年(一三一〇)二月廿九日　陸奥守(大仏宗宣)在御判
相模守(北条師時)在御判

謹上　最勝園寺入道殿(北条貞時)

この文書は、鎌倉時代に複数存在する得宗分国目録と通称される史料の一つである(表参照)。ここでは、駿河・武蔵などの知行国、東国の伊豆・上野、西国の若狭等の「守護代」に下知するよう北条貞時に求めている。ここにみえ

表　得宗分国

年紀	発給者	受給者	対象	備考	典拠
文永九年（一二七二）十一月（十ヵ）二十日	左京権大夫（北条政村）（連署）	相模守（北条時宗）（執権）	駿河・伊豆・武蔵・若狭・美作	諸国田文調進 武蔵守は大仏宣時 駿河守は高階重経 陸奥守は北条時村	15・一一一二五
弘安六年（一二八三）十二月二十八日	駿河守（普恩寺業時）（連署）	相模守（北条時宗）（執権）	武蔵・伊豆・駿河・若狭・摂津・播磨・美作・備中	異国降伏祈禱 武蔵守は北条時村 陸奥守は安達泰盛	18・一三八一五
正応五年（一二九二）十月五日	陸奥守（大仏宣時）（連署）	相模守（北条貞時）（執権）	武蔵・上野・伊豆・駿河・若狭・美作・肥後	異国降伏祈禱 武蔵守は北条時村 駿河守は北条政長	23・一八〇二六
延慶三年（一三一〇）二月二十九日	陸奥守（大仏宗宣）（連署） 相模守（北条師時）（執権）	最勝園寺入道（北条貞時）（前執権）	駿河・伊豆・武蔵・上野・若狭	異国降伏祈禱 武蔵守は北条熙時 駿河守は不詳	31・二三九一七

※国司は『日本史総覧2』「国司一覧」および菊池紳一監修・北条氏研究会編『鎌倉北条氏人名辞典』（勉誠出版、二〇一九）を参照。
※弘安六年御教書の年紀の補訂については、網野善彦「「関東公方御教書」について」（『網野善彦著作集6　転換期としての鎌倉末・南北朝期』（岩波書店、二〇〇七年、初出一九七二年）参照。
※典拠は『鎌倉遺文』巻・史料番号。

る駿河や武蔵における得宗の立場については、これを守護とみる見解［秋山 二〇〇二］と国務とみる見解［熊谷 二〇〇八］とがある。本稿では、十三世紀半ばまで、武蔵は「守護無き国々」に含まれ（史料2）、その国務が執権という公的地位に付随していた（史料4）とした。だがこの文書では、そうした公的地位に就いている執権・連署が御教書で、すでに出家している得宗貞時に武蔵での祈禱を命じている。つまり、ここでは武蔵は、（武蔵守が得宗家外にいながら）駿河や伊豆と同様に得宗の私的な分国であるかのような扱いを受けており、これを「国々守護の事」作成時点からの得宗専制の進展による変化と評価することもできるだろう。それまで幕府政所によっておこなわれていた武蔵国務が、「得宗分国」化にともない得宗公文所によって担われることが指摘され〔菊池 二〇一一〕、「国々守護の事」にみえる「守護無き」国(公的)と「守護」国(私的)の間にもこうした国務における構造的な違いがあったのではないだろうか。

一方、表にみえる諸事例では、執権時宗や貞時が相模守を務めており、相模国務を掌握しているのが明白であるにもかかわらず、「分国」に相模が含まれていないことにも注意する必要がある。相模は依然として幕府の直轄としての純然たる「守護無き国々」であった可能性が高い。「国々守護の事」の段階からは、相模と武蔵の位置づけが分岐したと言えよう(陸奥についても得宗の「分国的支配」の進展が指摘されるが〔今野 一九九二〕、表の諸目録にはみえない)。武蔵の得宗家「分国」化は、延応二年(一二四〇)時房の没時〔佐藤 一九四八、伊藤邦 二〇一〇〕、あるいは文永元年(一二六四)長時の引退・没時〔七海 二〇〇三、菊池 二〇一一〕などの契機が指摘されている。国務の問題は北条氏内部だけでなく幕府全体と関わる問題であり、鎌倉初期の平賀氏の守在任時の国務のあり方〔川尻 二〇一二〕や後期の蒙古襲来の影響をふまえて考えていく必要があるだろう。

以上、いささか迂遠な話となったが、同じ関東知行国でありながら、「国々守護の事」では「守護無き国々」とされた武蔵・相模・陸奥と、「守護」が存在する国として記された駿河・遠江・越後等との違いについてある程度の試案を提示できたと考える。次に問題となるのは、なぜかかる違いが生じたか、である。これについて筆者も成案があるわけではないが、その地理的な位置はやはり無視できないように思う。相模・武蔵は幕府にとっていわばお膝元とよべる国である。武蔵と駿河などの間での幕府中枢からの距離の違いが、何らかの支配体制の違いをもたらした可能性が想定できよう〔堀口 二〇一二〕。だが、陸奥は鎌倉幕府による「被征服地」的な性格という点では、駿河や越後と同じと言えよう。そのなかで何故陸奥は「守護無き国」とされたのか。陸奥そのものの支配のあり方には、鎌倉初期にみえる「奥州惣奉行」の実態、特に朝廷から与えられたとされる「地下管領権」の実態をめぐって議論がある〔今野 一九九二、七海 一九九七、三好 二〇〇五、大島 二〇二三〕。陸奥が「守護無き国々」とされたのも、あるいはそうした「地下管領権」と関係する可能性もあり、検討が必要だろう。駿河・遠江・越後に比べて東国の奥に位置するという距離感があった可能性はある。逆に、駿河・遠江・越後といった東海・北陸の境界地域を北条氏が強固におさえたこと（特に得宗家と競合する名越家が越後をおさえたこと）の意味が本稿のテーマからは本来追究すべき課題であるが、この点も今後の課題としなければならない。

ところで、ここまで棚上げしてきた、もう一つの「守護無き」国がある。それが三河国である。三河は「守護無き」国であると同時に、「完戸左衛門」（家氏?）の「守護」の国であるともされているのである（先行研究では、このころにはすでに足利氏が「守護」になっていたともされるが、この点も「国々守護の事」をふまえて再考する必要があろう〔花田 二〇二四〕）。むろんこれは単に誤記であると処理することもできるが、前節での議論や先行研究でも度々注目されてきた三河の東国と西国間における両属的性格が影響している可能性も否定できない。新史料の「国々守護の事」からも、前節でみたような三河の複雑な位置づけがあらためて看取できると言えよう。

3　境界地域の御家人制

これまで東海地域の複雑な性格をみたが、最後に当該地域の御家人制のあり方についても簡単に確認しておこう。

一九九〇年代前半に紹介された「六条八幡宮造営注文」は、御家人制研究において広く活用されてきた〔海老名・福田 一九九三〕。本史料は京都の六条八幡宮造営用途を御家人に割り宛てたもので、「鎌倉中」「在京」、そして各国の御家人が列挙され、各自の負担額が記される。鎌倉後期の御家人の実態を知る上できわめて貴重な史料である。

東海地域の御家人についても、すでに自治体史等で詳細な検討がなされている〔石井 一九九七、青山・渡邉 二〇一八〕が、尾張では五名、三河では六名の御家人が記載されている（ただし個人とは限らず、特定の御家人の所領を継承した「〜跡」といった単位も含まれる）。いくつかの御家人の動向を確認してみよう。

三河国で最高額の一〇貫文を負担するのは「中条馬助入道跡」だが、これは熱田大宮司一族出身の中条氏（本拠宝飯郡中条〔現豊川市〕。尾張守護の武蔵武士小野氏系中条氏とは別）である。熱田大宮司一族は周知の通り頼朝の母方の家であり、そのため鎌倉幕府のもとでも一定の地位を確保していたと思われる。だが中条氏は承久の乱にて京方に接近する動きをみせたため、乱後、中条範俊は御家人としての存続は許されたものの保持していた尾張国海東荘地頭職を下野の小山氏に奪われている。さらにその他海東郡の所領も大江広元の子忠成が得、忠成は大宮司家に猶子として入り大宮司となり海東氏を名乗り、南北朝期にかけて中条氏はこの大江系に取り込まれた〔松島 二〇〇三、鈴木 二〇〇三〕。海東忠成は「六条八幡宮造営注文」の「在京」に含まれる「備中刑部権少輔」に比定される〔森 一九九八〕。中条氏は、「六条八幡宮造営注文」においては三河国御家人として扱われつつも、関東から一族内部に入ってきた大江系は在京人として活動していたのである。

ところで、ほかにも注目すべきは、中条氏が尾張国海東荘の地頭職を保有していたことである。これは同氏が熱田大宮司家の出であることによるかもしれない。ただ、同じ三河国御家人には次のような例もある。

〔史料7〕『吾妻鏡』延応元年（一二三九）九月二十一日条

尾張国住人中島左衛門尉宣長は、承久逆乱の時、官軍たるの由沙汰有りて所領を収公せらる。しかれども、当時御所中に候し、頻りにこれを愁い申すに依り、屋敷田畠に於いては付け渡すべきの旨、今日西郡中務丞に仰せ付けらると云々。

尾張国住人中島左衛門尉宣長は、承久の乱において京方に与したとして所領を没収されたものの、その後鎌倉の御所に候していたという。つまり御家人としての存続・奉公は認められたということになり、さきにみた三河の中条氏と類似の境遇にあった。関東と京の間にあり、実際に戦場ともなった当該地域の武士たちの承久の乱における動静をうかがわせる。右の史料にみえる西郡中務丞は、「六条八幡宮造営注文」の三河国の項目にみえる「西部(郡)中務入道跡」とみられる［海老名・福田 一九九三、青山・渡邉 二〇一八］。右の史料は、承久京方に与した中島氏の所領を得た西郡中務丞が、そのうち屋敷とそれに付随する田畠のみ本主中島氏に返却することを命じられたものと解せる。これは西郡中務丞が尾張国に地頭職を得たことを示していよう。さきにみた中条氏の場合は、乱後、関東の小山氏や熱田大宮司家に入り込んだ大江氏がその所領を奪っていったのだが、出自は不明ながら三河国御家人の西郡氏も尾張国御家人に対して所領を奪う側に立っていたことは興味深い。

こうした尾張・三河のあり方から、境界地域のいかなる特性がみえてくるだろうか。「はじめに」で取り上げた高橋典幸氏の研究では、伊豆・駿河・遠江の東海三ヶ国における御家人制のあり方について、次のような諸点を指摘している。

①伊豆出身の御家人（特に北条氏）は駿河・遠江に地頭職を得ているが、その逆は見出せない。ただし駿河・遠江の御家人は西国において地頭職を得ており、その点において同じ境界地域の越後国御家人とは異なる。

②伊豆出身の御家人には「六条八幡宮造営注文」において「鎌倉中」や「在京」に位置づけられる者が見出せるのに対し、駿河・遠江出身の御家人には、そうした者は見出せない。

尾張以西に多くの東国御家人が進出し地頭職等を獲得しているのは周知の通りである［川島 一九九六］。その一方、

「六条八幡宮造営注文」からも、尾張には国御家人として把握される関東武士の子孫が見えるが三河では見られないこと、負担額が多いこと(三河四〇貫文、尾張二二貫文)などから、御家人制においては尾張より三河の方が幕府にとっては重要であったとされる[青山・渡邉 二〇一八]。三河国の御家人は隣国尾張に地頭職を得ている者が見出され、そうした意味で同じ境界地域の越後とは異なり、三河と尾張の関係を伊豆と駿河・遠江に擬することもできるかもしれない。一方で中条氏にみられるように、彼らは小山氏や大江氏のような関東の豪族的御家人や京下り吏僚からは抑圧される立場にあった。そうした点に、時に「東国」に含まれ、時に「西国」ともなる、三河の両属的性格を見出すこともできる。なお、前述したように海東忠成は「在京」人の扱いとなっているが、これは大江氏という出身(あるいは院政期に院近臣として活動した熱田大宮司家の立場も関係しているか)によると考えられ、そういう意味では駿河国出身でありながら、北条氏の姻戚という特殊な立場にある牧氏が「鎌倉中」に分類されるのと似た事例と捉えられよう。一方、「在京」人には美濃の土岐氏など[森 一九九八]平安時代から東海地域を拠点とする一族もおり、東海地域と京都との関わりを考えていくことが必要になる。

当該地域の御家人制については、交通路や姻戚関係のネットワークも注目されている。治承・寿永内乱以前からの関東武士の婚姻ネットワークは『曾我物語』などにみえ有名だが、こうした関係が駿河東部まで及んでいたことが指摘されている[高橋典 二〇〇五]。一方、天城山をはさんだ伊豆の東部と西部との間のネットワークの断絶を見出す見解もあり[高橋秀 二〇一三a]、令制国の国境にしばられずネットワークの実態を追究することが求められる。

さて、東海西部については、たとえば治承・寿永の内乱中、尾張国住人大屋安資が和田義盛の聟として鎌倉方に参じたことがみえており(『吾妻鏡』治承五年〔一一八一〕三月十九日条・寿永三年〔一一八四〕四月三日条)、義盛の妻が伊勢の度会氏に養育されたこととの関係が指摘されている[高橋秀 二〇〇六・二〇一六]。後に大屋氏は三浦氏の郎従となっている(『吾妻鏡』嘉禄二年〔一二二六〕十月九日条)。他にも尾張国には、上総介広常と平忠度の「外甥」となっていた原高春もいた(『吾妻鏡』寿永三年三月十三日条)〔勅使河原 二〇一七b〕。こうした関係は、関東における濃密な婚姻ネットワークに比べれば一般的とは言えないが、内乱において各武士の去就にも影響を与えていた。上記の原氏の例のように、関東の武士と西国の平家双方と姻戚関係を結ぶ場合もあり、東海地域の特性も少なからず影響している可能性はある。

検討はまだこれからの課題だが、東海地域と関東との武士・御家人のネットワークを考える際、三河・尾張・伊勢など東海西部まで射程に入れることにより、より豊かな像が描けることは確かだろう。

おわりに

以上、幕府の地域ごとの支配の枠組みを示す重要史料をいくつか検討し、守護制や御家人制など、鎌倉幕府の支配体制について考察した。雑駁・曖昧な論に終始した感は否めず、より体系的・厳密な考察は今後の課題である。それでも、本論集のテーマおよび「はじめに」で掲げた問題意識との関わりでいえば、東西の境界としての東海地域(特に三河)の特殊性を、より鮮明にすることができたかと思う。そこからあらためて列島の東西のあり方の議論にもつなげていくことができるだろう。

「はじめに」で述べたように、鎌倉幕府についての史料は必ずしも多いわけではないが、前後の時代とあわせて考えることで新たな問題を見出すこともできると思われる。すでに院政期までの朝廷や中世後期の室町殿の支配の枠組みと東国・西国の枠組みとのつながりを追究しようとする試みもなされている〔熊谷 二〇一四、外岡 二〇一五〕。本稿が論じた素材との関わりで言えば、朝廷の支配とのつながりでは、国務が重要である。鎌倉幕府の国ごとの支配を最も強力におこなう回路が、朝廷から与えられた関東知行国の国務であることは幕府の本質を考える上でも注目に値する。また、南北朝・室町期へのつながりとしては、やはり守護が重要であるが、鎌倉・室町両幕府を通じた守護制度の研究は、佐藤進一氏の網羅的考証以後、地域的になされているものの［松本 二〇〇二］、まだ十分には蓄積されていない。こうした前後の時期とつながり得る制度・体制に加え、鎌倉幕府独特の制度である御家人制をあわせて考えることで、鎌倉幕府の位置づけは明確になっていくと考える。

本稿が列島と東海地域のあり方を通時的に考える一助となれば幸いである。

参考文献

青山幹哉　二〇一八「治承・寿永の内乱」『愛知県史　通史編2　中世1』愛知県
青山幹哉・渡邉正男　二〇一八「尾張・三河の在地勢力」『愛知県史　通史編2　中世1』愛知県
秋山哲雄　一九九七「都市鎌倉における北条氏の邸宅と寺院」同『北条氏権力と都市鎌倉』吉川弘文館（二〇〇六年所収）
秋山哲雄　二〇〇〇「北条氏一門と得宗政権」前掲書
秋山哲雄　二〇〇一「「守護所」に見る鎌倉幕府の守護」前掲書
石井　進　一九六〇「幕府と国衙の個別的関係」『石井進著作集一　日本中世国家史の研究』岩波書店（二〇〇四年所収）
石井　進　一九九七「幕府の成立と源氏三代」『静岡県史　通史編2　中世』静岡県
伊藤邦彦　二〇一〇『鎌倉幕府守護の基礎的研究』〔論考編〕〔国別考証編〕岩田書院
伊藤啓介　二〇〇八「鎌倉時代初期における朝廷の貨幣政策」上横手雅敬編『鎌倉時代の権力と制度』思文閣出版
井原今朝男　二〇〇一「中世の計算貨幣と銭貨出挙―宋銭輸入の歴史的意義―」同『日本中世債務史の研究』東京大学出版会（二〇一一年所収）
上横手雅敬　一九六三「東国と西国」同『日本中世政治史研究』塙書房（一九七〇年所収）
上横手雅敬　一九七二「建久元年の歴史的意義」同『鎌倉時代政治史研究』吉川弘文館（一九九一年所収）
上横手雅敬　一九九四「守護制度の再検討」同『日本中世国家史論考』塙書房

海老名尚・福田豊彦　一九九三「「六条八幡宮造営注文」と鎌倉幕府の御家人制」福田『中世成立期の軍制と内乱』吉川弘文館（一九九五年所収）
大島佳代　二〇二三「中世前期における全国的内乱と奥羽地方」『ヒストリア』三〇一
大山喬平　一九八二「文治の国地頭をめぐる源頼朝と北条時政の相剋」『京都大学文学部研究紀要』二一
金澤正大　一九九七「蒲殿源範頼三河守補任と関東御分国」同『鎌倉幕府成立期の東国武士団』岩田書院（二〇一八年所収）
川島孝一　一九九六「西国に所職をもつ東国御家人一覧」『栃木史学』一〇
川尻秋生　二〇二二「「水落地蔵」の納入品からみた鎌倉初期の東国と東北―愛知県津島市西光寺所蔵地蔵菩薩立像を中心として―」田島公編『禁裏・公家文庫研究　八』思文閣出版
菊池紳一　二〇一一「鎌倉幕府の政所と武蔵国務」『埼玉地方史』六四
木下竜馬　二〇一九「新出鎌倉幕府法令集についての一考察―『青山文庫本貞永式目追加』―」『古文書研究』八八
木下竜馬　二〇二二「鎌倉時代の「守護」とは何だったのか」山田徹・谷口雄太・木下竜馬・川口成人『鎌倉幕府と室町幕府―最新研究でわかった実像―』光文社
熊谷隆之　二〇〇八「鎌倉幕府支配の展開と守護」『日本史研究』五四七
熊谷隆之　二〇一二「鎌倉幕府支配の北陸道における展開」『富山史壇』一六八
熊谷隆之　二〇一四「鎌倉幕府支配の西国と東国」川岡勉編『中世の西国と東国―権力から探る地域的特性―』戎光祥出版
今野慶信　一九九二「鎌倉幕府の陸奥直轄支配体制―奥州惣奉行論争をめぐって―」入間田宣夫編『関東武士研究叢書三　葛西氏の研究』名著出版（一九九八年所収）
佐藤進一　一九四三『鎌倉幕府訴訟制度の研究』岩波書店（一九九三年再版）
佐藤進一　一九四八『増訂　鎌倉幕府守護制度の研究』東京大学出版会（一九七一年増訂版）
鈴木勝也　二〇〇三「中世三河中条氏考」『（金沢工業大学日本学研究所）日本学研究』六
高橋典幸　二〇〇五「鎌倉幕府と東海御家人―東国御家人論序説―」同『鎌倉幕府軍制と御家人制』吉川弘文館（二〇〇八年所収）
高橋秀樹　二〇〇六・二〇一六「鎌倉殿侍別当和田義盛と和田合戦」同『三浦一族の研究』吉川弘文館（二〇一六年所収）
高橋秀樹　二〇二一『対決の東国史二　北条氏と三浦氏』吉川弘文館
高橋秀樹　二〇二三ａ「挙兵前の北条氏と牧の方の一族をめぐって」『国史学』二三八
高橋秀樹　二〇二三ｂ『三浦義村』吉川弘文館

勅使河原拓也　二〇一七a「治承・寿永内乱後の東海地域における鎌倉幕府の支配体制形成―頼朝上洛に着目して―」『年報中世史研究』四二
勅使河原拓也　二〇一七b「書評　高橋秀樹著『三浦一族の研究』」『日本史研究』六五七
勅使河原拓也　二〇一八「番役に見る鎌倉幕府の御家人制」『史林』一〇一―六
勅使河原拓也　二〇二一「鎌倉幕府御家人制と守護」『ヒストリア』二八九
外岡慎一郎　一九八六・二〇一〇・二〇一五「鎌倉時代の西国と東国」同『武家権力と使節遵行』同成社（二〇一五年所収）
外岡慎一郎　二〇一五『武家権力と使節遵行』同成社
豊田通子　二〇一三「「貞応以後法」の展開―隼島相論文書の復元・分析を通じて―」『鎌倉遺文研究』三一
中島圭一　二〇一四「「中世貨幣」成立期における朝廷の渡来銭政策の再検討」『日本史研究』六二二
中野栄夫　一九八九「鎌倉幕府政治の展開と備作地方」『岡山県史　第四巻　中世I』岡山県
七海雅人　一九九七「鎌倉幕府の陸奥国掌握過程」『羽下徳彦先生退官記念論集　中世の杜』東北大学文学部国史研究室中世史研究会
七海雅人　二〇〇三「鎌倉幕府の武蔵国掌握過程」『年報三田中世史研究』一〇
七海雅人　二〇〇五「鎌倉幕府の東国掌握過程」羽下徳彦編『中世の社会と史料』吉川弘文館
花田卓司　二〇二四「足利義氏の三河守護補任をめぐって」『日本歴史』九一〇
保立道久　二〇〇八「鎌倉前期国家における国土分割」同『中世の国土高権と天皇・武家』校倉書房（二〇一五年所収）
堀口まどか　二〇二二「鎌倉期における関東御分国と国奉行人」『歴史学研究月報』七四五　二〇二一年七月歴史学研究会日本中世史部会報告要旨
松島周一　二〇〇三「承久の乱と三河国中条氏」峰岸純夫編『日本中世史の再発見』吉川弘文館
松島周一　二〇一六「足利氏と三河」同『鎌倉時代の足利氏と三河』同成社
松本一夫　二〇〇一『東国守護の歴史的特質』岩田書院
宮本晋平　二〇〇四「鎌倉期公家知行国の国務運営」『史林』八七―五
三好俊文　二〇〇五「「奥州惣奉行」体制と鎌倉幕府の列島統治」入間田宣夫編『東北中世史の研究　上巻』高志書院
森　幸夫　一九九八「在京人に関する一考察」同『六波羅探題の研究』続群書類従完成会（二〇〇五年所収）
渡邊正男　二〇一九「丹波篠山市教育委員会所蔵「貞永式目追加」」『史学雑誌』一二八―九

〔付記〕本稿は、平成二十八年度高梨学術奨励基金（若手研究助成）の研究成果の一部を含む

室町幕府の対東国政策——駿河国を中心に——

木下　聡

はじめに

中世後期、列島の各地域における政治的位置付けは異なる様相を示している。それは室町幕府との関係、幕府内での政治情勢、幕府の政策など、様々な要素によって左右されていたからである。

周知のように、三代将軍足利義満以降の室町幕府は、基本的に九州・関東・東北以外の地の守護や有力領主(外様衆・奉公衆)を在京させていた。言い換えれば、それは恒常在京させる、あるいは半在京半在国の領主がいる地域までが、直接的に幕府が影響力を及ぼせるということになる。

九州・関東・東北には、それぞれ統治機関として九州探題・奥州探題・羽州探題、そして鎌倉公方の鎌倉府が存在したことが知られるが、鎌倉府以外の各探題は、南北朝争乱時代こそ所領の没収・預置・宛行や所務・検断沙汰審理権、軍事動員・指揮権などの権限を認められていた(鎮西管領・奥州管領時代を含む)が、争乱が終息していた十五世紀段階では、軍事動員・指揮権とせいぜい官途推挙権ぐらいしか有していなかった[遠藤 一九六九、黒嶋 二〇〇〇・二〇〇七など]。

一方、鎌倉府はというと、その首長である鎌倉公方は、尊氏の子基氏が就いて以降、代々基氏の子孫が継承しており、斯波・渋川氏が継承した探題と比しても家格は上であった。その権限も、基氏の子である二代氏満期に確立し、所領の宛行・安堵及びそれらの幕府への推挙、一国平均役の沙汰、裁許、寺社興行、軍事動員・指揮権などを幕府から認められていた［田辺 一九七五、石橋 二〇一四など］。

しかし、この氏満以降、幕府との関係は徐々に悪化していき、幕府は鎌倉府を牽制する必要が生じる。とはいえ、直接の軍事行動は最終手段であり、それは幕府軍の主力となる守護たちにとっても極力回避したい事態であったので、鎌倉公方が動けないようにするのを第一とする方針をとった。そのため幕府は、抑止力・防衛ラインとなる鎌倉府周縁地域を重視したのである。

本稿では、そうした周縁地域の中で駿河国を取り上げ、他周辺地域と比較しつつ、その特質を見ていくこととする。

1　室町幕府と駿河国

⑴　室町幕府支配領域境界の領主

室町幕府は、守護だけでなく、各国の有力領主も用いて地域支配をおこなっていた［木下 二〇一四］。これは守護だけではカバーしきれないためで、こうした有力領主の大部分は、在京して幕府に奉公していた。幕府は彼らを直臣とし、四代義持から六代義教期までに、在京奉公している領主たちを外様衆・奉公衆に組織した。

一方で在国している領主は、大外様（外様衆）に組み入れた者もいるが、基本在国御家人として扱っている。在国御家人は将軍直臣ではあるものの、外様・奉公衆より家格は下の扱いで、軍事行動の際には守護の指揮下に入れられている。鎌倉府管轄国内でも、白旗一揆などは幕府に属するとの認識が存在するが、(1)これらも在国している。いわゆる「京都扶持衆」(2)も同様に在国している。

これらをふまえて以下では、まず幕府の直接支配領域外の地域と、駿河以外の境界地域の領主のあり方について概観していく。

① 陸奥・出羽

奥羽両国は、明徳二年に鎌倉府管轄へと移行し、国人たちは恒常的に鎌倉に駐屯して祗候するようになる。しかし、伊達氏や大崎氏のように鎌倉府との関係が良くない者たちは、徐々に鎌倉から離れ、独自に幕府と直接関係を持つようになる。これらの領主が「京都扶持衆」であり、幕府にとっては、鎌倉府を背後から衝く位置にある重要な勢力であった。そのため、白河・伊達・蘆名氏をはじめ、幕府が直接交渉する領主が多く点在している。特に関東に接する陸奥南部(現在のおおよそ福島県域)に多い。幕府の政治秩序において彼らは将軍直臣扱いではあるものの、外様・奉公衆として在京する家はない。ただし、結城白河氏や蘆名氏のように、京都に屋敷地を与えられる家は存在している。

結城白河氏は、具体的な場所は不明ながら、応永四年に「京都屋地」が満朝から氏朝への譲渡所領の一つとして見える。(3)永享十一年にはおそらくその場所であろう、大炊御門万里小路に面する東西十丈・南北二十丈の屋地を保証され、(4)さらに長禄二年には錦小路東洞院と四条の間にある東頬四町町屋地を当知行安堵されている。(5)長禄以前に屋地の場所を変更してもらったのだろう。(6)一方、蘆名氏は、永享六年以前に四条坊門油小路に屋地を獲得している。(7)

また出羽小野寺氏は、出羽から日本海航路を用いて京都へ赴く中途にある、丹後国内に所領を得て維持している。(8)こちらも京都内に屋地をもらっていた可能性は高いが、(9)上洛ルート上にある所領もあわせて拝領していたのである。そしてこれは他の領主も同様であったと考えられる。

②信　濃

信濃国は、南北朝期前半こそ鎌倉府管轄であった時期もあったが、応安末〜永和初には室町幕府へ移管し、以後は幕府に属している[花岡 二〇一五]。こうした背景により、一部では鎌倉府に近い領主が存在していたし、守護に対して反抗的な立場を取り続けた領主もいた。

信濃では、小笠原・村上などの有力領主の一族が幕府奉公衆となって在京しているが、大半は在国を旨としていた。そのためそれらの領主、高梨・伴野、諏訪社の諏訪氏などは奉公衆に編成されていない。応永から永享年間にかけて、村上・高梨氏や大文字一揆らは、守護小笠原氏を介さずに幕府と直結し、守護の軍事指揮下にも入っていなかった[堀川 二〇一四、花岡 二〇一八a・二〇一八bなど]。

しかし、永享後半に小笠原氏の守護支配が強化されると、結城合戦で高梨・村上氏などが小笠原氏に属していることが見える(10)。他の国人たちも、従うか従わないか、実際の反応はまちまちであったものの、建前上は一律に守護の指揮下に置かれることとなった。

それぞれの家での任官は、その後も幕府と直接交渉して果たしているので(これについては後述)、在国御家人としての地位は保持していたことがわかる。扱いとしては、安芸毛利・石見益田氏らと同様な身分に位置づけられていたと言えよう。

小笠原氏が信濃守護に補任されてから在京していたかは不明だが、正長元年に関東対策に下向させることが詮議されて下向しており(『満済』正長元年十月二十一日条)、永享五年には上洛してそのまま在京している(11)。守護に復帰して以降は在京が基本であったと思われるが、結城合戦後に家督をめぐって内紛を起こした後は、幕府の反応や対処など(12)を見るに、恒常的に在国していたようである。

③越　後

越後守護は、関東管領を務める山内上杉氏の分流越後上杉氏が、南北朝後期以降代々務めている。越後上杉氏の幕府における扱いは、国持衆の一人である。また十五世紀前半までに分流した一族たち(八条・山本寺・山浦)は、在京が確認される八条上杉以外は在国している可能性もある。

谷合伸介氏は「永享以来御番帳」(13)の記述から、八条氏を永享初め頃に「御相伴衆」の一人であったとしている[谷合二〇〇四]。しかし、該当部分を引用すると、

御相伴衆

山名右衛門督入道常熙	畠山尾張守持国
一色修理大夫義貫	畠山弥三郎持富
畠山修理大夫入道道祐	土岐美濃守持益
赤松左京大夫入道性具	京極治部少輔持光
〈管領息〉斯波治部大輔義豊管領息	細川阿波入道常秀
畠山左馬助持永	細川刑部少輔持有
畠山阿波守義忠	山名上総介熙高
六角大膳大夫満綱	
山名修理入道常勝	
山名弾正少弼持豊	
細川淡路守満俊	

富樫介持春　　　　　　　　武田伊豆九郎信栄
佐々木加賀入道有統
佐々木黒田備前守高光
佐々木鞍智駿河守高信
佐々木佐渡入道　　　　　　上杉中務大輔

となっている。本来の御相伴衆は赤松入道性具(満祐)までであり、この記述は何かの折に座に列した人物を記しただけであって、上杉中務大輔＝八条満定は、その前に記されている人物たちからすれば、外様衆であったとできよう。

外様衆には、現在存在する構成員を書き連ねた交名には四条上杉しか見えないが[木下二〇一一a]、右の記述から当初は八条上杉も外様衆であった可能性がある。ただ、四条上杉と八条上杉は、この頃の官途が中務少輔と中務大輔で混同されやすく、書き誤りの可能性も残る。なお四条上杉は、犬懸上杉の流れで、朝房以降十六世紀前半まで在京し続けている一族である。

この八条上杉を除けば、基本的に幕府で外様・奉公衆に編成された家は、越後国ではは っきりと確認できない。背景として、上野守護山内上杉氏が、幕府寄り(と幕府は少なくとも認識)であったためであろうか。幕府との関係もほとんど確認できない。

越後守護家は、越後上杉初代となる憲栄は応安七年時点で在国している(「豊原信秋朝臣記」応安七年四月二十八日条)し、明徳三年の相国寺供養にも供奉していない。[14]しかし、房方は応永五年に足利義満の御成を受けており(「吉田家日次記」応永五年三月二十六日条)、その後何度も御成を受けている。[15]応永三十一年の家督をめぐる争乱でも、四歳の房朝の身柄を管領畠山満家が確保しており(『看聞日記』応永三十一年十一月二十六日条)、在京は継続していた。永享三年時点では在国している（『満済』永享三年六月六日条）ようだが、雑掌一人を在京させるのはよくないと判断されており、同五年には在京している（『満済』永享五年十一月二十七日条）。永享の乱や享徳の乱といった関東の争乱がなければ、房方以降、基本在京していたと見るべきだろう。

④周防・長門・九州

周防・長門では、両国の守護大内が在京・在国を交互にしている。応永の乱による大内義弘の死後、家督争いを経てその座を勝ち取った盛見は、幕府が推していた弘茂を討っての家督継承であったためにしばらく没交渉であったが、後に幕府に帰順し、在京もするようになった。

この周防・長門両国内の有力領主で、幕府から外様・奉公衆に編成された家は見えない。隣国安芸国が、小早川一族をはじめ、安芸武田や厳島などが編成されているのとは対照的である。

一方、九州は、京都不審条々事書(16)に見えるように、十四世紀末まではかなりの数の領主が在京奉公をしていたようだが、応永初め頃を最後に九州在国へと移行していく。大内氏や肥後菊池氏らによる戦乱に備えてのことであろう［木下二〇一八］。最終的にただ一家、筑前北部の領主である麻生氏のみが奉公衆の番帳に名を連ねている。

⑤伊　予

守護河野は基本的には在国していたようである。永享十二年の大和攻め（『東寺執行日記』永享十二年六月三日条）や、嘉吉元年の赤松攻めには参加している（『東寺執行日記』嘉吉元年七月十一日条）が、古記録などでは在京している様子が見られない。また奉公衆・外様衆にも、伊予国内の領主は編成されていない。強いて挙げるならば、細川野州家・伊予守家など、伊予に所領を持つ細川一族ぐらいであるが、これは元からの在地領主ではなく、幕府から伊予国内に所領を与えられた家である。

(2) 官途に見る境界地域の領主の扱い

室町幕府では、十四世紀後半から十五世紀にかけて、官途を上位官途と誰でも使える汎用官途と分けて秩序立てていた[木下二〇一一b]。

上位官途は、おおむね

①．兵衛・衛門督

②．四職大夫、武蔵守、相摸守、陸奥守

③．兵衛・衛門佐、右馬頭、讃岐守、伊予守、阿波守

④．弾正少弼、八省大輔・少輔、諸寮頭、尾張守、安房守、上総介、淡路守、播磨守、伊勢守、摂津守

⑤．諸司・寮の「かみ」

となる。幕府の中でも大名クラスや足利一門がこの上位官途に任じられている[木下二〇一一b]。以下では、境界地域の領主の官途を概観して比較する。

① 陸奥・出羽

探題斯波氏は、奥州大崎・羽州最上ともに、左京大夫を極官としている。左京大夫の前官は、最上氏は確認できないが、大崎氏は八省輔・左衛門佐で、十五世紀以降左衛門佐であったようである。(17)

奥羽は広大な分、勢力の大きい国人領主もおり、そうした家は上位官途を許されている。鎌倉府へ移管される直前から、伊達政宗が大膳大夫、(18)葛西氏が陸奥守となっていることが見える。(19)伊達氏はその後も幕府寄りの姿勢を見せて、代々将軍から一字偏諱を受けていたこともあり、官途も大膳大夫を維持している(初官は兵部少輔)。

結城白河氏は、南朝から転じた後は官途の格は低かったが(満朝は左兵衛尉)、(20)氏朝が弾正少弼、(21)そして直朝が修理

大夫と、地理的にも幕府から重要視されたことで官途も徐々に上昇している。(22)

他にも相馬胤弘の讃岐守、塩松石橋氏の治部大輔、二本松畠山氏の修理大夫、蘆名氏の伊予守、安東氏の陸奥守など、上位官途を持つ者・家は多い。(23)

その一方で、南部氏のように鎌倉府と直接関わらない領主や、さほど勢力の大きくない領主は、上位官途にはついていない。

②信　濃

守護小笠原氏は、元々は兵庫助→信濃守(長基・長秀)であったが、(24)長秀が晩年に修理大夫となり、(25)政康は永享十年に大膳大夫に任官している(26)(出家していたので、口宣案の日付は在俗日に遡らせている)。複数国守護の大内氏を除けば、境界国守護では最も高位の官途を有していることになった。それだけ幕府からの期待を受けていたと言えよう。

他にも応仁の乱以前では、村上氏の中務大輔(頼国・頼清)、赤須為康・高梨国高・松岡氏の伊勢守、飯野信宗・須田満繁・伴野貞棟・禰津信貞の上総介、井上為信・高梨秀光の讃岐守、大井持光の播磨守、高梨朝秀の陸奥守、高梨高景の摂津守(「薩戒記目録」永享九年六月七日条)、仁科盛国・盛房・持盛の弾正少弼(27)など、幕府内の上位官途を有している者が、他地域と比して非常に多い。

これら全てが幕府から任官を受けたとは考えられないにしても、右の高梨高景・伴野貞棟・仁科持盛は明確に幕府から任官を認められており、大半は正式な手続きを経たものと見なせる。

③越　後

守護上杉氏は基本左馬助→民部大輔(房朝はさらに兵庫頭)である[木下 二〇一三]。民部大輔・兵庫頭は上位官途ではあるが、国持衆の中でもとりわけ高いわけでない。国内武士も、守護被官はもちろん、国人領主にも上位官途はさして見当たらない。

④九　州

十五世紀段階はそうではないが、南北朝後半には南朝征西将軍府と対峙する最前線であったことから、南北朝期の守護家の官途は総じて上位官途が多かった。大友氏と島津氏の最終官途をそれぞれ挙げると、

大友氏(28)

南北朝初期……貞宗―近江守、氏泰―式部丞、氏時―刑部大輔
十四世紀後半…親世―修理権大夫
十五世紀前半…持直―中務大輔、親著―式部大夫、親綱―左京亮、親繁―豊後守

島津氏(29)

南北朝初期……貞久―上総介、師久―左衛門尉、伊久―上総介、氏久―越後守
十四世紀後半…元久―修理権大夫・陸奥守
十五世紀前半…久豊―陸奥守、忠国―陸奥守

と、十四世紀後半には、南北朝初期よりも上昇していた。しかし、征西府の衰退・消滅により、大友氏の官途はランクダウンし、島津氏は維持されたままだが、これは海外交易を見越しての優遇と見られる。鎌倉時代に大友・島津と並ぶ守護であった少弐氏は、頼尚以降代々大宰少弐を名乗っているが、これは正式に任官したとは考えられないので、呼称を黙認されていたと見るべきか。そして九州探題渋川氏(30)はというと、

義行―赴任時右兵衛佐↓武蔵守↓京都帰還後に右兵衛佐へ復す
満頼―右兵衛佐

義俊―左近将監
満直―中務大輔→武蔵守
教直―右衛門佐

と、奥州・羽州探題斯波氏が左京大夫であるのに比して、渋川氏は兵衛・衛門佐が基本である。斯波も渋川もともに鎌倉時代に足利宗家の兄の子孫であることから、一門内でも最上位に位置づけられ、南北朝期こそ斯波のほうが上回っていたようであるが、十五世紀には、渋川は御一家、斯波は管領家と、渋川のほうが斯波より上の家格であった[木下 二〇一四]ことを考慮すると、幕府内で衛門・兵衛佐は、家格の高い人物が任官する傾向が強いとはいえ、東北の探題より九州探題は軽視されていたと言える。

この他九州の領主も、基本的には取り立てて上位官途を持つ者は見えない。やはり境界地域ではなくなったため、幕府からは高い官途は与えられなくなったのだろう。

⑤伊　予

守護河野氏は、南朝から帰参した通直が讃岐守・刑部大輔、その子通義が伊予守で、その後は通久・教通が刑部大輔[31]で、庶流予州家は、通義の弟通之は対馬守であったが、その後の通元が民部大輔、通春が伊予守となる[32]。八省大輔は越後上杉氏と同じであるが、讃岐守・伊予守になっている点で、越後上杉氏のみならず、次に見る今川氏をも上回っている。

ただし他の領主では、河野得居氏の宮内大輔・伊勢守[33]以外は、目立った上位官途を持つ者は見当たらない。

河野氏のみが優待されているが、康暦の政変で没落した細川氏対策で幕府に帰参したいきさつがあり、そのとき反細川派から讃岐守であるのを認められた。

⑶　駿河国の位置づけ

それでは、ここまで見た他の境界地域のあり方と駿河国とでは、どのような違いがあったのだろうか。

まず駿河の領主たちの幕府内での編成から見ると、奉公衆として見える葛山氏以外、すなわち興津・富士・庵原・狩野・大森・由比氏らは、在国御家人扱いであった。しかも狩野氏は、永享の今川氏の家督争いによる争乱によって国外へ没落し、由比・庵原氏は駿河西部にいたために、早くに今川被官となっている。なお今川氏の庶家は、蒲原・堀越・那古野氏は外様衆に、関口氏は奉公衆一番衆（この一番衆には他にも今川一族がいる）に編成されている［木下二〇一一a・二〇一八］。

次に官途を見てみると、守護今川氏は南北朝以来、最終的に上総介となるのが基本である。変化があるとすれば、十五世紀前半になって、上総介に至る過程が八省少輔から大輔へと変化するぐらいか（泰範が宮内少輔、範忠が民部大輔、義忠が治部大輔）(34)。治部大輔は八省大輔の中でも、基本的に足利一門中で家格の高い家が任官する官途なので、幕府の扱いは徐々に上昇していると言える。他の境界国守護との比較で言えば、大内氏は別格として、永享の乱頃の時点では、小笠原―河野―今川―越後上杉の順となり、官途の上では案外今川氏は高くない。

国人領主たちは、外様衆今川蒲原氏の播磨守（『満済』応永三十五年二月十日条）や今川尾崎氏の伊予守（『満済』永享五年閏七月二十五日条）、今川持貞の中務大輔(35)など今川一族以外では、上位官途となる者が確認できず、葛山氏の駿河守(36)が、在国受領官であることから、政治的な意義を持たせていた可能性があるぐらいか。

概して陸奥・信濃に較べると低めで、越後と同等の扱いと言えよう。

対鎌倉府の観点から見るとどうなるだろうか。

鎌倉府の管轄は、基本的に相模・武蔵・安房・上総・下総・常陸・上野・下野・伊豆・甲斐（当初は信濃・越後なども含み、途中陸奥・出羽も一時加わる)で、幕府の直接支配圏で鎌倉府と接するのは、信濃・越後・駿河の三ヶ国である。その中でも駿河は、鎌倉公方が居を構える鎌倉のある相模と接しているため、幕府と鎌倉府との間に緊張関係が生まれると、最も重要視された。

たとえば『満済』応永三十年七月五日条では、関東対策で管領畠山満家邸で会議がおこなわれ、「細川右京大夫・武衛・山名・赤松・一色・今河〈駿河守護〉等」が参上した。本来この会議に呼ばれるのは、管領と管領家(細川・斯波・畠山)、山名・一色・赤松で、時折能登畠山・阿波細川が加わるぐらいであるが、関東対策案件であるため、特別に今川範政が召喚されて、会議に加わったのである。このように関東に対する幕府内の合議に今川は呼ばれているが、越後上杉・信濃小笠原などは一度も呼ばれていない。境界国守護の中で今川氏の比重が一番高かったことがわかる。

では、守護今川氏は在京・在国どちらが常であったのか。今川泰範は、義満期前半は在京していた。永和二年四月の義満の催す犬追物で射手を務めているし、[37]同年五月小侍所として義満の供奉をしている(「花営三代記」永和二年五月十二日条)。同四年には侍所に就任している(「花営三代記」永和四年三月十八日条)し、康暦元年には駿河勢を率いて南都へ下向している(『迎陽記』康暦元年十一月二十二日条)。その後、応永十六年に死去するまで京都での活動はよくわからないが、足利義持時代でも、応永二十三年に上杉禅秀の乱が起こると、今川範政が駿河へ入るよう命じられている(『看聞日記』応永二十三年十月十三日条)ので、泰範から範政にかけては普段在京していたのであろう。乱終息後は再び在京し、前述のように重臣会議に参加もしている。足利義教時代に鎌倉府との間に緊張関係が高まると、範政は幕命によって駿河へ下国し(『満済』正長元年十月十六日条)、以後は基本在国しているようだが、家督相続争いを経て範政の子範忠が継承すると、範忠はしばらく在国しているものの、永享の乱後は上洛し、再び在京している。[38]つまり、鎌倉府と幕府の関係の中で、争乱、あるいは緊張関係が高まれば在国し、平時は在京していたのである。そして享徳の乱が勃発すると恒常在国するようになる。

ところで、駿河と伊豆国境にある佐野郷は、二代公方氏満期には鎌倉府管轄となっており、円覚寺再興のために寄進されている。(39) しかし、守護今川泰範の権益が駿河東部へと拡大すると、泰範は佐野郷を押領している。このときは鎌倉府から幕府に押領停止を申請しており、(40) これにより基本幕府管轄となる。その後佐野郷は、大森氏→甲斐守護武田信重→葛山氏と知行者が変わり、葛山氏の所領となっている〔杉山 二〇〇〇〕。国境を越えた支配者の変更が頻繁にされており、境目だからこその扱いがされている。

以上より、室町幕府における駿河国の政治的位置づけをまとめると次のようになる。

まず、鎌倉府への最前線の一国であり、鎌倉府境界国の守護家は、関東対策のためしばしば在国している中、駿河守護今川氏も同様であった。とりわけ永享の今川氏の家督紛争は、当事者の一人が扇谷上杉氏を母に持つ千代秋丸で、京都では「鎌倉贔屓」（『看聞日記』永享五年八月十五日条）と見られていたため、幕府も重要視し、対抗者の範忠を家督に推し、その座につけたのである。

そして駿河国内では、今川氏の勢力が西部に偏っていたため、東部に権益を徐々に認めていくが、それ以外に東部（富士郡・駿河〔駿東〕郡）の領主たちも幕府は重視せざるを得なかった。これは南奥の領主（白河・伊達ら）を重視したのと同様と言える。しかし、駿河守護・国人の官途は、信濃・陸奥のような目立った優遇はなく、他の境界でない地域と同じ扱いをされている。この違いは何によるのであろうか。

陸奥は、探題が中奥にいて、重要な南奥に直接的な影響力がなかったことが大きい。信濃は、守護はいるものの一部地域を押さえうるのみで、盆地ごとの有力領主を個別に把握する必要があった。それに比して越後・駿河は、守護家がある程度機能していた（全域まではできなかったが）ので、個別領主への官途における優遇はそこまでなされなかったのであろう。

2　駿東地域の有力領主と幕府・関東

幕府と鎌倉府の境界にある駿河の中でも、特に相模・伊豆に接する駿東地域は最前線にあり、その帰趨は幕府にとっても重要であった。以下では駿東地域の有力領主たちと幕府・鎌倉府との関係について見ていく。なお、本来ここで言及すべき大森氏については、本書内で杉山氏が詳細な検討を加えるので、省略する。

(1) 葛山氏

葛山氏は、奉公衆四番衆に組み入れられている。それは文安頃の「幕府番帳案」(41)、宝徳頃の「室町殿文明中番帳」(42)、応仁の乱前後の四番衆交名(43)より判明している。駿河国では唯一の奉公衆であるが、なぜ葛山氏が編成され、また他家は編成されなかったのか。おそらく、すでに大森氏が鎌倉府寄りであったことと、関東の入り口となる、伊豆・相模・甲斐への通路保全のためであろうかと思われる。信濃以外の境界地域の国々で奉公衆となったのは、この葛山ぐらいで、既述したように、越後・伊予・長門などにはいなかった。

ところで、次のような文書がある。

〔史料1〕細川勝元書状(44)

蓮養申す当国大岡ならびに京都屋地等事、故御所様より恩賞として下され候在所の処、謂われ無き輩申し給い

候、返し下され候様早々申沙汰候わば、然るべく候、恐々謹言、

八月十七日　　　勝元(花押)

布施下野守《(貞基)》殿

ここで訴え出ている蓮養が何者かは不明だが、大岡はおそらく駿河国大岡庄で、それと京都に屋地があり、「故御所様」＝足利義教から恩賞としてもらったとある。蓮養といえば高野山蓮養坊が想起されるものの、将軍からこれらを恩賞としてもらえるとは思えない。それに天文年間に大岡庄内で葛山氏が判物を出していることからすれば[45]、蓮養は葛山氏の可能性が高いと判断される。そうすると、葛山氏も京都に屋地をもらっていたことになる。

葛山氏の上杉禅秀の乱における動向は不明ながら、大森氏が鎌倉府に取り込まれていく中で、葛山氏は幕府と接近し、奉公衆に包摂されることになる。前述の佐野郷はその中で葛山氏が本領であると主張し、幕府から領有を認められている(『満済』正長元年十月二十七日条)。その後も葛山氏は幕府へ関東情勢を注進しており(『満済』永享五年四月二十七日条・同六年十月二十八日条など)、永享の乱でも守護今川氏を通じて注進している[46]。

その後の葛山氏はというと、享徳の乱への直接的な関与はあまり見出せないものの、幕府との関係は継続しており、文明十一年におこなわれた清水寺再建の勧進では、全国に奉加が募られたなかで、葛山氏広が柱一本分代二十貫の寄進をしている[47]。

しかし文明十四年には同じ奉公衆の曽我氏の所領沼津を押領して幕府から咎められているし[48]、長享・明応の番帳には名が見えなくなっている。足利義澄の代始の御礼が来ていないのはよろしくないので、理由があるのなら上洛して弁明せよ、と伝える明応五年十二月二十一日付の室町幕府奉行人連署奉書案写[49]は、富士中務大輔とともに「葛山」が宛所になっており、幕府からは明応の政変以後も葛山氏は直臣・奉公衆であるとの認識が存在していたが、葛山側は

その認識を喪失していたようである。
享徳の乱の中で、伊豆に堀越公方足利政知が下向すると、葛山氏は堀越公方府に組み込まれたとの指摘［杉山 二〇〇〇］もあるが、実態は不明である。むしろ先述の清水寺への寄進を考慮すると、両属のような立場にあったのかもしれない。また、明応五年は伊勢宗瑞によって堀越公方府が壊滅した後なので、改めて幕府が呼びかけたとも考えられる。

(2) 富士氏

富士氏は、富士浅間社の大宮司家である。幕府は厳島社の厳島氏、熱田社の千秋氏のように、大神社の大宮司・宮司家を直臣として編成していた［木下 二〇一一 a］。富士氏も在京奉公することはなかったが、幕府とは直接のつながりを有していた。永享三年に神宮造替費用が今川氏の怠慢で滞ると、富士氏は幕府に訴え、奉行人奉書を出してもらっている。(50)

永享年間の今川範政による家督紛争の一件では、『満済』によれば、
永享五年四月十四日条「よって狩野・富士大宮司両人方へ、今度国次第具さに尋ね聞こし食され」
同二十七日条「駿河国ヨリ富士大宮司注進状ならびに葛山状等一見し了んぬ、国今度不慮の物忩事申し入れ了んぬ、随って富士進退等事上意に任すべき旨、罰状に載せ申し入るなり」
同五月三十日条「此の条連々遠江入道先度仰せ出さる以来、国人内者に相尋ねる処、国人狩野・富士・興津以下三人ハ、両三度に及び既に請文を捧げ、彦五郎に仰せ付けらるべき条畏り入るの由申し上げ了んぬ」
同六月二十三日条「此の外三浦・進藤等事に就き、管領奉書を以て、狩野介・富士大宮司ならびに三浦・進藤等

ニ、国において私の弓矢取り出すべからざるの由堅く仰せ付けらるなり」

と、富士氏は狩野・葛山氏らと同じく独自に幕府へ注進状を出すとともに、幕府に請文を提出していることが見える。永享七年に富士大別当職を守護今川範忠が差配しているが(51)、最終的にそれを幕府が認めている点でも、いまだ今川氏被官化はしていないと言えよう。

また、この頃将軍義教に二千疋を献上し、細川持之にも富士海苔・伊豆海苔を贈っており(52)、さらに今川右衛門佐入道が駿河へ入国する際にも、他の駿河国人たち(狩野・葛山・入江・興津・庵原・由比)同様に、幕府から協力を依頼されている(53)。

その後も享徳の乱が起きると、幕府方に軍事的に協力している富士氏の姿が見える。

享徳の乱勃発直後の正月六日、相模島河原合戦で扇谷上杉持朝は敗北し、その後上杉方は長尾景仲率いる山内上杉氏主力が武蔵→常陸→下野と成氏方の攻撃で劣勢にあった。一方、持朝は伊豆へ逃れ、成氏方と戦っていた。このとき今川範忠は、四月に京都から下向している(『康富記』享徳四年四月三日条)が、それまでは持朝の下で駿河の領主たちは戦っていた(54)。富士氏も同様であったことが次の文書からわかる。

〔史料2〕扇谷上杉持朝書状(55)

(封紙ウハ書)
「謹上　富士右馬助殿　沙弥道朝」

今度関東時宜に就き、最前より御出陣、殊に所々において戦功励まれ候、御忠節の至り候、然れば則ち江戸遠江入道跡事、御恩賞として申沙汰せしむべき旨、同名兵部少輔と相談ずべく候、恐々謹言、

(享徳四年)
閏四月十五日　沙弥道朝(花押)

謹上　富士右馬助(忠時)殿

これにより、持朝から幕府へ軍功が奏上され、恩賞として領地が配された。しかし、ことがうまく運ばなかったようで、次の文書が出されている。

〔史料3〕富士忠時書状(56)

(封紙ウハ書)
「　　　　富士
進上　西南院殿　右馬助忠時」

畏りて言上仕り候、
抑も筥根山において上杉修理大夫方より約束の子細候、然りといえども今にその沙汰無く候、自余の国人等の事は、約束の如く所々を渡し付けられ候といえども、忠時一人用捨の儀候や、修理大夫方証状明鏡候間、進上仕り候、彼状の旨に任せ、管領様え仰せ談じられ、兵部少輔・同修理大夫方え　御下知成し下され候わば、畏り入り候、此の旨を以て御披露預かるべく候、恐惶謹言、
(享徳四年カ)
十一月十五日　右馬助忠時(花押)
進上　西南院殿

内容は、箱根山で上杉持朝と子細を約束したにもかかわらず、いまだに何の沙汰もない。他の国人は約束通りに所領をもらっているのに、富士忠時ただ一人除外されたのか。持朝の証状が明確にあるので進上するから、それをもとに管領へ話を付けて上杉房顕・持朝へ幕府御下知を出してくれればありがたい、と醍醐寺西南院へ伝えている。上杉氏に兵部少輔・修理大夫がいて、それぞれ山内上杉房顕・扇谷上杉持朝に比定されるので、享徳の乱の際に出された文書となり、おそらくは享徳四年と思われる。

注目すべきは、富士忠時らが上杉持朝と約束(軍功を挙げたら恩賞がもらえる)をして、持朝がそれを幕府へ奏上し、

恩賞が出されていることである。忠時以外の「自余国人」は、駿河国人であろう。持朝はこのとき暫定的に相模守護(本来守護である息子顕房が乱勃発早々に戦死したため)の立場であったが、駿河国人たちも指揮下に入れていたことがわかる。本来守護として国人を率いるべき今川氏が、京都から下国してまだ現地に到着していなかったことによる暫定的な処置であったのだろうか。

この後も富士氏は幕府からは直臣扱いを受け続けている。寛正三年には足利義政袖判口宣案が出されていて、[57]任官のみならず、義政の袖判がわざわざ据えられており、それだけ重視していることを示している〔木下 二〇〇五〕。さらに寛正六年前後の富士親子(祐本・忠時)の争いにも、幕府は介入している(『親元日記』寛正六年七月朔日・同八月二日条など)。

しかし、前節で言及した明応五年の幕府奉行人連署奉書写を最後に、富士氏が幕府とつながることはなく、今川氏との関係を構築していくことになる。

(3) 興津氏

興津氏は駿河国興津郷の領主で、永享の今川家督争いに名が見え(『満済』永享五年五月三十日・同七月十九日条など)、この時点では今川被官ではなく、国人扱いである。今川被官となった時期は不明で、興津氏の基礎的研究をまとめた大石氏も不明としながら、興津美作入道が国清であれば、その出家する享徳二年以後の時期かと推測している〔大石二〇〇〇〕。ただ、文明五年九月十二日付で興津忠清を左衛門尉に任じる足利義政袖判口宣案が存在する。[58]確かに忠清の「忠」は今川義忠からの偏諱とできるので、仮に現地では被官化していたとしても、正式な任官を受けた上に義政の袖判があるからには、幕府側の認識としては直臣扱いであったとすべきである。

そうなると、名実ともに今川被官となるのはこれ以降で、長享二年七月二十八日付の今川氏親黒印状写(59)で、興津彦九郎が本領安堵と新知宛行がされていることからすれば、文明後半から長享初めの間に今川被官となったとするのがよいだろう。興津氏の所在地は東駿河の中でも中部寄りであるため、今川への服属も他より早くなったか。

(4) 幕府と駿河領主との関わり

ここまで見た葛山・富士・興津の三氏や大森氏などを鑑みると、文明年間前半までは対鎌倉府や享徳の乱および堀越公方支援のために、駿河の国人領主たちは幕府から重視され続けていた。しかし、文明三年の上杉方の大攻勢と頓挫以降、幕府からは目立った関東への命令はなくなる。それにともなって、幕府内の駿河国の重要性も著しく低下した。駿東の領主と幕府との交渉も、文明前半までがほとんどである。それに加えて、応仁の乱中から始まる足利義政の東国への関心低下に、守護今川義忠の遠江での横死とその後継者問題、都鄙和睦の成立なども、それを加速させることとなる。

これにより、駿河東部の領主たちも身の振り方を改める必要が生じた。今川氏の勢力拡大とともにその麾下へと転じていくのである。駿府に近い興津氏は早々であったが、堀越公方とも近い葛山・富士などは、堀越公方が伊勢宗瑞により滅ぼされると、今川に属するようになっていくと見られる。

一方、今川氏の勢力拡大は、義忠死後から氏親家督継承まで不明である。政治状況からすれば停滞していたとも考えられる。だが駿東の領主たちとの関係を構築していかなければ、堀越公方からの肝煎りがあっても取り込みは困難であり、義忠の生存時よりおこなわれ始めていたと見るべきか。そしてそれを小鹿範満当主代行時代に進め、氏親時代に結実させたのであろう。

おわりに

駿河国と他の境界領域国と比べると、幕府の対応はそれぞれに異なっている。特にそれが顕著なのは、守護ではなく領主層であった。駿河国においては、葛山氏を中心に、富士・興津氏などが該当する。これらは鎌倉府という最大の仮想敵(実際に戦うことは想定していなくとも、可能性として)を牽制するために、重要な存在であったため、幕府も政治的に重要視していた。

しかし、幕府の関東への具体的な政策が途絶えると、それらの位置は宙に浮き、それぞれ独自の道をとる必要に迫られた。駿河では時期に違いはあれど、徐々に今川氏へと傾いていく。こうした境界地域の領主の存在と、その動向を探ることは、戦国期における国衆をどう見るかにもつながるだろう。

残る課題として、駿東の領主たちと堀越公方府との具体的な関わりや、鎌倉府管轄であったため今回検討からは捨象した甲斐国の位置づけ、富士・厳島氏のような大神社つき氏族の幕府の把握についてなどが挙げられるが、紙幅も尽きたため、今後の検討課題として擱筆する。

註

（1）『空華日用工夫略集』康暦三年正月十二日条、『満済准后日記』（以下『満済』と略す）応永三十一年正月二十四日条・正長元年九月二十二日条など。

（2）これはすでに先行研究［杉山二〇一四など］で指摘のあるように渡辺世祐氏の造語による研究用語である。

（3）結城白河満朝譲状写（「仙台白河家蔵白河証古文書中」『白河市史第五巻古代・中世資料編』〈以後『白河』と省略して

表記〉四〇三号）。

（4） 山城守護代某遵行状（「国学院大学白河結城文書」『白河』五〇〇号）。

（5） 足利義政袖判御教書（「国学院大学白河結城文書」『白河』五六七号）。

（6） 享徳元年に比定される細川持賢書状写（「白河証古文書中仙台白河家蔵」『白河』五三三号）・等因書状（「東京大学白川文書」『白河』五三四号）の文中に、屋地について伝達しているので、場所の変更があったとすればこの時か。

（7） 蘆名盛政譲状（「首藤石川文書」『室町遺文関東編第四巻』〈以下『室関四』のように略す〉二七九八号）。

（8） 『横手市史史料編古代・中世』四四・五一・五六〜六三・七〇〜七三・八三号。

（9） 『応仁武鑑残編二』の「小野寺備前守政道」の項に「京館姉小路高倉」と、姉小路高倉に屋地があったという記述がある。

（10） 「笠系大成附録」所収結城合戦陣番帳（『信濃史料第八巻』一三七頁）、［花岡 二〇一八a・b］。

（11） 『満済』永享五年閏七月十七日条・同年十一月二十七日条など。永享七年正月十八日条でも下国が詮議されている。

（12） 室町幕府評定衆連署意見状（「小笠原文書」『信濃史料第八巻』二〇五頁）、花岡論文［花岡 二〇一二］など。

（13） 『群書類従第十八輯』。

（14） 「相国寺供養記」（『群書類従第二十四輯』）。

（15） 『迎陽記』応永六年四月四日条、『教言卿記』応永十五年十月十九日条、『山科家礼記』応永十九年三月二十八日条など。

（16） 「禰寝文書」（『大日本史料第七編之二』〈以下『大日本七之二』のように略す〉一〇四頁）。

（17） 直持は治部大輔（足利義詮御判御教書写「本郷文書」『福井県史資料編2中世』三八号）、詮持は中務少輔（斯波詮持官途挙状「相馬岡田文書」『福島県史第7巻資料編2古代・中世資料』三三号）・左衛門佐（斯波詮持施行状「相馬文書」『福島県史第7巻資料編2古代・中世資料』一一六号）、満持は刑部大輔（斯波満持書下「東京大学白川文書」『白河』三九五号）、教兼は左衛門佐（大崎教兼官途挙状「遠野南部文書」『岩手県中世文書中巻』六七号）である。

（18） 管領細川頼元奉書（『大日本古文書　伊達家文書之一』〈以下『伊達』と略す〉三三号）。

（19） 管領細川頼元奉書（『伊達』三三号）。

（20） 足利義満御判御教書写（「白河証古文書」『白河』三八六号）。

(21) 足利満直書状(「榊原結城文書」『白河』四四〇号)。
(22) 後花園天皇口宣案(「白河証古文書」『白河』四九三号)。
(23) 相馬胤弘の讃岐守は陸奥小高妙見祠大般若経(「奥相志」『大日本七之三』六七九頁)、塩松石橋氏の治部大輔は管領細川持之奉書案(「足利将軍御内書并奉書留」『白河』四九六号)、二本松畠山氏の修理大夫は管領細川頼元奉書(『伊達』三三号)、『満済』永享四年正月七日条など、蘆名氏の伊予守は細川持元書状案(「足利将軍御内書并奉書留」『室関四』二五三二号)、安東氏の陸奥守は足利義持御内書案(大館記所収「昔御内書符案」『ビブリア』八〇号、一九八三年)。
(24) 長基の兵庫助は足利義詮御判御教書(「勝山小笠原文書」『大日本六之十九』八二五頁)、信濃守は小笠原長基預ヶ状(「小笠原文書」『大日本六之二十六』九七四頁)。長秀の兵庫助は「相国寺供養記」(『群書類従第二十四輯』三三六頁)、信濃守は足利義満袖判御教書(「小笠原文書」『大日本七之三』五三六頁)による。
(25) 足利義持袖判御教書(「小笠原文書」『信濃史料第七巻』五〇六頁)。
(26) 「薩戒記目録」永享十年三月一日条、口宣案(「小笠原文書」『信濃史料第七巻』五六二頁)。
(27) それぞれ、村上頼国の中務大輔は管領斯波義将奉書(「市河文書」『信濃史料第七巻』一八六頁)、村上頼清の中務大輔は幕府奉行人連署奉書案(「御前落居奉書」『室町幕府引付史料集成上巻』八四頁)、赤須為康の伊勢守は「諏訪御符礼之古書」(『信濃史料第八巻』四三九頁)、高梨国高の伊勢守は高梨道高等一族置目案(「高梨文書」『信濃史料第八巻』二五二頁)、松岡氏の伊勢守は「諏訪御符礼之古書」(『信濃史料第八巻』五一八頁)、飯野信宗の上総介は「諏訪御符礼之古書」(『信濃史料第八巻』四八〇頁)、須田満繁の上総介は「諏訪御符礼之古書」(『信濃史料第八巻』二六五頁)、伴野貞棟の上総介は『親元日記』寛正六年四月八日条、禰津信貞の上総介は「続日域洞上諸祖伝」(『信濃史料第八巻』二六〇頁)、井上為信の讃岐守は「諏訪御符礼之古書」(『信濃史料第八巻』五四八頁)、高梨秀光の讃岐守は高梨道高等一族置目案(「高梨文書」『信濃史料第八巻』二五二頁)、大井持光の播磨守は「諏訪御符礼之古書」(『信濃史料第八巻』二三四頁)、高梨朝秀の陸奥守は足利義持御内書案(大館記所収「昔御内書符案」『ビブリア』八〇号、一九八三年)、高梨高景の摂津守は「薩戒記目録」永享九年六月七日条、仁科盛国・盛房・持盛の弾正少弼は信濃仁科神明宮棟札(仁科神明宮所蔵、『信濃史料第七巻』二五頁・五一〇頁)、『薩戒記』永享九年五月八日条による。

(28) それぞれ、貞宗は、三原入道仏見言上状(「三原文書」『大日本六之一』一〇頁)、氏泰は足利直義御教書案(「大友家文書」『南北朝遺文九州編第一巻』一二一三号)、氏時は足利義詮官途挙状(「大友家文書」『南北朝遺文九州編第三巻』三四六二号)、親世は足利義満袖判御教書(「大友家文書」『大日本七之一』七五八頁)、持直は足利義教御内書案(「昔御内書符案」『ビブリア』八〇号、一九八三年)、親著は足利義持袖判御教書(「大友家文書」『大日本七之二十五』二六二頁)、親綱は大友親綱遵行状(「明照寺文書」『愛媛県史古代中世資料編』〈以下『愛媛』と略す〉一二四七号)、親繁は管領畠山持国下知状(「大友家文書」『大分縣史料(26)第四部諸家文書補遺(2)』二八七号)による。

(29) それぞれ、貞久は将軍家政所下文(『大日本古文書島津家文書之一』〈以下『島津』と略す〉四一号)、師久は足利義詮官途挙状(『島津二』六二三号)、伊久は今川了俊書状写(「渋谷氏文書」『鹿児島県史料旧記雑録前編二』一一九〇号)、氏久は今川了俊感状写(「山田友久譜」『鹿児島県史料旧記雑録前編二』二四四号)、元久は修理権大夫が足利義満御内書(『島津一』六六号)、陸奥守が犬追物手組(「鹿屋氏文書」『鹿児島県史料旧記雑録前編二』四四二号)、久豊は島津存忠書状案(『島津一』三三〇号)、忠国は足利義持袖判御教書(『島津一』七二号)による。

(30) 義行は右兵衛佐が『師守記』貞治四年五月八日条、武蔵守が足利義詮御判御教書案(「太宰府天満宮文書」『南北朝遺文九州編第四巻』四五八五号)、復した右兵衛佐が幕府引付頭人奉書案(「九条家文書」『南北朝遺文中国四国編第四巻』四〇二二号)、満頼は管領斯波義将奉書写(「改正原田記附録上」『大日本七之二』三八三頁)、義俊は渋川義俊挙状(「到津文書」『大分縣史料(1)第一部宇佐八幡宮文書之一　到津文書一』二〇二号)、満直は中務大輔が足利義教御内書案(「昔御内書符案」『ビブリア』八〇号、一九八三年)、武蔵守が足利義教御内書(『大日本古文書阿蘇家文書之一』二五九号)、教直は渋川教直書下(「東妙寺文書」『佐賀縣史料集成古文書編第五巻』二九号)による。

(31) 通直は讃岐守が足利義満袖判御教書(「明照寺文書」『愛媛』一〇〇九号)、刑部大輔が足利義満御判御教書(「長州河野文書」『愛媛』一〇二二号)、通義は後小松天皇口宣案(「臼杵稲葉河野文書」『愛媛』一〇六六号)、通久は河野通久安堵状(「綾延神社文書」『愛媛』一一九四号)、教通は管領畠山持国奉書写(『大日本古文書小早川家文書之二』「小早川家証文」八九号)。

(32) 通之は河野通之安堵状写(「越智文書」『愛媛』一一二四号)、通元は河野通元寄進状(「東寺百合文書ト函」『愛媛』一二七〇号)、通春は河野通春置文(「善応寺文書」『愛媛』一三〇三号)。
(33) 宮内大輔は森富久契状写(「賀茂社領古証文」『愛媛』一二六五号)、伊勢守は森貞久契状写(「賀茂社領古証文」『愛媛』一五〇〇号)。
(34) それぞれ泰範が今川泰範請文(「妙本寺文書」『南北朝遺文関東編第五巻』三五〇八号)、範忠が『満済』永享五年六月二十七日条、義忠が足利義政袖判御教書写(「今川家古文書写」『静岡県史資料編6中世二』二三八七号)。
(35) 細川持之書状案(「足利将軍御内書并奉書留」『室関四』三〇一四号)。
(36) 細川持之書状案(「足利将軍御内書并奉書留」『室関四』二九七六号)。
(37) 静嘉堂文庫所蔵「御犬始御日記」。
(38) 『東寺執行日記』永享十二年四月八日条、『看聞日記』嘉吉三年九月二十五日条、『康富記』文安四年七月十九日条など。
(39) 『空華日用工夫略集』応安八年二月十七日条、その後も関東管領上杉能憲奉書(「円覚寺文書」『南北朝遺文関東編第五巻』三七五九号)、関東管領上杉憲方奉書(「円覚寺文書」『南北朝遺文関東編第六巻』四二一六・四二一七号)など鎌倉府から命が執達されている。
(40) 某信広押書(「円覚寺文書」『室関一』九五号)。
(41) 『大日本古文書　蜷川家文書之一』三〇・三一号。
(42) 「永享以来御番帳」の異本。東京大学史料編纂所架蔵写真帳。『裾野市史第二巻資料編古代中世』三三六号に翻刻あり。
(43) 「久下文書」(『兵庫県史史料編中世三』七七号)。
(44) 前田育徳会尊経閣文庫編『尊経閣善本影印集成　武家手鑑　付旧武家手鑑』(八木書店)一六号。
(45) 葛山氏広判物(「日枝神社文書」『戦国遺文今川氏編第一巻』〈以下『遺文今川一』のように略す〉五二四号)・葛山氏元判物写(国立公文書館所蔵「判物証文写今川三」『遺文今川二』九四三号)。
(46) 細川持之書状案(「足利将軍御内書并奉書留」『室関四』二九七六号)。
(47) 清水寺再興奉加帳(「成就院文書」『大日本八之十一』三六四頁)。
(48) 室町幕府奉行人連署奉書写(国立公文書館所蔵「坐右抄五」『遺文今川一』五八号)。

(49) 彰考館所蔵「室町家御内書案」(『遺文今川一』一〇三号)。
(50) 「御前落居奉書」(『室町幕府引付史料集成上巻』七三頁)。
(51) 管領細川持之奉書(「宝幢院文書」『室関四』二八七六号)。
(52) 細川持之書状案(「足利将軍御内書并奉書留」『室関四』二七五四号)。
(53) 細川持之書状案(「足利将軍御内書并奉書留」『室関四』二九八三号)。
(54) 細川勝元書状写(「紀伊国古文書所収長野平兵衛所蔵文書」『静岡県史資料編中世』二二一〇号)。
(55) 「田中穣氏旧蔵典籍古文書」(『埼玉県史料叢書』五一一号)。
(56) 「醍醐寺文書」史料編纂所架蔵写真帳6171.62-45-71の14、この文書は[大石二〇一〇]で検討されている。
(57) 「富士家文書」(『静岡県史料第二巻』一四号)。
(58) 「諸家文書纂所収興津文書」(『遺文今川一』三九号)。
(59) 「諸家文書纂所収興津文書」(『遺文今川一』六七号)。

参考文献

石橋一展　二〇一四「足利氏満と室町幕府」黒田基樹編著『足利氏満とその時代』戎光祥出版
遠藤　巌　一九六九「奥州管領おぼえ書き―とくに成立をめぐる問題整理―」『歴史』三八号
大石泰史　二〇〇〇「興津氏に関する基礎的考察」所理喜夫編『戦国大名から将軍権力へ』吉川弘文館
大石泰史　二〇一〇「十五世紀後半の大宮司富士家」『戦国史研究』六〇号
木下　聡　二〇〇五「室町殿袖判口宣案について」同『中世武家官位の研究』吉川弘文館(二〇一一年所収)
木下　聡　二〇一一a「室町幕府外様衆の基礎的研究」同『室町幕府の外様衆と奉公衆』同成社(二〇一八年所収)
木下　聡　二〇一一b「室町幕府の官途秩序」同『中世武家官位の研究』吉川弘文館(二〇一一年所収)
木下　聡　二〇一三「上杉氏の官途について」黒田基樹編著『関東管領上杉氏』戎光祥出版
木下　聡　二〇一四「室町幕府の秩序編成と武家社会」同『室町幕府の外様衆と奉公衆』同成社(二〇一八年所収)
木下　聡　二〇一八「室町幕府奉公衆の成立と変遷」同『室町幕府の外様衆と奉公衆』同成社

黒嶋　敏　二〇〇〇「奥州探題考」同『中世の権力と列島』高志書院（二〇一二年所収）
黒嶋　敏　二〇〇七「九州探題考」同『中世の権力と列島』高志書院（二〇一二年所収）
杉山一弥　二〇〇〇「室町幕府奉公衆葛山氏」同『室町幕府の東国政策』思文閣出版（二〇一四年所収）
杉山一弥　二〇一四「序章」同『室町幕府の東国政策』思文閣出版
田辺久子　一九七五「鎌倉府における所務沙汰権の変遷」『史論』二九集
谷合伸介　二〇〇四「八条上杉氏・四条上杉氏の基礎的研究」黒田基樹編著『関東上杉氏一族』戎光祥出版（二〇一七年所収）
花岡康隆　二〇一二「小笠原氏内訌についての一考察」『信濃』六四―一〇号
花岡康隆　二〇一五「鎌倉府と駿河・信濃・越後」黒田基樹編著『足利満兼とその時代』戎光祥出版
花岡康隆　二〇一八a「応永～永享期における信濃村上氏の動向と室町幕府」『信濃』七〇―五号
花岡康隆　二〇一八b「信濃高梨氏の「国衆」化」戦国史研究会編『戦国時代の大名と国衆』戎光祥出版
堀川康史　二〇一四「南北朝期室町幕府の地域支配と有力国人層」『史学雑誌』一二三―一〇号

室町期大森氏の光芒と箱根山

杉山一弥

はじめに

本稿に与えられた課題は、室町期から戦国初期を中心として鎌倉府・鎌倉公方（関東足利氏）など東国社会との関係から駿河国をとらえ直すことである。そこで小論では、室町時代に箱根山をまたいで駿河国から相模国へ本拠を移転させた大森氏に焦点を合わせ、その個別実証的研究をおこなうことでこの課題に応えようと試みた。

東国武家の本拠移転は、鎌倉時代に多くみえる西遷や北遷の印象が強い。しかし大森氏は、〝室町時代〟に箱根山を越えて〝東遷〟した。しかもそれは箱根山麓が、政治的対立を深める室町幕府と鎌倉府のあいだでなかば政治的国境となりつつある時期のことであった。箱根山は、古来より東国社会を区分する地理的な指標のひとつであったことは言うまでもない。ここに共通課題「京都―鎌倉の境界と越境する地域社会」の分析対象として大森氏をとりあげる意義があると考える。

旧来の大森氏研究は、遷移後の相模国（神奈川県）側における地域研究に軸足をおき、その衰退を伊勢（北条）氏の小田原進出に帰結させたものが多い［関 一九七五、福田 一九七六、伊東 一九九二、大森 一九九四、佐藤 二〇〇六］。そうした研究史をふまえて進むべき次階梯は、駿河国（静岡県）側における地域研究を進展させ、それを相模国（神奈川県）側の研究成果と連結・展開させることであろう。畢竟、大森氏研究の骨格は、①箱根山麓をめぐる経済・交通・宗教と大森氏の関係を地域研究のなかで深めること、②鎌倉府・鎌倉公方による東海地域への眼差しと大森氏の関係を政治史のなかで読み解くこと、③伊勢宗瑞の登場と大森氏衰退の関係を時代相区分論のなかで再検証すること、にあると考える。

箱根山は、現在では神奈川県側の東麓が正面口として印象づけられている。しかしこれは、神奈川県側に東京や首都圏を擁するという現代的感覚によろう。箱根山は、西麓が静岡県側にひろがることは言うまでもない。中世日本の首都である京都からみれば、箱根山は静岡県側の西麓が正面口であったといえる。大森氏は、もともと箱根山西麓に本拠を構え、室町期に箱根山一帯をおさえる重要な政治的位置を獲得した武家であった。

以下、室町期大森氏の動向について時間軸にそって四節にわけて具体的に検証してゆきたい。

1　駿河時代の大森氏

大森氏は、元来、駿河国駿東郡（もと駿河郡。本稿では駿東郡の表記で統一）の国人であった。本拠の有力候補地は、駿河国駿東郡深良（静岡県裾野市深良）である。明確な遺構は残存しないが、その痕跡として堀之内・堀之内前・南堀など居館跡を想定させる字名が連続・密集する一角がある。また周辺二五〇メートル内には、鍛治屋敷・常孝屋敷などの字名も点在する。このうち南堀には霊亀山興禅寺（現在は曹洞宗）が所在し、大森氏の関連寺院とみる見解もある。

大森氏は、葛山氏（本拠は静岡県裾野市葛山）など駿東郡に盤踞する近隣国人と同族であったと思しい。『大森葛山系図』（『続群書類従』第六輯下）や『大森系図』（静岡県小山町乗光寺所蔵）など大森氏関係の系譜類は、諸氏に共通する祖

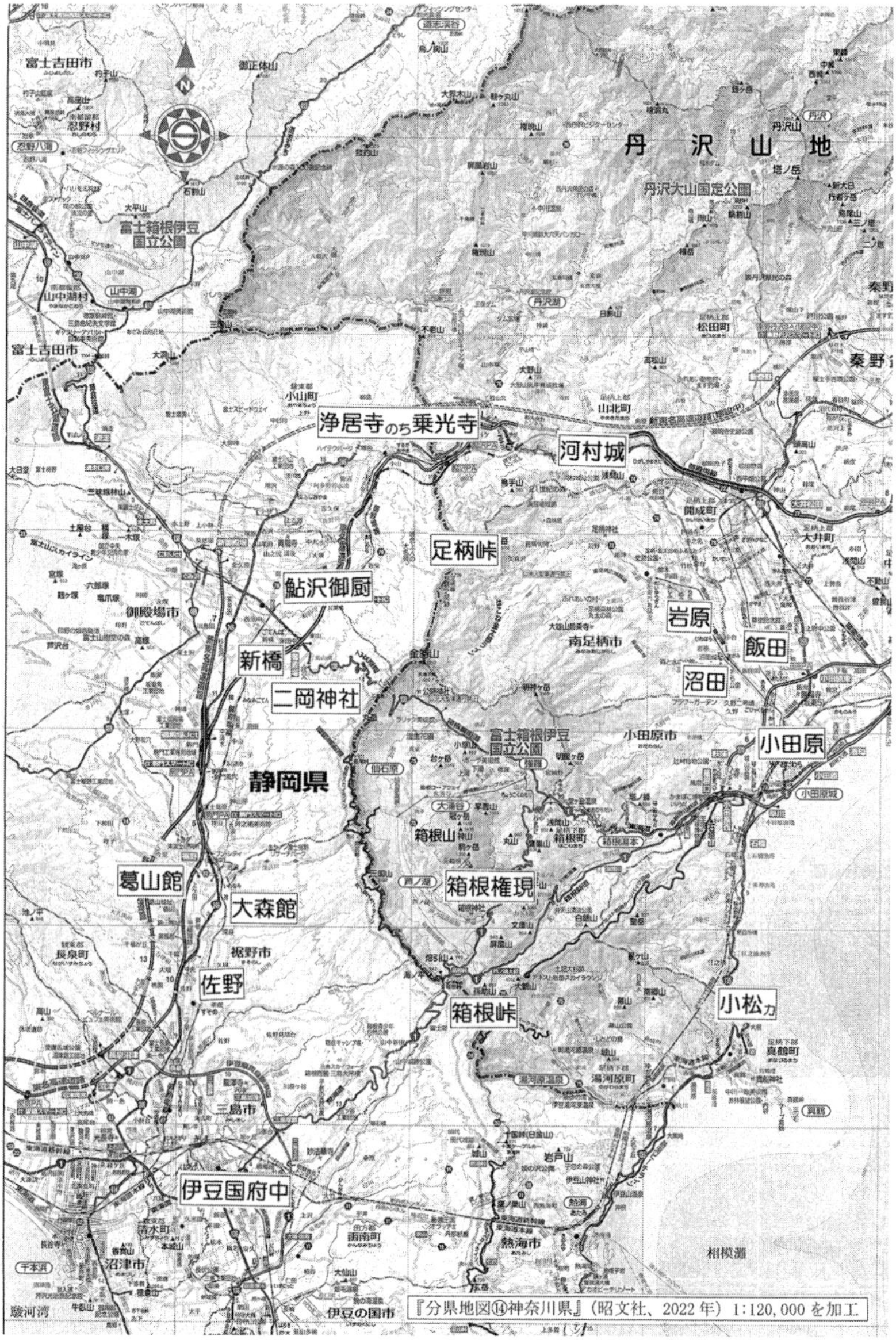
丹沢山地
丹沢大山国定公園
富士箱根伊豆国立公園
浄居寺のち乗光寺
河村城
足柄峠
鮎沢御厨
岩原
飯田
沼田
新橋
二岡神社
小田原
静岡県
箱根山
箱根権現
葛山館
大森館
佐野
箱根峠
小松カ
伊豆国府中
御殿場市
裾野市
三島市
沼津市
熱海市
南足柄市
小田原市
相模灘
駿河湾
『分県地図⑭神奈川県』（昭文社、2022年）1:120,000を加工

図1　箱根山の周辺地図

先として藤原伊周にむすびつけることを特徴としている。

鎌倉前期における大森氏の動向は、仮名本『曽我物語』巻第八屋形まはり《（周）》の事に「大森」、慈光寺本『承久記』に「大森弥二郎兄弟」、と断片的に大森姓の人物がみえるのみである。しかし『曽我物語』『承久記』は、いずれも軍記物（文学作品）であるうえ、大森氏を主題とした逸話が描かれているわけでもない。さらに『曽我物語』であっても真名本には大森姓の者が登場しない。大森氏の動向が、信頼のおける一次史料によって確認できるのは鎌倉後期になってからである。

鎌倉後期の大森氏については、『円覚寺文書』からその動向を知ることができる。初見は、徳治二年（一三〇七）五月である。具体的には執権北条貞時が、父北条時宗の忌日である毎月四日（北条時宗の死去は弘安七年四月四日）に鎌倉円覚寺でおこなう仏事（大斎）の分担・編成を決めたとき、三ヶ月目の当番のひとりとして「大森右衛門入道」が指名されている（『鎌』四二号）。ついで元亨三年（一三二三）、北条貞時十三回忌の供養が営まれたとき、やはり「大森右衛門入道」なる人物が「銀剣一・馬一疋栗毛」を進物として捧げている（『鎌』六九号）。この二つの史料のあいだには十六年の懸隔がある。したがって両史料にみえる「大森右衛門入道」が、同一人物なのか父子二代であるのか判断することは難しい。そして、大森氏一族中における「大森右衛門入道」の系譜上の位置関係も詳らかにならない。しかし大森氏は、北条貞時の時代、北条得宗家との関係を築き、鎌倉幕府のなかで一定の政治的位置を獲得していたといえよう。

鎌倉幕府滅亡から南北朝動乱の時期、大森氏が一体どのような行動をとったのかも不明と言わざるをえない。わずかに『太平記』巻三十一新田起義兵事のなかで、観応三年（一三五二）閏二月、いわゆる武蔵野合戦において新田義宗（新田義貞の子息）・脇屋義治（脇屋義助の子息、新田義貞の甥）勢に加わった人物のひとりとして「大森」の名がみえるのみである。しかし『太平記』もまた軍記物（文学作品）である。

このように鎌倉・南北朝期の大森氏は、まったく有力武家とは言えない存在であった。大森氏は、藤原伊周の末裔を自称しつつ、駿河国駿東郡に展開する武士団の一流として箱根山西麓（駿河国側）に本拠を構えるごく小規模な武家であったといえる。

駿河国駿東郡という地域社会における大森氏の具体的動向がわかるのは、十四世紀末になってからである。やはり『円覚寺文書』によると康暦二年（一三八〇）六月、二代鎌倉公方足利氏満は、円覚寺にたいして同寺造営の費用調達のため、箱根山頂の芦ノ湖畔にあった芦川宿（神奈川県箱根町箱根）において三年間という期限つきで関所を構え、関銭を徴収することを許可している（『南』三九七九号）。同文書のなかで芦川関所は、大森・葛山関務半分の替わりであると特記されている。この大森や葛山が、地名なのか人名なのか判断は難しい。しかし、大森氏が箱根山麓における関所管理にかかわって登場することは、のちに大森氏が飛躍する条件・要因を考えるうえで示唆的である。

また『円覚寺文書』によると大森頼春は、応永十三年（一四〇六）七月、やはり円覚寺造営の費用調達を目的として伊豆国府中（静岡県三島市）に設置された関所の代官職を請け負い、押書すなわち誓約書を円覚寺に提出している（『室』一〇三八号）。注目すべきはその金額で、大森氏は年一五〇貫で代官職を請け負っている。ここに大森氏は、すでにこの時点で年一五〇貫の拠出に耐えうるだけの地域経済をつかさどる武家に成長していたことがわかる。そして大森氏が、室町幕府管轄地域の駿河国人ながらも鎌倉府管轄地域の伊豆国三島において関所管理を許されたのは、円覚寺と大森氏のあいだの重層的で確固たる関係を鎌倉公方が追認したからであろう。じっさいに大森氏は、本拠地に隣接する円覚寺領の駿河国佐野郷（静岡県裾野市佐野）の代官職を、大森氏一族の大森彦六入道が応永五年（一三九八）につとめていた徴証がある（『室』六五〇号）〔東島 一九九四〕。大森氏は、円覚寺が箱根山麓において権益をもつ関所運営や所領経営に積極的に関与し、円覚寺側からも代官職を担う一族として重宝されていたといえる。鎌倉公方は、そうした円覚寺と大森氏の関係を公認したということになろう。

その意味において、のちの永享四年（一四三二）七月二十五日付の「相模国小田原関所」にかかわる鎌倉公方足利持氏御教書は、充所「信濃守」の人物比定が再考されるべきである（『室』二七三六号）。旧来この文書は、箱根山麓の小田原関所にかかわる内容であることから、充所の「信濃守」は大森氏の人物と比定されることが多かった。しかし、当時の大森氏当主であった大森憲頼の官途は、民部少輔から伊豆守へと変遷することが関連史料から知られる。そのうえ当該文書は『鶴岡八幡宮文書』として伝存し、大森氏と関係のふかい円覚寺の関連文書ではない。さらに充所「信濃守」は、苗字表記がなくとも官途のみで通用する鎌倉府中枢の人物とみるべきである。このことに鑑みれば、永享四年の小田原関所にかかわる文書の「信濃守」は、鎌倉府政所執事二階堂盛秀と比定すべきであろう。

室町前期における大森氏の動向からは、急速な経済成長を遂げた大森氏の実態を知ることができる。その大森氏が政治的にも飛躍を遂げる契機となった出来事が、応永二十三年（一四一六）の上杉禅秀の乱であった。同乱時に大森氏当主であった大森頼春は、はからずも鎌倉公方足利持氏の身体生命を救う役割を果たすこととなったのである。

前関東管領上杉禅秀から居館を襲撃された鎌倉公方足利持氏は、鎌倉を脱出して西へ向かって逃走した。箱根山まで逃れた持氏は、箱根権現（神奈川県箱根町元箱根）の別当證実によって匿われたのである。大森氏出身であった證実は、生家の駿河国大森館へ足利持氏を案内し、兄大森頼春が持氏を保護したのであった。足利持氏が大森館で匿われていたことは、『満済准后日記』（以下『満済』と略）応永二十三年十月十八日条に「今当国駿河大森ニ御座」、『八幡愛染王御修法雑記』同三十日条に「鎌倉殿（足利持氏）ハ駿川〔河〕国大森之館ニ御没落」とみえ、室町幕府にもその情報が伝えられている。この事態を受けて室町幕府は、駿河国の守護今川氏や国人葛山氏らを主体とした室町幕府勢を編成して鎌倉にむけ出兵させた。そして翌応永二十四年正月十日、鎌倉雪下の鶴岡別当坊にて上杉禅秀らを自害させ、約三ヶ月で同乱を鎮圧したのであった。

こうして上杉禅秀の乱で鎌倉公方足利持氏の身体生命を救った大森頼春・證実兄弟は、持氏から絶大な信頼を寄せられることとなった。そして持氏は、禅秀方に加担した箱根山東麓（相模国側）の国人土肥氏から没収した所領を大森氏に与えたのである。大森氏は、室町幕府管轄国の駿河国人にもかかわらず、鎌倉府管轄国の相模国内で土肥氏旧領を獲得したのである。これは大森氏が、箱根山西麓（駿河国側）から箱根山東麓（相模国側）にまたがる箱根山一帯の権益を獲得したことを意味する。そしてそこには、鎌倉公方足利持氏の全面的保障も備わっていた。大森氏が、上杉禅秀の乱を契機として相模国小田原（神奈川県小田原市）へ本拠を移したと軍記物（文学作品）に描かれるのは（『鎌倉大草紙』）、大森氏の飛躍と変貌の表象といえる。

2　箱根山麓と大森氏

南北朝期以降、大森氏は、一族中から歴代の箱根権現別当を輩出していた［森 二〇〇六、杉山 二〇一四］。このうち上杉禅秀の乱時に箱根権現別当であった證実は、前述のごとく鎌倉公方足利持氏の身体生命の危機を救った恩人として持氏の絶対的信頼を獲得した。

こうしたことも影響しているのであろうか、證実は比較的多くの事績が伝わる人物である。たとえば『紀伊続風土記』所収文書には、熊野新宮（熊野速玉大社）が、足利持氏への取次ぎを證実に依頼した文書案が控えられている（『室』一五七九号）。足利持氏にたいする證実の影響力は、紀伊国熊野まで伝わっていたのである。また『金沢文庫文書』

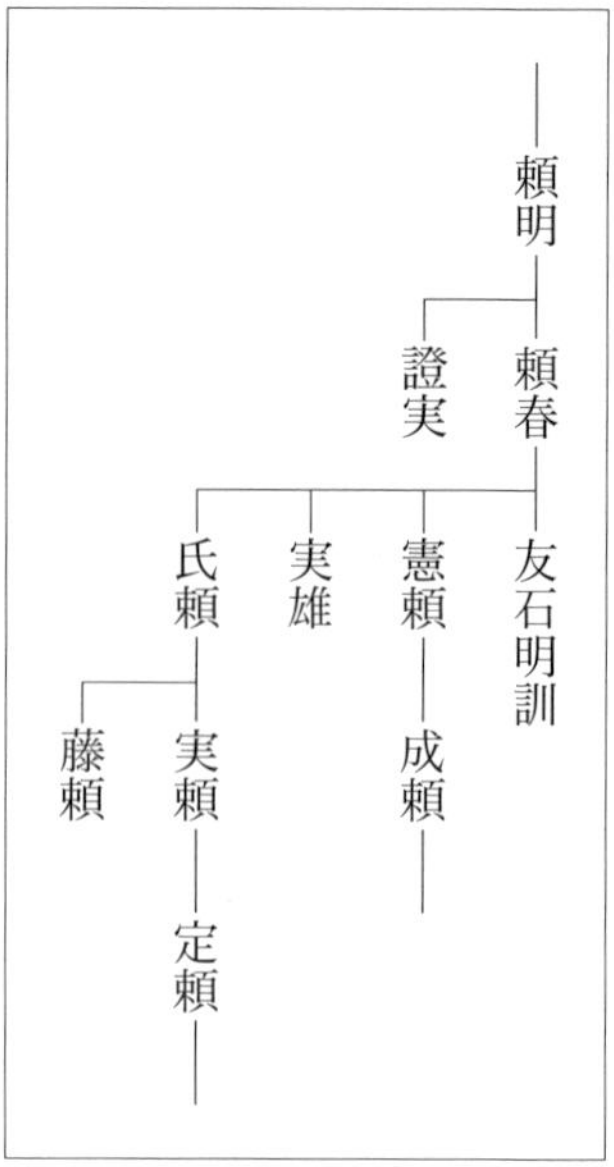

図2　室町期大森氏略系図

からは、足利持氏が鎌倉熊野堂の管轄を證実に任せていた徴証のほか、「箱根社」の堂舎を修理するための要脚を与えていた事実が明らかとなる(『室』一六九三号)。さらに『善隣国宝記』によれば證実は、毎年二月十六日、箱根権現の神宮寺である箱根山東福寺において近隣民衆をあつめて蔵経会と称する大法事を修していたという。しかし経典が備わっていなかったため、證実は鎌倉公方足利持氏をつうじて将軍足利義持にたいして朝鮮国から大蔵経(全巻)を輸入するよう希求したという(『室』二四三五号)。総じて證実は、民衆からの宗教的支持、鎌倉府での宗教的立場、を獲得していたことがわかる。

上杉禅秀の乱後は、足利将軍と鎌倉公方の抗争がしだいに表面化していった時期にあたる(『花営三代記』応永三十一年二月五日条。『満済』同日条)。それにあわせて箱根山麓は、いわば室町幕府と鎌倉府の政治的国境となっていった。そうしたなか箱根山麓は、足利持氏が絶大な信頼をよせる「大森氏—箱根権現別当体制」によって掌握されていった。そうしたことも関係しているのであろうか、證実が死去したとの知らせは、京都の室町幕府中枢においても話題となったのであった。『満済』永享二年(一四三〇)十月十日条には「筥根別当(證実)、去月死去由御物語、関東以外周章」と著されている。

さて、大森氏の動向は、箱根山をまたぎ駿河・相模両国でみられるようになってゆく。具体的には大森氏(頼春・憲頼父子)が、駿河国鮎沢御厨(静岡県御殿場市)の二岡神社と般若梵篋寺(二岡神社の神宮寺。現在は廃寺)にたいして、相模国内で獲得した所領を寄進する姿がとらえられるようになる（図1参照）。

大森氏（頼春・憲頼父子）の動向を二岡神社関連史料の『内海文書』と金石文によって時系列であらわすと次のようになる。①応永二十八年（一四二一）八月、大森憲頼が二岡神社にたいして相模国西郡飯田郷（神奈川県小田原市飯田岡）の田一町を寄進した（『室』一九三六）。②同二十九年四月、大森頼春が二岡神社に石燈籠を施入した（『室』一九七五号）。③同二十九年八月、大森頼春が般若梵篋寺覚智院に安置する聖天の燈明田として鮎沢御厨新橋（静岡県御殿場市新橋）の在家田一町を永代寄進した（『室』一九九二号）。④同二十九年八月、大森頼春がおなじく般若梵篋寺覚智院の長日光明護摩のため相模国狩野荘岩原（神奈川県南足柄市岩原）のしせん〔けカ〕入道分控分を免田として永代寄進した（『室』一九九〇号）。⑤同二十九年八月、大森頼春が二岡神社にたいして相模国狩野荘沼田（神奈川県南足柄市沼田）を永代寄進した。⑥同三十一年四月、大森憲頼が般若梵篋寺覚智院にたいして相模国西郡小松郷（神奈川県真鶴町カ）内の田地三町を毎月祈禱料として寄進した。⑦年未詳五月、大森憲頼がこれまで寄進した四町（①⑥のこと）の詳細を確認し、二岡神社・般若梵篋寺による直務を指示した（『静』一六七七号）。

このうち⑦は、①⑥とも連動しているため原文のまま全文を掲げて詳細を検討したい。

先立二陵〔岡〕へ寄進候壱町田地ハ在所いつかた（何方）にて候故〔哉カ〕、今度又存子細候て下地を参町寄進候、是にハ百姓あまた（数多）の
前ハ入くミ（組）たるやうにてむつかしく（難）候之間、小松郷〔相模国〕□円〔かカ〕□引弐町、同所六郎三郎か引□〔分カ〕壱町、此参丁〔町〕を注候て寄
進候、先立の田地共にハ四町にて候、□下地若此両人引之内にて候ハヽ、其分にハ別田地をさためらる（定）へく候、
此在所の年貢をハいつれも可レ有二直務一□候、可レ然様可レ有二御談合一候、委細自二金剛寺〔証実カ〕一可レ被レ仰候、恐々謹言、
五月二〔六カ〕日　憲頼〔大森〕（花押）
□〔右カ〕［　　］

右で大森憲頼は、①で寄進した一町のほか、⑥の三町を新たにくわえ、総じて四町を二岡神社・般若梵篋寺に寄進することを表明している。ただ大森憲頼は、以前に寄進した一町が飯田郷であったことを失念していたようである。なお新たな三町は、小松郷の□円なる人物の持分から二町、おなじく六郎三郎なる人物の持分から一町、を検注して確定したものであった。そしてこの両人の持分が飯田郷においても存在するならば、それについては別地で補塡して寄進するとも表明している。さらに大森憲頼は、二岡神社・般若梵篋寺にたいして、それを直務するよう命じたのであった。そして文末をみると「金剛寺」なる人物に二岡神社・般若梵篋寺への取次ぎを依頼している。金剛寺とは、あるいは箱根権現の別当寺である箱根山東福寺金剛王院のことではなかろうか。つまり大森憲頼は、箱根権現別当であった證実（憲頼の叔父、父頼春の弟）に取次ぎを依頼していると考えられるのである。したがってこの文書もまた、箱根山一帯が「大森氏—箱根権現別当体制」によって掌握されていたことを示すことになる。

箱根山をまたいで駿河・相模両国に展開する大森氏一族の動向は、いずれも大森氏が上杉禅秀の乱後に箱根山一帯の掌握を果たしたことを改めて明らかにする。前述のごとく応永三十年前後の箱根山麓は、室町幕府と鎌倉府のあいだでとくに政治的緊張が高まった時期であった。こうしたことに鑑みると、箱根権現別当と連携して箱根山一帯の掌握を試みる大森氏のうごきは、鎌倉公方足利持氏の意志を体現するものであったといえる。それは応永三十二年（一四二五）九月五日、持氏自身が般若梵篋寺に祈禱を命じた御教書が残存することからもうかがえる（『室』二二五一号）。

なお、上杉禅秀の乱を契機として相模国へ本拠を移したとみられる大森氏だが、駿河国との関係を絶ったわけではなかった。大森氏が駿河国との関係をもち続けたことは、二岡神社・般若梵篋寺の事例のみならず複数の例証がある。たとえば前述の駿河国佐野郷は、『満済』正長元年（一四二八）十月二十三日条に「佐野郷ハ大森当知行」、同二十七日条に「佐野郷当時大森知行」とみえ、正長元年段階でも大森氏の当知行であった。ついで、永享六年（一四三四）、守護今川氏の家督問題で揺れる駿河国では、鎌倉公方足利持氏の政治的影響力を利用しようとする一派が、鎌倉府管轄国の伊豆国にむけて使者を派遣するうごきがあった。この計画は未遂に終わったが、そのとき鎌倉公方足利持氏への取次役として期待された人物のひとりに「大森」の名があげられている（『満済』永享六年十二月十六日条）。さらに永享七年二月、大森頼春・憲頼父子は、宝雲山浄居寺（静岡県小山町生土。戦国期に廃寺）に『涅槃図』を奉納している（『室』二八三五号）。同寺は、大森氏出身の友石明訓が住持をつとめる大森氏由縁の寺院であった。

これらに鑑みると大森氏は、本拠を相模国へ移したのちも駿河国との関係を絶ち切ったわけではなかったことが改めて明確となる。そしてそれこそが大森氏の存在意義そのものであったといえよう。室町幕府と鎌倉府の対立期における箱根山麓は、政治的国境と比喩されることも多い。しかし箱根山麓は、従来考えられているような閉じられた空間ではなかったのである。それゆえ大森氏は、鎌倉公方足利持氏から室町幕府にたいする橋頭堡としての役割を期待されたとみるべきであろう。

3　相模時代の大森氏

鎌倉公方足利持氏に擁護されつつ箱根山一帯に「大森氏―箱根権現別当体制」を確立した大森氏は、永享の乱（永享十年、一四三八）や結城合戦（永享十二年、一四四〇）では、当然のごとく鎌倉府勢に加担し、箱根山一帯において室町幕府勢との武力抗争を繰りひろげた。

永享の乱では、大森氏が城郭を構えて室町幕府勢と対峙している、との風聞が京都へ伝わっている（『看聞日記』永享十年九月二日）。しかし大森氏は、室町幕府勢の大谷氏（遠江守護代甲斐氏の一族）に敗れ、首級十二、三が京都へ送られたという(『看聞日記』永享十年九月二十四日条)。軍記物(文学作品)では、この大森氏勢に箱根権現別当実雄(大森憲頼の弟)も加わっていたと描く(『今川記』)。これは箱根権現が、僧兵などの武力を有する宗教勢力であったことを示している。そして『備前一宮社家大守家文書』によると大森憲頼は、河村城(神奈川県山北町)において攻防戦を繰りひろげていたことが知られる(『室』二九八四号)。前述の京都へ伝わった〝大森氏が城郭を構えて室町幕府勢と対峙している〟との情報は、この河村城での攻防戦をめぐる不正確な風聞であろう。それは、後世の述懐ではあるが他史料からも明らかとなる。『逢善寺文書』(『茨城県史料』中世Ⅰ、六号)には、「西那〔郡カ〕ノ河村ノ城為二対治ノ一本一揆火勢取陣弓、法談所壊」との著述がみえる。永享の乱における河村城の攻防戦は、相模国西郡すなわち箱根山東麓(相模国側)の所々に甚大な被害を及ぼしていたことが裏づけられるのである。河村の地は、もともと湯治場として知られており、南北朝期には細川頼貞が逗留したこともあった(『梅松論』)。その相模国河村に構えられた河村城は、すでに南北朝期から箱根山北側の足柄峠をおさえる要害として重要な位置を占めていた。国立公文書館所蔵「古証文」二によると河村城は、観応三年(一三五二)三月、観応の擾乱にともなう東国争乱時、重要拠点として攻防戦が繰りひろげられ、当時の関東執事畠山国清がみずから出陣するほどであった(『南』二二一六号)。さらにまた、上杉禅秀の乱時にも鎌倉奪還をめざして反転攻勢にでた足利持氏勢の拠点となったことが知られる。たとえば、京都大学総合博物館所蔵『烟田文書』によると常陸国人の烟田幹胤は、上杉禅秀の乱時、応永二十三年(一四一六)十二月に河村城へ馳参じたとする軍忠状を提出している(『室』一六八五・一六八六号)。いずれも箱根山北側の足柄峠をおさえる要衝としての河村城の重要性がその背景として考えられる。

　結城合戦では、大森六郎なる人物が、上野国の白旗一揆の構成員である那波氏に討ちとられ、その首級が京都へ送られたと描く軍記物(文学作品)がある(『結城戦場記』)。管見の限り、結城合戦に関連する古文書・古記録に大森姓の者はみえないが、足利持氏の子息安王丸・春王丸らに最後まで従属する大森氏一族の者がいたことの暗喩とみてよいであろう。

こうした永享の乱・結城合戦における大森氏一族の様相をみると、鎌倉公方足利持氏に登用されて飛躍した大森氏の歴史的性格ゆえ、最後まで鎌倉公方勢としての立場を崩さない者が多くいたことがうかがえる。しかしながら、足利持氏や子息足利安王丸・春王丸らと命運をともにした者ばかりではなかった。それは大森氏が、戦国初期にいたるまで家名を存続させていることからも明らかである。

永享の乱・結城合戦にともなう鎌倉府体制の崩壊後、大森氏は、大森氏頼(大森憲頼の弟)が当主となり、政治的立場を親室町幕府へと転換させた。大森氏頼は、父大森頼春や兄大森憲頼が鎌倉公方足利持氏のもとで獲得・拡張した権益を、室町幕府に連なることで維持したのである。大森氏頼は、のちに戦国初期の人びとから、父子兄弟とは袂を分かって最初から室町幕府勢に属したと認識されている(國學院大學図書館所蔵本『太田道灌状』)。これは大森氏が、一族中から大森氏頼をひとり室町幕府勢に加担させることで、「大森」の家名存続を試みた帰結とみることができようか。いずれにせよ大森氏は、鎌倉府体制の崩壊とともに憲頼系統が没落し、氏頼系統への交替をはかることで家を存続させたのである。しかし大森氏頼には、きわめて大きな政治問題が現出した。新たな鎌倉公方として京都から東国へ下向した堀越公方足利政知とのあいだに深刻な軋轢が生じたのである[杉山二〇二二]。

事の発端は、堀越公方府奉行人の布施為基が、伊豆守護代寺尾礼春らとともに相模国小田原に宿所をさだめて大森氏所領へ入部する動きをみせたことにある(『香蔵院珍祐記録』寛正二年七月条)。布施氏らは、堀越公方府の経済基盤を固めるため、まず相模国西部に狙いをつけて御料所や闕所地の調査に乗りだしたのであろう。しかし大森氏は、これに強く反発した。

大森氏は、扇谷上杉氏や三浦氏ら相模国内の有力武家と歩調を合わせ、堀越公方府のすすめる所領政策を拒んだのである。結果として、京都の将軍足利義政みずからが調停・調整に乗り出さざるをえなくなったのであった。『御内書案』所載の関連文書によって大森氏のうごきを復元すると次のごとくである。①寛正三年（一四六二）九月、将軍足利義政は、大森氏頼の子息大森実頼にたいして、堀越公方足利政知が疎略にはしないと言っているので古河公方足利成氏への籌計をすすめよと命じた。②同十一月、足利義政は、父大森氏頼にたいして、老体のうえ遠路ではあるが京都へ上洛するよう要請した。ただし大森氏頼は、使者を派遣したものの氏頼自身が上洛することはなかったようである。③翌寛正四年十二月、足利義政は、大森氏頼にたいして、直接話をしたいので使者ではなく氏頼自身が上洛するよう再びもとめた。④同日、足利義政は、子息大森実頼にたいしても父大森氏頼の上洛を促している。⑤翌々寛正五年五月、足利義政は、大森氏頼にたいして、子息大森実頼が隠遁という手段をつかって堀越公方府に抗議していることの撤回をもとめた。⑥同日、足利義政は、大森実頼にたいして、いかなる理由があろうとも隠遁という行為は忠義に背くものであり、早々に撤回するよう命じた。なお彰考館本『鎌倉大日記』は、この寛正五年に「大森」が上洛したとしている。しかしそれが、父大森氏頼あるいは子息大森実頼のいずれかが上洛したことを意味するのか、もしくはふたたび使者のみが派遣されたことを意味するのか、その判断は難しい。

いずれにせよ大森氏頼・実頼父子は、親室町幕府の立場にはあったが、自己の権益保持を強く主張した。こうした大森氏の様相は、室町幕府勢であるか否かという単純な二項対立的理解では、いわゆる享徳の乱の表層しか捉えることができないことを明示している。

なお、大森氏頼については、その庵号である〝寄栖庵〟の署名をもつ発給文書が複数残存している。しかしそれらは流麗な漢文調であるうえ、教訓的な内容をふくみ、文章それ自体が作り手の教養を主張するものばかりである。総じて後世に作成された偽文書とみられる。この寄栖庵(大森氏頼)に仮託した偽文書が作成された時期・背景については鋭意解明する必要性がある。しかし、本稿の主旨から大きく逸脱するため、その検証作業については別稿を用意したい。

4　大森氏の没落

大森氏頼は、相模守護扇谷上杉氏の家宰太田道灌と協調関係にあった。じっさいに文明九年(一四七七)から同十一年にかけては、太田道灌勢として江古田合戦(東京都中野区)、用土原合戦(埼玉県寄居町)、奥三保合戦(神奈川県相模原市緑区)、境根原合戦(千葉県柏市)、臼井城合戦(千葉県佐倉市)などの諸合戦に参加したという(國學院大學所蔵本『太田道灌状』)。しかし太田道灌は、文明十八年、扇谷上杉定正によって殺害される。大森氏頼は、そうした事態にあってもなお親扇谷上杉氏勢力の立場を崩さなかった。ただし、そのころ勃発した扇谷上杉氏と山内上杉氏の内訌による見原合戦(埼玉県小川町)や須賀谷合戦(埼玉県嵐山町)では、扇谷上杉氏に加勢はしたものの、太田道灌を殺害した扇谷上杉定正にたいして不信感をあらわにしていたという(『武家事紀』所収文書)。

大森氏頼は、『乗光寺過去帳』(静岡県小山町乗光寺所蔵)によると明応三年(一四九四)に死去したとされる。また子息大森実頼は、すでに約十年前の文明十三年(一四八一)から同十五年ごろ死去していたようである(『乗光寺過去帳』『新編相模風土記稿』)。彰考館本『鎌倉大日記』などの歴史書類では、明応三年や翌四年に伊勢宗瑞(いわゆる北条早雲)が大森氏から小田原城(神奈川県小田原市)を奪取したと描くものが多い。しかしそれは、子息実頼につづき父氏頼が死去したことで大森氏が弱体したことの暗喩で、それを伊勢宗瑞の小田原進出という出来事として象徴化させたものではなかろうか。出来事の時期設定が、あくまでも大森氏頼の死去に置かれていることの意味はいま少し留意すべきといえよう。大森氏頼の死去が注目される要因として、氏頼の教養人としての名声が当時の人びとにひろく知れ渡っていたことが考えられる(『玉隠和尚語録』)。大森氏は、前述のごとく永享の乱・結城合戦にともなう鎌倉府体制の崩壊によってひとたび存亡の危機に陥った。大森氏頼は、その岐路で大森氏を継承し、父頼春・兄憲頼時代とは軸足をおおきく変えることで享徳の乱を乗り切った。そうした大森氏頼の政治的手腕は、東国社会に生きる人びとから一目置かれる存在だったのであろう。

大森氏が実質的に没落したのは、おそらく大森式部少輔なる人物が当主のときである。式部少輔はその実名が不明で、藤頼(氏頼の子息、実頼の弟)とも定頼(氏頼の孫、実頼の子息)とも比定されるが、そのほかの大森氏一族中の人物である可能性をふくめて確定できていない。しかし伊勢宗瑞の小田原進出を許して大森氏が没落した時期は、明応五年七月から文亀元年(一五〇一)三月までのあいだの出来事とみられている(「小田原城天守閣所蔵文書」「走湯山什物」〔家永 一九九五、森 二〇一二、黒田 二〇一三a〕。近年はその上限について、さらに時期を絞って明応九年六月に起こった大地震(『勝山記』)以降とみる見解もある〔黒田 二〇一三b〕。大森氏没落の時期もまた確定することができていないのである。

あるいは大森氏の没落は、その日時や出来事を特定しようとする思考〔伊藤 二〇二二〕、それ自体を放棄すべきといえようか。なぜなら大森氏は、伊勢宗瑞の小田原進出後もしばらくの間、大森式部大輔なる人物が、山内上杉氏と協調して伊勢宗瑞と対峙していたことが知られるからである。それは『相州文書(足柄上郡利右衛門所蔵)』にみえる永正年間の大森式部大輔の動向からうかがえる(『清』六三九・六四二・六四八号)。なお、この大森式部大輔が、さきにみた大森式部少輔と同一人物であるのか否かの判断は難しい。

大森氏は、かつて大森氏頼・実頼父子時代には一貫して扇谷上杉氏と連携していた。しかし大森式部大輔は、一転して山内上杉氏と協調している。これは大森氏にとってきわめて大きな政治転換である。背景には、伊勢宗瑞が扇谷上杉氏との連携を基盤にして相模国西部へ進出したことに対抗し、大森式部大輔は山内上杉氏と協調するしかなかったとみることもできる。しかし、そうした受動的選択をせざるをえない式部大輔の立場にこそ、大森氏衰退の現実をみることができよう。なおこの大森式部大輔が、一体いつの時点で山内上杉氏との協調へ舵を切ったのかは詳細不明である。

さて、大森氏頼の娘のひとりは、扇谷上杉持朝の子息高救と婚姻をむすんでいた。高救は、のちに三浦時高の養子として三浦氏の当主となる人物である。その高救と氏頼娘のあいだに誕生したのが、三浦義同(のち道寸)であった。大森氏頼の時代、大森氏と三浦氏は、おなじ扇谷上杉氏勢として血縁的にも政治的にも一体的関係にあったのである。そうした歴史的前提も関係しているのであろうか、大森氏の没落後、三浦氏が伊勢宗瑞との武力抗争をはじめると、大森氏一族中から三浦氏にくみして伊勢宗瑞との合戦を繰りひろげた者もいたと思しい。永正十三年(一五一六)の三浦氏滅亡時、三浦氏と命運をともにした人物として大森越後守をあげる軍記物(文学作品)もある(『鎌倉九代後記』)。これは、伊勢宗瑞にたいして徹底抗戦した大森氏一族中の者がいたことの暗喩といえよう。

一方、小田原北条氏への従属を選んだ大森氏一族中の人物もいた。たとえば『小田原衆所領役帳』には「大森殿」なる尊称でよばれる人物がみえ、相模国中郡平沢(神奈川県秦野市)や武蔵国高萩(埼玉県日高市)などで九六貫五〇〇文の知行を小田原北条氏から認められている。この「大森殿」が相模国中郡平沢を知行していたことは、『諸家文書』など他史料からも確認できる(『戦』七一四号)。この他にも大森姓の人物は、『関東幕注文』に「大森兵庫助」、『町田愛二氏所蔵長谷部文書』に「大森越前守」(『戦』一〇五三号)、内閣文庫所蔵『豊島宮城文書』に「大森兵衛太夫」

(『戦』二八八八号)などがみえる。大森氏は、大森氏頼・実頼父子の時代以降、その一族中が一枚岩であったとみる発想自体が誤りであろう。大森氏の歴史をひも解くさいには、前述のごとく単純化した理解は決して許されないのである。

おわりに

静岡県小山町生土に所在する雲居山乗光寺には、室町期大森氏の墓塔(六基、宝篋印塔、有銘)・過去帳・系図がまとまって伝存する。そして同寺史料を積極的に利用した研究もみられる。しかし乗光寺は、近世の正保元年(一六四四)、大森氏頼の子息大森泰頼の末裔と称する旗本・佐久間頼直なる人物が、戦国期に廃寺となっていた宝雲山浄居寺の跡地に、神奈川県山北町平山(浄光寺旧所在地)から移転させた寺院である。これは近世の検地帳類をみれば明白である。また、この佐久間頼直なる人物は、のちに〝大森〟へ改姓したことも知られる。したがって乗光寺関連史料は、いずれも佐久間頼直による由緒創作の意図が込められていることを考慮せねばならない。そもそも、寺の移転先として大森氏出身の友石明訓が住持だった宝雲山浄居寺跡の故地を選んだこと自体、大森氏由縁を標榜するための演出であろう。いずれにせよ、厳密な史料批判なく乗光寺関連史料を利用した論考は〔家永 二〇一二〕、もとより検討の余地がある。

大森氏の関連史料は、残存量が少なく限定的である。しかもその多くは、大森氏研究の視点から検討・解釈されているわけではない。とくに戦国初期の伊勢宗瑞研究による立場から読み解かれている諸史料は、改めて大森氏研究からの分析視角で再検証する意味と必要があると考える。あわせて、寄栖庵(大森氏頼)の署名をもつ文書群についてはその検証作業に取り組み、大森氏研究を前進させる突破口としたい。

〔付記〕本稿は、ＪＳＰＳ科研費(23K18715)による研究成果の一部である。

引用史料集

『鎌』…『鎌倉市史』史料編第二
『南』…『南北朝遺文』関東編
『室』…『室町遺文』関東編
『静』…『静岡県史』資料編6中世二
『清』…『清瀬市史』3資料編古代・中世
『戦』…『戦国遺文』後北条氏編

主要参考文献

家永遵嗣　一九九五「北条早雲の小田原奪取の背景事情―全国的な政治情勢との関わりから―」『おだわら―歴史と文化―』九
家永遵嗣　二〇二一「伊勢宗瑞の小田原入部―明応年間の相模トラフ地震の観点から―」学習院大学文学部史学科編『新・歴史遊学』山川出版社
伊東和彦　一九九二「南北朝期の大森・葛山氏」『小山町の歴史』六
伊藤拓也　二〇二二「伊勢(北条)早雲の小田原城攻略」『日本歴史』八八九
大森頼忠　一九九四「後北条氏以前の小田原城主―大森氏研究序説―」『大森氏研究ほか史論集』六甲出版(初出一九七三年)
黒田基樹　二〇一三ａ「北条早雲の事績に関する諸問題」黒田基樹編『伊勢宗瑞』戎光祥出版(初出一九九五年)
黒田基樹　二〇一三ｂ「伊勢宗瑞論」同右書
佐藤博信　二〇〇六「大森氏の時代」『中世東国足利氏・北条氏の研究』岩田書院(初出一九九八年)
杉山一弥　二〇一四「室町期の箱根権現別当と武家権力」『室町幕府の東国政策』思文閣出版(初出二〇〇四年)
杉山一弥　二〇二二「堀越公方足利政知の東国下向と蹉跌」黒田基樹編『足利成氏・政氏』戎光祥出版
関　恒久　一九七五「相模沼田城址の歴史的背景―沼田氏・大森氏を中心として―」『駒沢史学』二二

東島　誠　一九九四「中世駿東の歴史的位置―佐野郷再検討の試み―」『裾野市史研究』六
福田以久生　一九七六「禅秀の乱前後の西相模―大森氏研究序章―」『駿河相模の武家社会』清文堂（初出一九七五年）
森　幸夫　二〇〇六「鎌倉・室町期の箱根権現別当」二木謙一編『戦国織豊期の社会と儀礼』吉川弘文館
森　幸夫　二〇一二「北条早雲の相模侵攻―永正六年の「乱入」に至る過程―」『小田原北条氏権力の諸相』日本史史料研究会（初出一九九五年）

戦国大名今川氏の富士上方支配と地域社会

鈴木 将典

はじめに

本論では、駿河国富士上方(富士郡北部、現在の富士宮市一帯)に対する戦国大名今川氏の支配と、地域社会の動向について論じる。

当該地域では、駿河国一宮の大宮浅間社(現在の富士山本宮浅間大社〈富士宮市〉、以下「本宮」と略す)の大宮司を世襲し、駿河今川氏の下で富士上方を支配した富士氏が、戦国期まで支配領域を維持していた[鈴木 二〇二一、髙橋 二〇二三]。これに対して、今川氏は天文五年(一五三六)~十四年におこなわれた小田原北条氏との戦争(河東一乱)を契機に、富士上方への支配を強めたが、その詳細については明らかにされていない。

これまでの研究成果としては、『富士宮市史』で戦国期の概略が示されているほか[富士宮市史 一九七一]、今川氏が永禄九年(一五六六)に富士大宮で実施した「楽市」に関する研究成果が数多く発表されている[長澤 二〇一七ほか]。また有光友學氏は、今川氏の直轄領支配を分析する中で、今川氏の富士上方支配について、浅川井出氏が任じられていた「大宮々中奉行職」を「富士上方職奉行」と同一と見なし、司法警察的機能を担う富士上方職奉行(大宮々中奉行職)

と、行政的役割を担う大宮代官(大宮司分代官職)が一体となって、今川氏の城領支配を形成していたと述べている[有光一九九四]。

一方、大久保俊昭氏は、今川氏の宗教政策を論じる中で、本宮の農耕儀礼であった「風祭神事」を、戦国大名今川氏が「本宮のための神事から今川氏領国のための神事へその性格を転化させ、駿河東半国の支配力強化を図った」と評価し、「国人領主としての富士氏支配と個別社家支配という二面的政策」がおこなわれたと結論づけている[大久保二〇〇八]。また、天文六年(一五三七)の「河東一乱」における「富士殿謀叛」により、本宮の大宮司が不在の状況に陥ったこと、今川氏真による領国再建策の一環として、永禄四年頃に富士信忠が大宮司及び大宮城代に復帰したことなど、天文年間(一五三二～五五)における富士氏の動向について、重要な指摘をおこなっている[大久保二〇一〇]。さらに近年では、戦国期の富士氏の系譜に対する見直しも提起されている[髙橋二〇二三]。

これに対し筆者は、従来の研究で戦国大名の「家臣」として捉えられてきた今川氏傘下の領主たちを、戦国大名に従属しながら各地に存立した「国衆」として再評価し、その存在形態を究明した[鈴木二〇二二]。本論でもこの視点に基づき、今川氏の富士上方支配の状況について取り上げていくことにしたい。

1　戦国大名今川氏と大宮司富士氏

(1) 今川氏と駿河国衆

まず、戦国大名今川氏の下で存立した駿河の国衆について概略を示す。国衆とは、戦国大名と同じように「家中」(当主と一門・家臣の集団)を持ち、基本的に戦国大名の介入を受けずに、一定の領域(おおむね一郡～数郡程度)の支配をお

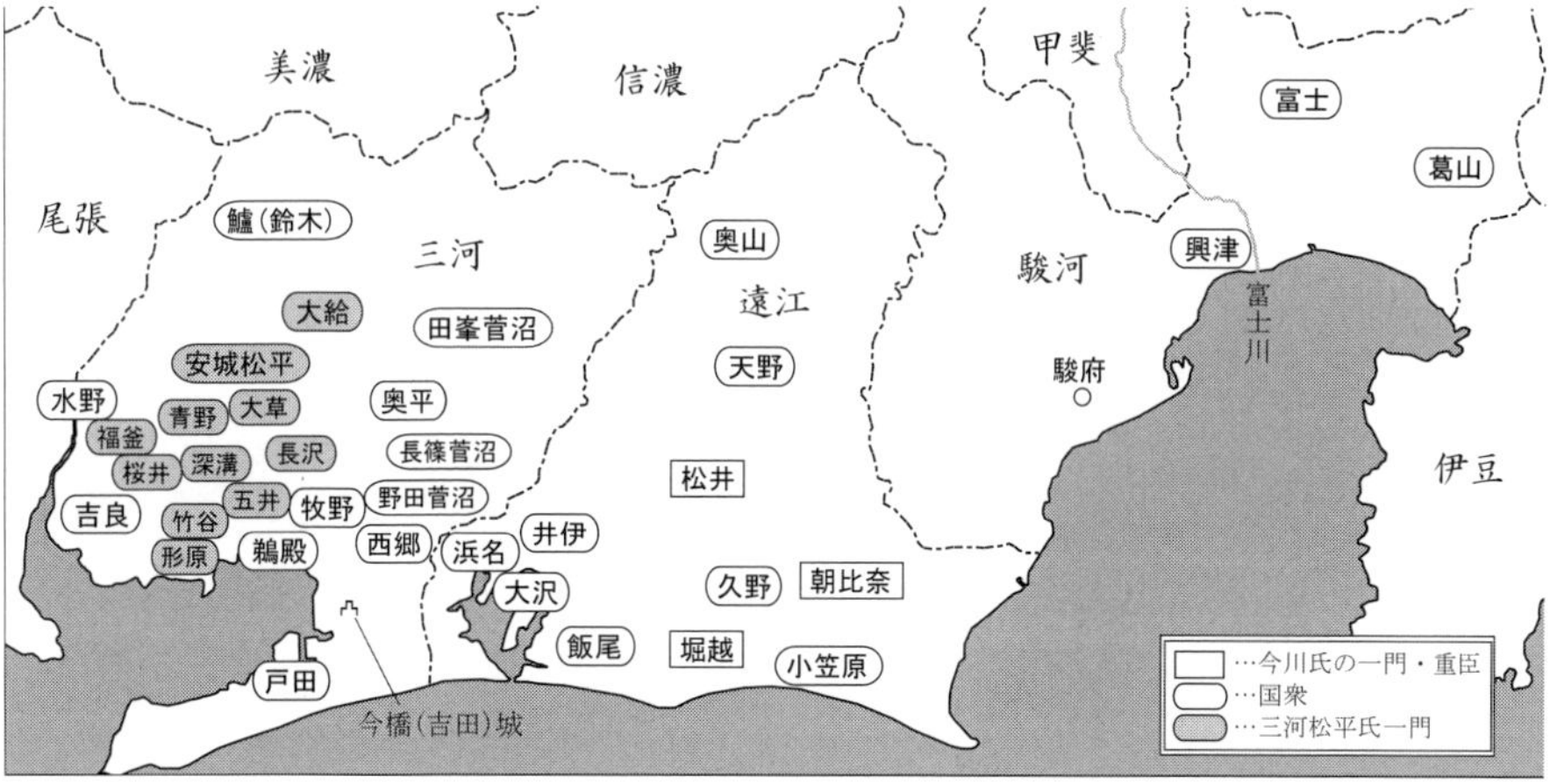

図1　駿河・遠江・三河の国衆（今川義元の時代）

こなっていた領主を指す〔黒田二〇一五ほか〕。

国衆たちは領内から年貢などの税を徴収し、何か問題が起こった時は独自に裁判をおこなうこともあった。領内に住む人々から見れば、国衆家の当主こそが自分たちの「殿様」であり、身の安全を保障してくれる存在として認識されていたのである。

戦国期に入り、各地に強大な領域権力（戦国大名）が登場してくると、軍事力で対抗できない周辺の国衆たちは戦国大名の傘下に入り、家の存立を図っていくようになる。逆に、戦国大名が弱体化するなどの理由で、家の存立が保障されなくなった場合、国衆たちは他の戦国大名に従属したり、複数の戦国大名に「両属」したりすることもあった。戦国大名にとってみれば、国衆たちの存立を保障し、彼らを自らの下に従わせることが、領国を安定させる上で最も重要な課題だったといえる。

室町期に今川氏が守護を務めた駿河国では、駿河郡（駿東郡、現在の裾野市・御殿場市・沼津市一帯）の葛山氏、富士上方の富士氏、興津（静岡市清水区）を本拠とした興津氏などが戦国期に国衆として存立した。特に葛山氏は、発給文書に「萬歳」と刻印された六角形の朱印を捺し、陸上交通の掌握や検地など、独自の政策をおこなっていたことで知られる［有光 二〇一三ほか］。だが、図1に見られるように、駿河の国衆は主に富士川以東（河東地域）に本拠地を持ち、今川氏が戦国期に領国とした遠江や三河に比べると、少数であったことがわかる［鈴木 二〇一九］。

この背景には、室町幕府がそれぞれの国に配置した守護の存在が大きく関係していた。南北朝内乱の最中に京都で成立した室町幕府は、関東・東北地方の支配を担当する機関として鎌倉府を設置し、初代将軍・足利尊氏の二男基氏の系統を首長（鎌倉公方）とした。駿河は鎌倉府の管轄地域と境を接する最前線にあたるため、室町幕府は守護の今川氏を在国させ、鎌倉府の動向を監視する役割を担わせている。

今川氏がいち早く戦国大名として登場したのも、守護として在国し、室町期から駿河に権力基盤を確立していたことが大きい。言い換えれば、今川氏という強大な領域権力が以前から存在したために、富士川以西の駿河中西部には国衆が成立しなかったともいえる。

(2)「大宮司領」をめぐる問題

次に、髙橋菜月氏から提起された国衆富士氏の支配領域をめぐる問題について言及しておきたい［髙橋 二〇二三］。髙橋氏は、富士氏の支配領域を「大宮司領」とした筆者の見解［鈴木 二〇二二］に対し、「大宮司領」が大宮司の職領を指す語であり、国衆富士氏の支配領域は「大宮」と表記されていたと主張している。また、今川氏・武田氏の発給文書から、富士氏の支配領域の範囲を詳細に検討している。

後者については、富士氏が本宮を中心に富士上方を支配していたとする筆者の説を補強するものであり、異論はない（図2）。しかし前者についてはどうだろうか。

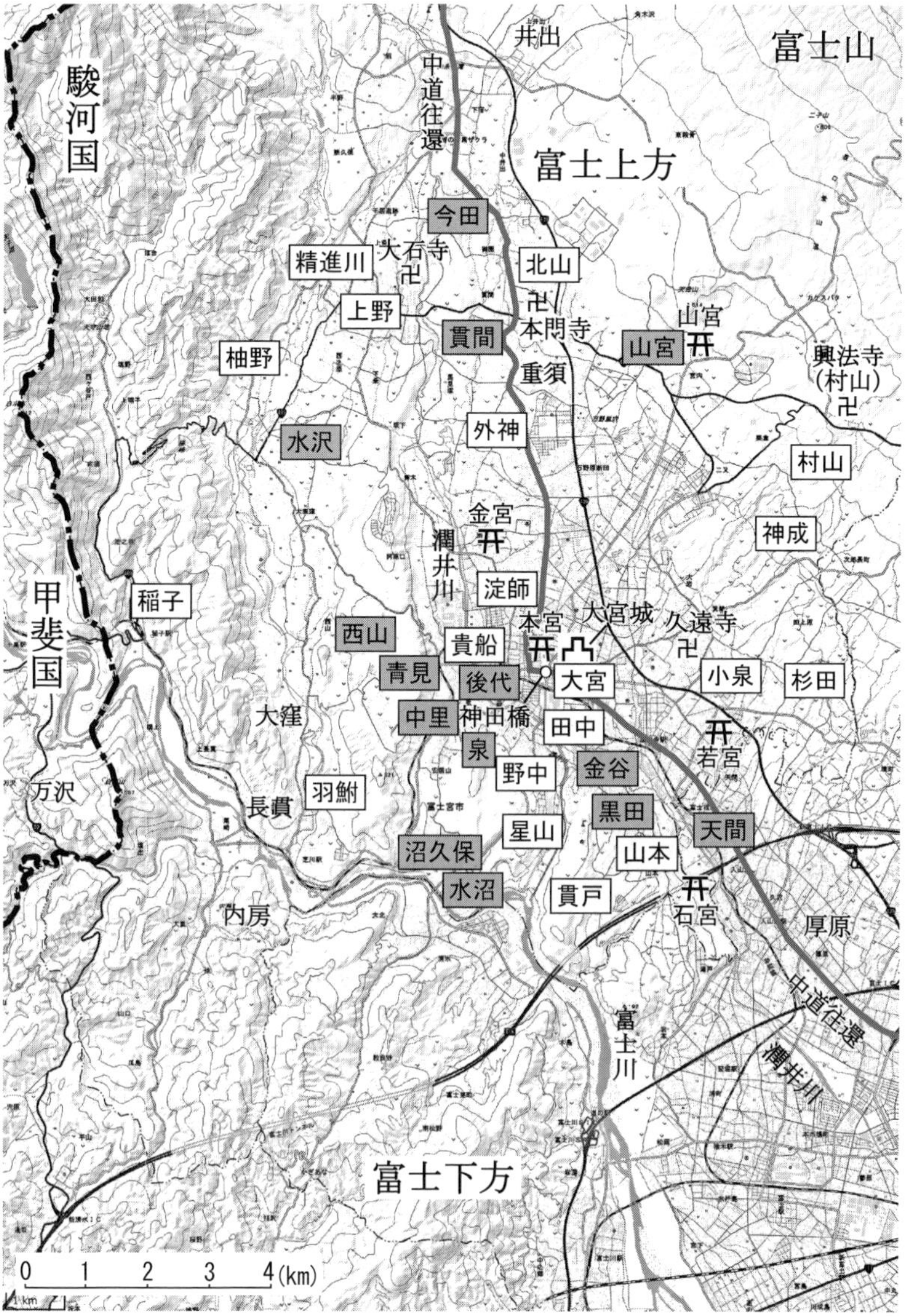

図２　戦国期の「大宮司領」
（国土地理院地図を元に筆者作成、髙橋論文を元に網枠を加筆）

〔史料1〕今川義元判物（「浅川井出文書」『戦国遺文今川氏編』九二三号、以下「戦今・史料番号」。傍線部筆者、以下同）

一、曲金当所務の内半分の事
一、一色の事　一、富士上方の内、大橋佐野兵庫助分の事
一、後藤大炊助分の事
一、大窪・北原・長貫の事
一、大宮屋敷半分、諸役を停止する事
一、水沼代官分、この内社役年来の如く相勤め、そのほか内徳分所務すべき事

右、祖父尾張守の譲りに任せ領掌しおわんぬ。但し、井出左衛門二郎諸事納得せしめ、陣参奉公これを勤むべし。もし左衛門二郎不儀の子細有るに於いては、左衛門二郎知行分、一円相計るべきものなり。よって件の如し。

天文十八年十二月十三日

治部大輔（花押）

井出善三郎殿

史料1では、富士上方を本拠とする土豪の井出善三郎が、祖父の尾張守から譲られた知行分を今川氏から安堵され、一門の左衛門二郎を納得させた上で、今川氏に対する軍事奉公を命じられている。髙橋氏は、天文十三年に井出尾張守が「富士上方大宮司領之内」における権益を今川氏から安堵されたことを（「浅川井出文書」戦今七三二、後掲史料5）、史料1に見える「水沼代官分」と同一と見なしているが、善三郎は天文十三年の井出尾張守宛と同文の安堵状を天文二十一年に受給しており（「浅川井出文書」戦今一〇七六）、大宮司領に「水沼代官分」が含まれるかどうかも、これらの史料だけではよくわからない。また、今川氏の発給文書を見る限り、「大宮」は本宮の社領（本宮領）を指す語と考

えられ、大宮司富士氏の支配領域（大宮司領）とは区別すべきと筆者は考える。

さらに、戦国期の富士上方では、富士氏が本宮を中心に「大宮司領」を形成した一方で、今川氏傘下の国衆（葛山氏・興津氏など）や土豪（井出氏など）の知行地、宗教勢力（大石寺・本門寺・久遠寺など）の寺社領も混在していた。このような状況の中で、富士氏は領内から地子や諸役を徴収する権限を持ち、上位権力（戦国大名）の今川氏が寺社の諸役を免許するにあたっても、基本的には「当地頭」の了解を得た上で実行されていた（「久遠寺文書」戦今八〇五、「妙本寺文書」戦今二七一〇）〔鈴木 二〇二二〕。

(3)「河東一乱」と富士上方

では、戦国大名今川氏はどのような形で、国衆富士氏の支配領域だった富士上方に介入したのだろうか。現在までに確認できる発給文書を見る限り、富士上方に対する今川氏の支配は今川氏輝の時代まで見られない。冒頭で述べたように、天文五年に氏輝が急死し、弟の義元が家督を相続して、小田原北条氏との間で駿河の富士川以東をめぐる戦争（河東一乱）に突入したことが、今川氏の富士上方支配に大きな影響を及ぼしたと考えられる。それを示すのが次に挙げる史料である。

〔史料2〕今川義元判物（「井出文書」戦今六二一）

同名新三跡分の事、富士上野関銭として、年中一度馬一疋前百文ずつ、上方においてこれを取るべし。ならびに下方において山田次郎兵衛恩給名職等の事。

右、富士において各《おのおの》敵方に属すといえども、堪忍しせめ奉公中、忠節として新三の時の如く領掌しおわんぬ。この旨をもって、いよいよ忠功を抽んでるべき所、よって件の如し。

天文八年己亥正月十八日　　　義元(花押)

井出駒若殿

史料2では、富士上方において多くの者が敵方(北条方)に属した中で、井出駒若が今川方に味方したことを義元が賞し、上野関(富士宮市)における関銭徴収の権利などを安堵している。駿河と甲斐を結ぶ街道(中道往還)や富士山の周辺には多くの関所があり、その関銭(通行税)は地域の収入源になっていたが、今川氏はこれを給恩の形で井出氏に安堵し、権益を保障していたことがわかる。

もう一つ注目されるのが、「河東一乱」の時期に富士上方で徳政が実施された点である。

〔史料3〕今川義元判物写(「大鏡坊文書」戦今一〇九六)

去る丙申(天文五年)・丁酉年(天文六年)河東乱入以前に就き、借銭・借米返弁の事。

右、申酉両年以前の分は、既に彼の銭主等、敵地へ罷り退き、逆心を企てたるによる輩、只今還住せしめ催促を加うるといえども、一向許容すべからず。この旨、戊戌年(天文七年)に印判を出すといえども、焼失たるの間、重ねて判形を加うる所なり。いよいよ奉公を抽んでるべきの状、件の如し。

天文二十一年

五月二十五日　　　治部大輔(花押影)

大鏡坊

史料3では、天文五年・六年の「河東一乱」以前の借銭・借米について、敵方(北条氏)に味方した債権者(銭主)が還住後に返済を迫っても許容しないことを、今川氏が天文七年に通知していたことが判明する。

当時の富士上方では「河東一乱」に乗じて大宮司の富士氏が「謀反」を起こすなど、反今川方の動きが多く見られた〔鈴木二〇二二」。これに対し、今川氏は「先年乱中」(河東一乱)で今川氏に従った者の諸役を免許し(「森秀夫氏所蔵文書」戦今一〇八七)、富士大宮司が還住しても従来の権益を認めるなど(「宮崎文書」戦今七五〇)、不在の富士大宮司に代わって富士上方の支配を進めていったことが窺える。

2　今川氏の富士上方支配

(1) 検地の実施

天文十四年に今川氏と北条氏が和睦して「河東一乱」が終結した後、今川氏は富士上方の支配を本格化させていく。その一つが当該地域における検地の実施である。

〔史料4〕今川義元判物写(「諸州古文書三下」戦今一〇七〇)

一　富士大宮司分津守畠、戊年(天文十九年)地検せしめ、年貢一貫七百文に相定めるの条、たとい井堰をもってこれを田地に成すといえども、戊年の如く年貢納所せしむべき事。

一　五大畠、戊年地検せしめ、年貢九百文に相定の上は、彼の員数の如く納所せしむべき事。

一　小美左京進屋敷・外屋敷共、戊年地検に二貫七百文年貢相定むるの条、彼の員数の如く納所せしめ、永く相拘わるべき事。

付けたり、酒屋一間先の印判の如くの旨免許しおわんぬ。

右条々領掌しおわんぬ。新給恩として申し付けるの上は、後年に至り地検せしむといえども、余慶有るに就いては、相違なく所務すべし。園田越後に相加え、所々普請相勤めるべきものなり。件の如し。

天文二十一年
正月二十九日　　治部大輔（花押影）
井出惣左衛門尉殿

史料4によれば、富士上方では丙午（天文十五年）・庚戌（天文十九年）の両年に検地が実施されている。また、寅年（天文二十三年）に杉田郷（富士宮市）で検地を実施（「安養寺文書」戦今一一八二）し、卯年（弘治元年）には訴人が出て再度検地を実施（「井出文書」戦今一三二二、「先照寺文書」戦今一三二六）したことが確認できる。ただし、今川氏は基本的に地頭の「余慶」をある程度容認し、その収入に応じて軍役を務めさせることを検地の目的としており［鈴木 二〇一三］、この時の富士上方における検地も、現地の状況を把握することを目的として、「河東一乱」の終結後に重点的に実施されたと考えられる。

また、他の者が地頭（富士氏）の与り知らぬ所で給恩を望んでも、今川氏はこれを受理せず、増分の年貢請負を望む新百姓が現れた場合は、「法度」のごとく本百姓に届け出た上で、本百姓が年貢の増分を請け負わない場合は新百姓に申しつけるよう指示している（「大宮司富士家文書」戦今一一四二）。この「法度」は今川氏の分国法「今川仮名目録」の第一条に該当すると考えられ、地頭（領主）の富士氏ではなく、上位権力（戦国大名）の今川氏が百姓の年貢納入をめぐる相論を裁定していたことが判明する。

(2) 富士上方支配の体制

次に、今川氏が富士上方を支配するにあたって、どのような支配機構を構築したのかという点について検討したい。

〔史料5〕今川義元判物（「浅川井出文書」戦今七三二）

駿河国富士上方大宮司領の内、先規より相拘わる分、一円に領掌せしめおわんぬ。相違有るべからず。但し、大宮の社役等はこれを勤めるべし。ならびに大宮々中奉行職、これまた先例に任すべきは、いよいよ労功を抽んでるべきの状、件の如し。

天文十三甲辰年二月六日　　治部大輔(花押)

井出尾張守殿

史料5では、井出尾張守が「大宮々中奉行職」を今川氏から「先例」の通りに安堵されている。なお、天文二十一年には井出善三郎が同文の文書を今川義元から受給し(「浅川井出文書」戦今一〇七六)、永禄四年に井出千熊が「富士上方職奉行」の継承を認められている(「浅川井出文書」戦今一六六七)。また、今川氏が大宮に代官を置き、富士上方の支配と本宮の造営を担当させていたことも、その発給文書から確認することができる(「浅川井出文書」戦今一一六五・一二八四)。

だが、筆者がすでに指摘したように、「大宮代官」は単に本宮領の代官という意味に過ぎず、有光氏が言うような「大宮領(大宮城を中心とする領域)の行政的役割を担う存在」と評価することはできない[鈴木二〇二一]。同様に、井出尾張守が補任された「大宮々中奉行職」も、「大宮之社役等」を勤める対価として安堵された役職であり、有光氏が言うような「司法警察的機能を担う存在」と見なすことはできないのではなかろうか。さらに、「大宮司領」内の人々は「大宮之社役」を勤めていたことが史料5から確認でき、大宮司富士氏の支配領域(大宮司領)は維持されていたと考えられる。

なお、髙橋氏は「大宮代官」を本宮の造営料を受け取る立場にあると主張し、筆者の見解に疑問を呈しているが[髙橋二〇二三]、代官の職掌は富士上方の支配と本宮の社役等を勤めることにあった点は先に述べた通りであり、造営料を受け取るのは本宮であることから、妥当ではないことを合わせて申し述べておく。

(3) 大宮城普請と「新関」の停止

その後、永禄三年に今川義元が桶狭間合戦で戦死し、子の氏真は領国支配体制の維持に努めることとなる。

〔史料6〕今川氏真朱印状(「井出文書」戦今一七三六)

(「如律令」朱印)

富士山造四十人の事

山中北山・木伐山・三澤・下方等なり。

右、先規より諸役免許の段、判形・印判数通明鏡たるの処、只今渡邉将監・長井文右衛門尉、十二座之内と号し、厚原・根原両所に於いて新関押し取るの由、甚だもって曲事なり。殊に大宮・興国寺普請以下相勤むるの条、一向その沙汰に及ぶべからず。もし彼の両人重ねて難渋に於いては、下知を加えるべきものなり。よって件の如し。

永禄四年

八月二十五日

北山　次郎衛門尉

木伐山　佐野又衛門尉

三澤　左衛門四郎

下方　次郎左衛門尉

富士上方でも、永禄四年に大宮城(富士宮市)の普請が実施され、城代に大宮司の富士信忠を起用して、普請を進めさせている（「大宮司富士家文書」戦今一七二四）。また史料6では、厚原（富士市）・根原（富士宮市）における「新関」の設置を停止させたことが確認できる。

この「新関」の停止は、富士大宮に対する著名な「楽市令」でも見ることができる。

〔史料7〕今川氏真朱印状（「大宮司富士家文書」戦今二〇八一）

（「如律令」朱印）

富士大宮毎月六度市の事、押買狼藉非分等これ有る旨申す条、自今已後の儀は、一円諸役を停止し、楽市としてこれを申し付けるべし。ならびに神田橋関の事、新役たるの間、これまたその役を停止せしむべし。もし違背の輩に於いては、きっと注進の上、下知を加えるべきものなり。よって件の如し。

永禄九年丙寅

四月三日

富士兵部少輔殿

史料7では、本宮の門前にあった神田橋関（富士宮市）が「新役」であるとする富士信忠の主張を認め、その停止を命じている。この点については、すでに長澤氏が指摘しているように、富士信仰の中核にあった富士大宮に対し、既存の市場の保護を目的として大宮司富士氏から戦国大名今川氏に要請された結果と評価することができる〔長澤二〇一七〕。

なお、史料6で「新関」が設置された厚原は、富士上方の南端（富士下方との境目）、根原は北端（駿河と甲斐の国境）にあたり、史料7に見える神田橋と合わせて、いずれも駿河と甲斐を結ぶ街道（中道往還）を押さえる場所にある（図2）。

先に述べた通り、今川氏は以前から設置されていた関所における関銭の徴収権を認める一方で、新たな関所の設置を許可せず、従来の権益を保護する方針をとっていたことがわかる。

おわりに

本論では、富士上方に対する戦国大名今川氏の支配と、地域社会の動向について論じた。

戦国期の富士上方では、本宮の大宮司を世襲した国衆富士氏の支配領域(大宮司領)が形成されていたが、戦国大名今川氏は天文五年から同十四年に勃発した「河東一乱」を契機として富士上方への介入を始め、「河東一乱」の終結後は、不在の大宮司に代わって検地などの諸政策を実施した。また、今川氏が大宮に代官を置き、富士上方の支配と本宮の造営を担当させていたことも、その発給文書から確認することができる。

その一方で、大宮司富士氏の支配領域(大宮司領)は維持され、地域社会の収入源となっていた関銭の徴収権をめぐっては、これまでの権益を侵害する「新関」の設置が今川氏によって停止を命じられるなど、基本的に地域社会の権益を保護する方針がとられていた。永禄十一年十二月に甲斐武田氏が駿河へ侵攻した際に、多くの「無足人」が大宮城に立て籠もり、武田軍と戦っている(「大宮司富士家文書」戦今二二〇七)。今川氏の富士大宮支配が地域社会から支持されていたことは、この事実からも窺い知ることができよう。

また、大宮司富士氏が東海道を治める最大の勢力となった戦国大名今川氏の下で存立を果たし、ともに没落したことも、戦国期における地域権力のあり方を評価する上で重要と考える。

参考文献

有光友學　一九九四「今川氏直轄領支配」『戦国大名今川氏の研究』吉川弘文館（初出一九七五年）
有光友學　二〇一三『戦国大名今川氏と葛山氏』吉川弘文館
大久保俊昭　二〇〇八『戦国期今川氏の領域と支配』岩田書院
大久保俊昭　二〇二〇「大宮司富士氏と富士郡上方地方の研究―富士宮若と「小泉上坊」から―」『駒沢史学』九四号
黒田基樹　二〇一五『増補改訂　戦国大名と外様国衆』戎光祥出版
鈴木将典　二〇一九「国衆の統制」黒田基樹編『今川義元とその時代』戎光祥出版
鈴木将典　二〇二一「戦国期の大宮司富士氏―戦国大名今川氏との関係を中心に―」『静岡県地域史研究』一一号
鈴木将典　二〇二三「今川氏検地の再検討―検地の実施状況と施行原則を中心に―」『静岡県地域史研究』一三号
髙橋菜月　二〇二三「戦国期の富士氏と大宮司」『年報中世史研究』四八号
長澤伸樹　二〇一七「今川氏と富士大宮楽市」『楽市楽座令の研究』思文閣出版（初出二〇一六年）
富士宮市史　一九七一『富士宮市史』上巻（第六章第三節「今川領国の形成とその展開」（若林淳之執筆）・第四節「今川・武田・北条の対決」（同上）

今川氏の伝馬と関所
―交通政策に関する一試論―

大石泰史

はじめに

本書第2部のテーマは、東海道諸国の武家領主による支配の競合や協調を通して、「京都―鎌倉の境界と越境する地域社会」の実態に迫ることである。そこで本稿では、第1巻との橋渡しになるよう、駿河守護から戦国大名へと転化した今川氏の交通政策に着目して、可能な限りその課題に応えることにする。

今川氏の研究に関しては、周知のとおり多岐におよぶものの〔有光 一九八四a・b、大石 一九九八・二〇二三a・c〕、伝馬や関所などの交通政策に関わる分野についてはとりわけ史料が僅少なこともあり、遅れていると言わざるを得ない。先行研究としては有光友學氏・小和田哲男氏の成果があり〔有光 一九九四、小和田 二〇〇二〕、筆者も「宿」に重点を置いて検討を加えたほか〔大石 二〇一二〕、野澤隆一氏によって今川氏の伝馬に関わる研究も提示されている〔野澤 二〇一九。以下、野澤氏の論点は本論文に拠る〕。野澤氏が「戦国期の交通制度研究は停滞気味」と述べているように、今川氏の交通政策に関する研究も進展しない状況下において、近年小川雄氏〔小川 二〇一九〕、原田千尋氏〔原田 二〇一九〕、橘文夫氏によって論文が相次いで発表された。小川論文では、すでに知られている三河国御油宿(豊川市)の林二郎兵衛尉宛今川義元判物（後掲史料1）や丸子宿中（静岡市）宛の今川氏真朱印状（後掲史料2）などを取り上げて検討を加えている。しかし同論文が、義元による領国支配に関わる研究成果を踏まえて支配の実態を論証した論集の一節であるため、今川氏の交通政策全般にわたって深く追求したものではなかった。(1)また、原論文は今川氏の交通・宿等に関する文書をピックアップしたもので、橘論文は先の義元判物と「今川仮名目録」および「同追加」「訴訟条目」を照合して検討を加えたものである〔橘 二〇二一。以下、橘氏の論点は本論文に拠る〕。

こうした状況のなかで、戦国期における「国衆」に関する研究の進展は著しく、それは今川氏領国下においても同様といえる。国衆とは、戦国時代における領主権力で、一郡かそれ以上の規模を所領とし、一円的・排他的に領国を形成・支配し、一族や被官だけでなく周辺領主をも包摂し、彼らを一元的な主従制・知行制による家臣団（「家中」「洞」と称された）に編成し、その領国を全くの自力で統治する領域権力、とされている〔黒田 二〇二二〕。

そこで本稿では、従来指摘されてきた今川氏の交通制度・交通政策に国衆研究の視点を加え、改めて史料を読み込むことに主眼を置くこととした。後に述べるように、今川氏関連文書に見える「関」は、国衆の領域内の文書に散見されることが多いように見受けられる。となれば、今川氏の交通政策を考えるうえで、国衆の存在を等閑視することは許されないだろう。こうした点を踏まえ、まずは史料を丁寧に解読し、従来の史料解釈への疑問等を提示することにしたい。限られた史料からの推測になるが、一試論として提示してゆくことにする。

1　交通政策関係文書の解読

まず、今川氏の交通政策において引用される文書を二点提示する（原漢文）。

〔史料1〕今川義元判物（『戦国遺文』今川氏編一四一七号文書。以下、「戦今＋文書番号」と略）

（今川義元）（花押）

当宿伝馬の儀、天文廿三年に判形をもって五箇条議定の処、一里十銭沙汰に及ばざるの由申すの条、重ねて相定める条々。

一、如何様の公方用并びに境目急用たりといえども、一里十銭不沙汰においては、伝馬出だすべからざる事。

一、毎日五疋の外は、一里十五銭たるべき事。

一、この一返と号し、奉行人副状せしむるといえども、一里十銭取るべき事。

付けたり、壱里十銭不沙汰に依り、伝馬立てざるの上は、荷物打ち付け、通過せしむるといえども、許容すべからず。たとえ荷物、これを失うといえども、町人の誤りたるべからざる事。

右の条々、先判の如く相違あるべからず。もし違背の輩あるにおいては、交名を注進すべきもの也。仍って件の如し。

永禄元戊午

八月十六日

御油二郎兵衛尉

冒頭の文言から、天文二十三年（一五五四）、三河国御油宿において伝馬掟五ヶ条が評議された後、永禄元年（一五五八）に改めて議定され、一里十銭に決められたことがわかる。条目内容を見ると、一里につき十銭を出さない人物がいた場合には馬を出す必要がなく、一日五疋を越えて利用する場合は一里十五銭と規定付けられた。つまり、御油宿において伝馬を必要とする人物は、最低でも一里につき十銭支払うこととされ、一日六疋以上の荷を運搬する必要がある場合は、一里につき十五銭支払わなければならなかったのである。

また三条目は、「一返」（ひとかえり）＝一度だけと言って今川氏の奉行人に副状を書いてもらったとしても、一里十銭は徴収すべきとしている。「奉行人副状せしむる」＝今川氏の奉行に副状を書いてもらうというのは、野澤氏も述べるように、副状を盾にして無賃で伝馬を仕立てようとする人物が存在していたことを示しているといえよう。さらに付則として「荷物打ち付け」とある。「打ち付け」は「だしぬけに」「唐突に」「いきなり」（日本国語大辞典）とあるため、一里十銭を払って伝馬を立てないのだから、荷物をだしぬけに通過させることがあっても、御油宿中は認めてはならない。たとえその荷物が紛失しようとも、町人らの責任は問わない、と規定している。そして、これら付則を含めた三ヶ条は、「先判の如く」間違いないものであり、不平を申し述べる者があったならば、そのような者たちの名を書き上げて提出するように、と定めている。

宛名の「御油二郎兵衛尉」は「林」を姓とする人物で、天文十九年～永禄三年に確認することができる（戦今九八八・一六一〇等）。豊川市に所在する財賀寺の阿弥陀如来坐像の光背に朱書の銘文があり（戦今一一二六）、そこから彼の実名はおそらく吉家と判断される。三河国八幡惣社（豊川市）領内の屋敷三間分の家について、棟別役・人足役・酒役・諸商売以下を免許されていること（後掲史料4）、史料1で「御油」と称されていること、さらに宛名に「殿」記載がなく、義元が袖花押で文書を発することのできる人物であることから、御油宿の指導的役割を担う、在地に根差した商人と考えてよかろう〔橘二〇一二〕。

続いての史料も今川氏の伝馬に関する文書として著名であるが、こちらも全文を掲げ、解釈してゆこう。

〔史料2〕今川氏真判物（戦今一五〇八。○数字＝筆者）

丸子宿伝馬の事。

右、①公方荷物の事は壱里拾銭を除き、その外の伝馬、壱里拾銭取るべきの旨、先年相定めるところ、事を左右に寄せ相紛れると云々。②然る間、自余に相替り、余慶無きたるによる也、③当宿怠転に及ぶの旨、只今訴訟を企てる条、向後において、公方荷物の事は、壱里拾銭を除き、彼の印判に三浦内匠助の判形を加えるべし。④もし判形無きにおいては、たとえ公方荷物といえども、壱里拾銭これを取るべし、⑤その外上下の伝馬の事は、壱里拾銭出ださざるにおいては、伝馬これを立てるべからず。⑥但し地下宥免の上、公方の儀無沙汰せしめ、その上在所衰微せしむるにおいては、この定、相違あるべきの旨、先の印判に任す所、仍って件の如し。

永禄三庚申年

四月廿四日

丸子宿中

宛所の丸子《まりこ》宿は東海道に所在する宿場で、江戸期には日本橋から二〇番目、駿河府中宿＝駿府の次の宿として設定された。戦国期においては、義元の父今川氏親が家督を継承する以前の幼少期を過ごした場であった。その段階では氏親の名代小鹿範満が今川政権を担っていたが、氏親の丸子への「移座」で当地は「都市的な場」となり、それなりの繁栄を築いていたと黒田基樹氏は考えている［黒田 二〇一七］。この点を踏まえれば、十五世紀末には近世丸子宿の基礎が構築され、戦国期にはすでに宿としてある程度繁栄していたと考えてよい。

史料2における基本的な決定事項は、③「当宿怠転～判形を加えるべし」と④「判形無きに～これを取るべし」である。この部分を先に訳すと、丸子宿が衰亡してしまうとの理由で「只今」＝このたび丸子宿中が今川家に訴訟を起こしたことについては、今後、公方荷物＝今川氏の公用荷物に関しては一里十銭の徴収をおこなわず、公方荷物の通行許可書（＝「彼の印判」。おそらく伝馬銭免除の証明書であろう）に三浦正俊の花押を加えることにする。もし三浦の花押がない場合は、たとえ公方荷物であろうとも一里十銭を徴収せよ、というのである。ここで重視すべきは、本文書の宛所が「丸子宿中」となっていることで、「彼の印判」＋「三浦の署判文書」の直接の発給者ではないということである。「宿中」の人名は不明ながら、丸子宿の経営者で人馬を提供する側にあり、上記の結果からすれば、おそらく本文書が作成された段階、もしくはその直後くらいには丸子宿中の手許に「見本」としての三浦正俊の花押を渡す手筈が整えられた＝文書が発せられたであろう。その一方で公方荷物の運搬者も、どのような手段を用いるのか明確でないものの、「彼の印判」と「三浦の署判文書」を事前に入手していたと思われる。(2)

これらに鑑みると、まず史料1に見える天文二十三年の五ヶ条に記されていたような公方荷物の場合、従来は一里十銭を支払うことが原則であったことが判明する。しかし以後、変更事項が生じたため運搬業者は「彼の印判」と「三浦の署判文書」のセットが下賜されるよう事前に今川氏へ届け出、丸子宿経営者に一里十銭の支払いをしないように済ませたと考えられる。運送業者は今川領国内の東海道などを行き交っていたと想像されることから、他の宿場の伝馬銭と合算して、あるいは他の様々な役銭とも併せて事前に宿(宿経営者)へ支払うよう今川氏によって定められたのではないか。その後、先のセットを携行した人物が公方荷物運搬者となる。なお公方荷物の運搬業者は、当該期を生存していくために、公方荷物だけを「専門」に運ぶというよりも、他の荷物も運搬していたと考える方がよい。

また三浦の署判を据えるというのは、史料1の「奉行人副状せしむる」の改定法といえるであろう。すなわち、かつては複数の奉行人が伝馬手形の担当取次となっていた業務を三浦ひとりに限定することで、従来の奉行人らによる免除特権の付与を厳密化させたといえよう。加えて三浦は、かつては氏真の守衆頭人で(戦今六二〇)、かつ氏真の成長後は側近として存在していたことからすると[大石　一九九三]、史料2が発せられた永禄三年時点でおそらく今川館に活動拠点を置いていたと思われる(戦今一五三七)。そのため運搬業者たちは、駿府に出向かないと三浦の「署判文書」を入手できなかったと考えられる。

丸子宿が衰亡してしまう原因と考えられたのが②「然る間～余慶無きたるによる也」に記されており、そこでは代替としての余分がないと述べているようである。「余慶無き」の内容には、まず資金的な問題があったであろう。伝馬銭の受け取りで宿を経営している以上、伝馬銭を確実に払ってもらわないことには宿の経営自体に支障を来すのは当然のことである。そのため、宿経営に「余慶」がないということになると考えられるが、さらに野澤氏の指摘通り、伝馬に携わる人材の不足も訴えていたのであろう。宿には人馬を確保する義務があったと推測されるからである。とはいうものの、宿の人手不足にまで今川家が干渉していたのか否かは明確でない。

となると、史料の①「公方荷物の事は～相紛れると云々」は②～④の前提を述べていることになる。これらを踏まえて①・②を意訳してみると、丸子宿での公方荷物の取り扱いに限って一里十銭の支払いを免除した結果、なにかと理由をつけて伝馬役を納めずに済ませたいとする者が増加してしまい、このままでは丸子宿が衰微してしまう、と今川氏に訴えたとすることができる。

上記の決定事項のほか、⑤「上下の伝馬～立てるべからず」と⑥「但し、地下宥免の上～先の印判に任す」も付則として決められた。⑥は「但し」から始まっているため、付随文言であることは明らかであるが、公方荷物に関する伝馬役免除の規定が丸子を苦しめているという文脈からすると、公方荷物を含んだ事書全体にかかる付則と判断され、例外規定を示していたとすることができる。⑤では一里十銭を支払わない人物には伝馬を仕立てる必要はないとしており、その一方で⑥の「この定～先の印判に任す」は野澤氏も述べているように、「定」撤回の可能性を示している。「地下宥免～せしむるにおいては」を解釈すると、「ただし、地下＝丸子宿は寛大な処置をとることにしたのだから、伝馬を利用する者が公方の儀である一里十銭を納めず、そのために丸子宿が衰微してしまう事態に陥るならば、公方荷物の伝馬役免除の法は撤回し、先の印判＝史料1の義元判物などにしたがって、公方荷物であっても一里十銭の徴収を認めることにした」となる。これらをまとめて⑥全体を見通した野澤氏は、「公方荷物の判別はうまくゆかなかったとみえ、但書以下で（中略）この「定」を撤回する姿勢を見せている」としている。(3)

以上を踏まえ、筆者の解釈と野澤氏の指摘を比較してみよう。氏は、ⓐ今川氏の伝馬制度の駄賃は一疋一里十銭の有賃が原則で、丸子宿のみ無賃とする特例と想定した。さらに、ⓑ公方荷物＝無賃を「先年相定」めたところ、混乱が生じた。そのためⓒ特別措置として三浦正俊の判形の提示を義務化し、それがない場合は公方荷物でも有賃とし、ⓓ「定」の撤回と同時に「先印判」（「先年相定」以前）に戻す可能性、すなわち有賃制に回帰する可能性がある、とした。すなわち、有賃（「先印判」）→公方荷物無賃（「先年相定」）→混乱→特別措置（伝馬手形＋三浦正俊の判形）は無賃→負担困難の可能性→有賃へ、と整理したのである。(4)

ⓐについては、一疋一里十銭の有賃が原則という点に関しては首肯できるが、丸子宿のみ特例の無賃ということは、史料による裏づけが取れない。何しろ文書が丸子宿のみに残された状況であるため、他の宿でも特例を承認したことも考えられる。しかし、史料2のように混乱を招く宿場が増加することは政権にとって好ましくないため、特例はあまり存在しなかったと想定した方がよい。となれば、現時点では野澤氏・橘氏の述べる通り、丸子宿のみの特例と考えてよいと思う。とはいえ、なぜ丸子のみが特例とされたのかについては考える必要がある。丸子宿の利用頻度が高く、有料にすると今川家の財政を圧迫する。あるいは、丸子宿が今川家の所在する駿河府中の隣宿であり、丸子での混乱は駿河府中にも影響を及ぼす可能性が高い。これらがその理由とも考えられようが、今後も追究すべき課題といえる。

ⓑは氏の指摘通りと思われるが、ⓒに関しては史料2の③で、以後において三浦内匠助の判形を加えるとあるから

には、公方荷物であることを証明するために三浦の花押を据えていることが必要だったのだろう。そのため、氏は伝馬手形＋三浦正俊の判形という二通の文書が必要と判断したと思われる。この点を明らかにするため、今川氏の伝馬手形を提示しておこう（原漢文）。

〔史料3〕今川家伝馬手形（戦今一五〇五）

（八角形朱印、印文「調」）
伝馬弐疋、相違無くこれを出だすべき者也。仍って件の如し。

足代玄蕃ニ

永禄参年　　これを下さるる

四月八日　　朝比奈丹波守（親徳）

これを奉《うけたまわ》る

駿遠参宿々中

史料3の場合、足代玄蕃が伝馬を要請し、それを担当した取次が朝比奈丹波守親徳であることを明示している。先に史料2の③で述べたように、丸子宿においては取次を三浦に一本化したと捉えられるため、「朝比奈丹波守」の部分を「三浦内匠助」に置き換え、これに「奉」ったとの「判形」を加えればよいことになる。例えば「三浦内匠助（花押）」であるとか、史料3のように二行書とする「三浦内匠助（花押）／これを奉る」でも通じるであろう。こうした三浦の花押が据えられた文書を所持している人物が、足代玄蕃のように宿を継いで移動する場合、文書の提示で各宿において無賃による伝馬提出を宿に要請することができたと考えられる。

以上のように、伝馬に関する文書二点について、詳細に検討してきた。ここで忘れるべきでないのは、これらの文書は宛名である御油宿の林二郎兵衛尉や丸子宿が、今川氏に要請して史料１・２を発給してもらった、すなわち当事者主義を前提としていたということである。そうした意味では冒頭で紹介した橘氏が、林の立場を理解するのにかなりのページを割いているのは重要である。そのため氏の論文は、これまでの交通政策の論文とは違った視点を盛り込んだといえよう。しかし、史料的に御油宿の宿立が天文十九年か明確でなく、また御油宿の宿立に林二郎兵衛尉が直接関わった可能性が高いものの、今ひとつはっきりしないといった問題も残る。

これらを踏まえ、改めて林に注目して以下で検討してみたい。

２　三河国内の林一族

まず、林二郎兵衛尉が商人と想定される文書から述べておきたい（原漢文）。

〔史料４〕今川義元判物（戦今九八八）

参河国八幡惣社領の内屋敷三間分家数の事

右、棟別并人足・酒役・諸商売以下これを免許す。いよいよ神忠に抽んずべき者也、仍って件の如し。

天文十九

十一月廿五日　　治部大輔（今川義元）（花押）

林二郎兵衛殿

本文書から林二郎兵衛（尉）を商人と位置づけることについては異論がなかろう。ただこの文書は史料１と違い、宛名に「殿」字が付されている。これは、今川氏が三河さらには尾張にまで侵攻し始めたことから、林が今川氏を新領主と認識して接近し、義元が林の要求を受け容れた初期の段階であったためということであろう［橘 二〇二二］。加えて文中に「神忠に抽んずべき」とあり、さらには事書に「参河国八幡惣社」とあることから、同社の神職であったと想定される。つまり、御油宿の八幡惣社の神職でありながら商人として活動していたということである。

また「諸商売」という文言にも注目したい。今川氏関連文書において、「(諸)商売(役)」などの文言が確認されるのは表1に見える六通のみで、このうちⅡは鋳物師関係、Ⅲ・Ⅳは皮革職人関係の文書である。林と同じように神職に携わる人物は見えないが、Ⅰは宛名がないものの遠江後藤氏に宛てた文書である。後藤氏は幕府奉公衆の一員＝幕臣であり、本文書は池田宿における将兵の乱妨狼藉を禁じたものとされている［豊田町 一九九四、小林 二〇一五］。奉公衆ならば在京していたと判断されるが、小林氏の指摘通り、この頃遠江に移っていたと思われる。その時点で今川氏親が「商売等無道せしむるに就いて」と述べているのはどのような意味になるのか。小林氏らに指摘はないものの、おそらく後藤氏は同宿において商売役、すなわち営業税や通行税などを懸けることも可能な一族だったのではなかろ

表1　今川氏発給文書に見る「商売」文言

No.	年月日	文書名	宛名	文言	文書群名	文書No.
Ⅰ	永正6年6月13日	今川氏親判物写	(欠)	就于商売等令無道事	藩中古文書四※	二二六
Ⅱ	天文12年6月11日	今川義元書状案	真継弥五郎殿	諸役・門次棟別并諸関駒口諸商売役等、悉以座法御免除之筋目	名古屋大学日本史学研究室所蔵真継文書	七一三
Ⅲ	天文13年4月27日	今川義元朱印状	大井掃部丞殿	他国江皮を致商売と云々	静岡市葵区駒形通・七条文書	七三九
Ⅳ	天文18年8月24日	今川義元朱印状	大井掃部丞殿	定置　皮作商売事	静岡市葵区駒形通・七条文書	九〇五
Ⅴ	天文19年11月25日	今川義元判物	林二郎兵衛殿	棟別并人足・酒役・諸商売以下免許之	林文書	九八八
Ⅵ	永禄12年6月24日	今川氏真判物写	嶋田甚大夫とのへ	於分国中諸商売諸役免除了	金沢市立玉川図書館所蔵本多氏古文書等一	二四〇三

※＝正式には国文学研究資料館所蔵紀伊国和歌山本居家旧蔵紀伊続風土記編纂史料所収藩中古文書巻四

うか。武家が商人の性格を有する例は、他地域でも確認できることである。

一方、Ⅵの嶋田は地域の特定が困難なものの、永禄十一年十二月の武田信玄による駿河侵攻の際には薩埵山（静岡市清水区）で昼夜の番をおこない、普請にも走り廻ったとある。その恩賞として府中宿内の四足町の屋敷をもらい受け、そのほか京都往復の伝馬の供出に関する許可の申請をおこなっている。氏真は、駿河奪還を果たしたならばそれらを許可すると記しており、Ⅰ・Ⅵによって、今川領国内において商売に関わる武家の存在が確実視されたといえよう。

こうした前提を視野に入れ、改めて当事者主義も踏まえて史料1を見直すと、「先判の如く」相違ないとあるので、この三ヶ条はおそらく、いずれも天文二十三年時点でも法的効力のある決定事項であったと判断される。史料1の冒頭にあるように、天文二十三年に評議されたのは五ヶ条とのことだが、そのうちの三ヶ条が改めて別に文書として記されたのである。ということは、宛名である商人・林二郎兵衛尉にとって、文書が残されていない二ヶ条とは別に、あるいは優先的に文書の再発行を要請して史料1が発せられたと想定されよう。

となれば、今川氏が提示した本三ヶ条は、天文二十三年（一五五四）から永禄元年（一五五八）にかけて、林にとって権益が脅かされる事態に陥っていたため、当事者主義に従って二郎兵衛尉が改めて要求したということであろう。この時期はちょうど、三河国内において反今川勢力が一斉に蜂起していた三州忩劇の段階である［大石 二〇一八・二〇一九］。実際には今川氏への反発は弘治元年（一五五五）十月からであるため、経緯としては以下のようになっていたのではなかろうか。すなわち当初、文書が発せられた天文二十三年からしばらくの間、伝馬に関しては滞りなく機能していた。しかし弘治元年の忩劇の勃発により、三河国内で多くの兵粮や軍隊を始めとする今川氏の軍事物資・将兵の往来・移動が、継続的かつ活発におこなわれた。そのため天文二十三年段階における決定事項が守られなくなっていった。それが永禄元年七月以前になってようやく鎮静化し(戦今一四〇七)、八月時点で再度、従来遂行していた伝馬銭の徴集等の三ヶ条だけでも取り急ぎ発給してもらったということである。

また、二郎兵衛尉は天文二十三年五月二十日、三河国山中(岡崎市)法蔵寺に一貫文を奉納しているようだ(戦今一一六九)。弘治三年三月、前年より駿府を訪れていた山科言継が京都への帰路、上洛するにあたって三河を通過する際、吉田―御油―山中―長沢―岡崎を通過しているが(『史料纂集　言継卿記』第三)、法蔵寺の所在する山中は御油宿の隣宿の山中ではなく、長沢を超えた岡崎の本宿近辺である。ということは、二郎兵衛尉の活動範囲が東三河から西三河にかかる御油を含む四つの宿ということになる。これはすなわち彼の商圏とも捉えられ、それなりに広かったと想定される。その商圏すべてにおいて御油宿と同様の特権を行使できなければ、彼にとって利益を完全に享受できたことにはならなかったであろう。長沢や岡崎においても史料1と類似の文書を要求していた可能性も否定できないといえる。

このように商人として活動していた二郎兵衛尉は、先述したように天文十九年から永禄三年まで確認できるが、彼が今川氏と関係を持ったのは彼の単独の志向だったのであろうか。三河国内には彼以外にも「林」を姓とする一族の史料が確認できる。そこで、改めて今川氏が関与する天正期以前の三河国内の文書類に登場する林一族をまとめてみた(表2)。

まず、二郎兵衛尉と同族と考えることのできる人物としては、Hに見える同内殿や孫衛門尉・孫八郎・同内殿が挙げられよう。彼らは二郎兵衛尉とともに、Hにおいて先の法蔵寺への寄進者として名を連ねているからである。「内殿」は、二郎兵衛尉だけでなく孫八郎の後にも記載があり、それぞれ一定金額を寄進している。「内」は妻のことでもあるため(日本国語大辞典)、内殿は二郎兵衛尉と孫八郎の妻を「殿」付で表現していると想定できよう。

表2　戦国期、三河国内の林氏一覧

№.	年月日	文書名	林一族人名等文言	遺文№.
A	天文5年12月3日	棟札銘	林左京進	五八〇
B	天文18年4月7日	本證寺門徒連判状	林八郎左衛門尉・林八郎左衛門尉素〔勝カ〕□（花押）同林与三太郎吉次（花押）同林与三左衛門尉欺（ママ）吉（花押）・同・林兵衛次郎吉重（花押）	二七四九
C	天文19年11月25日	今川義元判物	林二郎兵衛	九八八
D	（年月日未詳）	古井百姓前帳分年貢注文	林彦八郎分	一〇四一
E	天文20年4月12日	棟札銘	林藤右衛門ら	一一二一
F	天文22年2月10日	阿弥陀如来坐像光背朱書銘	御油林次郎兵衛吉家敬白	一一二六
G	天文22年9月4日	今川義元判物写	林左京進令相談	一一五四
H	天文23年5月20日	棟札銘	林二郎兵衛尉殿壱貫文・孫衛門尉・孫八郎	一一六九
I	弘治2年10月24日	今川義元判物	林（吉家）次郎兵衛殿	一三一二
J	弘治2年12月5日	今川義元判物写	林左京進江令内通	一三一七
K	弘治3年9月5日	今川義元判物写	林左京進・菅沼弥三右衛門布里江打入	一三五五
L	永禄元年8月16日	今川義元判物	御油二郎兵衛尉	一四一七
M	永禄3年11月22日	今川氏真判物写	林次郎兵衛とのへ	一六一〇
N	永禄4年4月15日	松平元康判物	林左京之進殿参	一六八三
O	（永禄5年）11月13日	今川氏真感状写	被官人林与右衛門尉走廻	一八七九
P	元亀4年8月20日	徳川家康起請文写	林紀伊守	二五三六
Q	元亀4年10月21日	武田家朱印状写	林小兵衛尉殿	二五四一

これ以外に興味を惹かれるのがBで、ここでは数人の林一族の名が認められる（戦今二七四九）。野寺本證寺は現在の安城市内に所在し、周知のとおり永禄六年に松平元康（後の徳川家康）に対抗した三河国内における一向一揆の拠点となった寺院の一つである。彼らが二郎兵衛尉と同族か否かは明確でない。根拠としては薄弱ながらも、併記されている門徒の通称が「八郎左衛門尉」「兵衛次郎」のように、二郎兵衛尉に近い表記で見えている。さらに、実名に関しても上の一字に「吉」字を用いる「吉次」や「吉重」などが存在し、二郎兵衛尉の「吉家」に類似している点を見ると、一族親類と考えることもできるのではないか。仮にそうであったとするならば、二郎兵衛尉が彼らの活動に関与していても違和感はなく、彼の商圏は岡崎よりもさ

らに西に拡がっていた可能性もあろう。

最後に注目されるのが、A・G・J・K・Nに見える林左京進である。左京進は天文五年以降、永禄四年までの文書等に現れており、Aは菅沼伊賀守定盛と並んで現れている。『寛政重修諸家譜』によると、定盛は菅沼氏の嫡流とされる嶋田菅沼氏の人物とある〔山田 二〇二二〕。Gも同じく左京進が菅沼伊賀守とともに見えており、そこでは今川氏に「帰忠」をしているが、これら二点の史料から林左京進は、戦国前期より菅沼氏の嫡流・嶋田菅沼氏の「宿老」のような立場にあったと考えられる。ちなみに嶋田菅沼氏は田内《たない》郷を拠点としていたが、後に田峯《だみね》菅沼氏や長篠菅沼氏を輩出している。彼らは拠点を移動させ、「国衆」として存立するようになるのである。

また後掲の史料5によると、弘治二年十二月に菅沼十郎兵衛尉定通が林左京進に「内通」[5]し、兄大膳亮定継と離別して大野砦の守備をおこなっている。定通は今川氏に通じるにあたって左京進を介していることから、Gの段階から左京進は継続して今川方として活動していたと考えられよう。さらに翌年、十郎兵衛尉と同八右衛門尉が今川方に帰参した際、左京進は菅沼弥三右衛門とともに布里《ふり》(新城市)を攻撃している(K)。これは、左京進自身が菅沼氏の下で一手、すなわち一個の軍隊を有していたことを示している。そして永禄四年になると、菅沼一門の弥三右衛門・十郎兵衛尉・八右衛門とともに、松平元康の下に従っている(N)。その翌日には元康が牧野平左衛門入道に加担し、牛久保城(豊川市)を攻撃して今川氏に叛旗を翻している(戦今一六八四・一八五三)〔大石 二〇二三b〕。左京進が弥三右衛門等とともに元康に従った際には、すでに今川氏による三河支配の実効性に疑問を持っていたと捉えられる。

いずれにしろここまで見てきたように、林左京進はすべての文書で北設楽郡に展開していた菅沼氏の宿老クラスで、一軍を率いるほどの勢力を誇っていたと思われる人物だったことが判明する。文書の残る約三十年という長期間において、もしかすると二代にわたっている可能性も否定できないが、山田邦明氏と同様、現時点では同一人として把握しておきたい。なお、Ｐの林紀伊守も菅沼氏と関係した人物で、宛名には菅沼氏等とともに併記されている。そのため、左京進の次代に登場した人物と想定しておく。

このように表2を通覧すると、林左京進と林二郎兵衛尉には、ある共通点を垣間見ることができる。それは、両者が今川氏の三河侵攻時点でその新興勢力たる今川義元に接近し、自身の行動のバックボーンとして今川氏を利用していたと考えられる点である。となれば、仮に三河における一部の林氏は、天文十九年以降における今川氏による三河平定、および尾張侵攻に伴って今川氏に従ったと考えることは許されないであろうか。二郎兵衛尉は、今川氏が三河から撤退し始めるのと歩調を合わせるかのように永禄四年以降、史料上から姿を消す。このことは三河国内における今川氏の動向に影響を受けたからこその結果と考えることができよう。

なおＯの林与右衛門尉は、左京進等が松平元康に従っても今川方に残留しているが、その後の活動は知られていない。林氏の中で永禄五年以降の活動が知られるのは紀伊守と小兵衛尉のみであり、小兵衛尉にいたっては本文書以外に確認できず、まったく不明と言ってよい。史料で追うことのできる林一族に関しては、もともと嶋田菅沼家の宿老層として活動していた左京進と、商人としての性格を有していた二郎兵衛尉の系統だけである。史料的根拠は薄いながらも、もともと林氏は武家として存在しており、その中で左京進は今川家に通じて菅沼氏の宿老として活動していた。一方の二郎兵衛尉は武家であり、かつその後の経緯が不明ながらも、御油宿の八幡惣社の神職を務めつつ宿の経営に携わり、伝馬役を果たす人物として今川氏のもとに加わったのではないかと類推してみたい。

3　国衆と関所

その林左京進に関する文書で、一点興味深い文書がある（原漢文）。

〔史料5〕今川義元判物写（戦今一三一七。表2J文書）

去九月、林左京進へ内通せしめ、兄大膳亮（定継）、前出引き切れ馳参、大野（新城市）取出に在りて昼夜相働くの条、山中（岡崎市）過半は手に属すの段、甚だもって忠節也。これによる知行の事。

一所黒田村（新城市カ）。

一所津具村（設楽町）并びに関これ有り。

一所平居郷（新城市）の内、田弐段・畠四百文地、并びに屋鋪六。

本知行の内参年、棟別永く免許の事。

以上

右の分、今度の賞として永く所々を還附する也、然らば九月より以来の納所、所務せしむべし。その公事はこれまた前々の如く召し使うべし。不入として領掌し了ぬ。新知行の事は、山中一途の上、宛て行うべし。いよいよ忠功に抽んずべき者也。これによって件の如し。

弘治弐年

十二月五日　治部大輔（今川義元）居判

菅沼十郎（定通）兵衛殿参

前半の事書に関しては山田邦明氏がすでに指摘しているものの［山田 二〇二二］、「一所」以下についての検討はされていない。本文書は写のため、一部において読み下しに判然としない部分もある。あるいは文書を書写する段階で、二通以上の文書を一点にまとめてしまった可能性も否定できないような表記である。いずれにせよ、後半部は冒頭の事書を受け、菅沼定通が林左京進を介して今川方に内通した褒賞として、黒田村のほか津具村およびそこに伴う関所を安堵し、さらに平居郷内の田畠と屋鋪について、三年の間棟別を免許する、ということを述べているようだ。

ここで注目されるのが「関」である。文書の表記から津具村に関が設定されていたことは間違いないが、内容からすると、元来津具村に関が設置されており、それを菅沼定通が管理、すなわち関銭の徴集等を実施し、それを義元が承認したということである。実のところ、三河における今川関連の文書で「関」が確認されるのは本文書のみである。「交通政策」という側面を今川氏が前面に押し出すのであるならば、史料1のような伝馬に関する文書を御油宿に発給しているのだから、方策の徹底を図るためにも御油宿もしくはその近辺に関を設定した方が、より効果的だったはずである。しかし、津具村という御油宿から北東へ約六〇キロ離れた場所、さらには史料1から明らかな、当初設定されたであろう天文二十三年の文書から二年後の弘治二年に関を承認するというのは、地域的・年代的に少々違和感を覚える。

ここで改めて今川氏の「関」がどこに設置されていたのか、一覧化してみた(表3)。こうした基礎的な作業はすでに小和田氏がおこなっているが[小和田 二〇〇二]、史料5の津具村は提示されていない。氏によると、今川氏の関所は河合関(静岡市葵区)・興津関(清見寺関、静岡市清水区)・上野関(富士宮市)・厚原関(富士市)・根原関(富士宮市)・須走関(小山町)・神田橋関(富士宮市)・江尻関(静岡市清水区)・蒲原関(同)の九ヶ所が確認されており、このほか駿府と梅ヶ島への道筋に数ヶ所関所が存在していたという(6)。さらにこれら九ヶ所の関は、いずれも駿河国内であり、文書には遠江国内に関所がまったく確認されないため、「今川仮名目録」第二四条「遠之駄の口」が停止された事実と合致すると結論づけている。

まず、小和田氏の提起した点でいくつか述べておきたい。第一に、興津関は史料に「興津中宿并びに関」と見えて

表3　今川領国における「関」一覧

No.	年月日	文書名	宛名	「関」文言	遺文No.
1	文明3年6月14日	今川義忠書下写	由比勘解由左衛門尉(光英)殿	由比郷内由比左衛門尉爲光跡、由利上関・八幡原関／八幡原関人別五文宛	三五
2	明応8年5月3日	今川氏親判物	三浦平五殿	河合関	一二三
3	大永3年11月21日	由比光規譲状写	由比寅壽丸殿	由比郷内塩関・海道関／塩関弐ケ所光規代被下	三七二
4	大永3年12月24日	今川氏判物注文写	(欠、由比寅寿丸光澄ヵ)	一範忠様御判形在之、由利上関事	三七四
5	大永4年9月20日	今川氏親朱印状写	興津藤兵衛尉(正信)殿	興津郷之内佐田山関・甲州塩関弐ケ所	三七九
6	大永7年7月19日	某氏堯判物	二岡宮禰宜 左衛門大夫とのへ	交之道者関	四三三
7	享禄5年4月21日	今川氏輝判物写	三浦鶴千代殿	河合関壱所	四八一
8	天文3年7月13日	今川氏輝判物写	興津藤兵衛尉(正信)殿	興津郷内薩埵山警固関	五二〇
9	天文5年6月15日	戸田宗光寄進状	三川国渥美郡小松原山	六十銭之新関	五四九
10	天文5年6月15日	戸田宣成寄進状	三川州渥美郡 小松原山東観音寺参	六十銭之新関	五五〇
11	天文8年正月18日	今川義元判物	井出駒若殿	同名新三跡分事、為(富士宮市)富士上野関銭	六二一
12	天文12年6月11日	今川義元書状案	真継弥五郎殿	門次棟別并諸関駒口諸商売役等	七一三
13	天文13年9月28日	今川義元判物	海老江弥三郎殿	興津中宿并関壱ケ所　但鈴木中務丞兼帯、	七四八
14	天文15年4月26日	葛山氏元判物	後藤修理助殿	西修理進一跡屋敷・田畠、富士之関	七九八
15	天文22年閏正月11日	今川義元通行手形	駿遠参諸関・渡守中	不及諸関船賃之沙汰・諸関／今切渡相定船賃	一一二二
16	弘治2年12月5日	今川義元判物写	菅沼十郎兵衛殿(定氏)参	津具村并関有之	一三一七
17	(永禄元年)8月12日	葛山氏元朱印状	吉野郷三郎殿	於富士高原仁村上被取候定関之事	一四一四
18	(年未詳)11月26日	今川義元願文写	伊勢太神宮御宝前	関路・諸関	一五二七
19	永禄3年11月13日	今川氏真判物	財賀寺	所々関津料＝1605	一六〇五
20	永禄4年8月6日	今川氏真朱印状写	中河大工五郎左衛門尉	中河大工一類諸関渡等之儀	一七三二

21	永禄4年8月25日	今川氏真朱印状	北山　次郎衛門尉 木伐山　佐野又衛門尉 三沢　左衛門四郎 下方　次郎左衛門尉	厚原・根原両所新関押取	一七三六
22	永禄4年11月28日	今川氏真判物	松木与三左衛門	諸関渡其役所停止	一七七四
23	永禄5年2月24日	今川氏真判物	井出伝右衛門尉殿	同名新三跡分之事、(富士宮市)富士上野関銭	一七九五
24	永禄6年9月9日	今川氏真判物写	養徳院(但阿) 中村源左衛門とのへ	浦浜内浦関銭／新居関銭	一九三一
25	永禄7年5月27日	葛山氏元朱印状	芹沢伊賀守殿	須走道者関	一九九〇
26	永禄8年7月3日	今川氏真判物	松木与三左衛門尉	諸関渡停止其役	二〇三九
27	永禄9年4月3日	今川氏真朱印状	富士兵部少輔殿(信忠)	神田橋関之事、為新役之間、是又可令停止其役	二〇八一
28	永禄11年6月7日	今川氏真朱印状	(欠、大村氏カ)	諸関中役銭除之	二一七九
29	永禄11年6月8日	今川氏真朱印状	浅間那古屋榊大夫	江尻・清見寺・蒲原船関、此外諸役関銭	二一八〇
30	永禄12年5月21日	今川氏真判物	東泉院(快円)	室六道之関、是又領掌畢	二三七〇

いるため、厳密に言えば「興津中宿に併設される関」とすべきということである。『駿河記』巻二二によると、江戸期の興津宿は「中宿」と「本宿」とで構成されており、興津中宿は興津宿の加宿と見受けられる〔桑原・足立一九七四〕。さらに大正二年(一九一三)の段階では、宿場の東側＝ほぼ甲州街道から興津川までの範囲に中宿が確認される[7]〔桜井一九五〇〕。これらから、戦国期以前に中宿が興津宿に加わり、その後中宿の「中」のみが地名として残って現在の「中町」となって受け継がれたと考えられる。位置的に見ると、興津中宿は清見寺からやや離れているが、興津中宿と清見寺の二ヶ所に関を設置すると、両者の距離は近すぎるように思われる。したがって現時点では小和田氏の指摘通り、「興津中宿に併設される関」と清見寺宿は同じものと考えておくことにしたい(そのため本稿でも「興津宿」と記すことにする)。

その一方で、佐田山関(表3No.5)については小和田氏の指摘がない。同関は、同一人の興津藤兵衛尉に宛てて付与されていることから、今川氏輝の発した文書に見える「薩埵山警固関」と同じと想定され、文言からは「薩埵山における警固のための関」と解し得る[佐藤 二〇二二]。そのため佐田山関は、興津関=清見寺関や、江尻関・蒲原関とは異なる場所に立てられた関と考えたほうがよい。となると、小和田氏が駿河国内に関所は九ヶ所判明するとしていたが、一〇ヶ所と訂正される必要があろう。

また、小和田氏が氏親の段階で停止されていたとする「遠之駄の口」だが、永禄六年九月九日の時点で新居関(表3No.24)が認められる。同時に宇布見(浜松市西区)の中村家の文書内で、「浦浜内浦関」の存在も見られる。24の宇布見の中村家は、同地区所在の息《おき》神社の神職で、浜名湖における流通にも関与していた[大石 一九九六]。内浦とはおそらく浜名湖沿岸のことと類推され、そうしたところに新居関とは別の関所が設定されていたと思われる。同年においては三州急用という事態も発生するため[糟谷 二〇一〇]、それに対応した関の設置という可能性も考えられよう。

ところでここで重要なのは、一覧で掲げた関所の多くが駿河東部、すなわち庵原郡もしくは富士郡・駿河郡に所在していた点である。駿河郡・庵原郡に存在していた武将たちの中には永享年間(一四二九～一四四一)、当時の駿河今川家の当主範忠が駿河府中に入部するのを拒否する者も存在していた[杉山 二〇一四、大石 二〇一八]。具体的には富士氏・葛山氏・由比氏・興津氏などで、そうした彼らが戦国期に関所を有していたのである。具体的には、興津関と佐田山関は先述のように興津氏が、須走道者関は葛山氏が、由利上関・八幡原関などは由比氏が所有しており、富士氏は神田橋関を有していた。由比氏に至っては「塩関」「海道関」も見受けられ、領内に数ヶ所の関を設定し、それを今川氏に承認してもらっていたのである。

ここで想起されるのが、戦国期以前においていわゆる在地領主として存在していた彼らのような「地域権力者」たちによる関への関与である。元来、彼らは「宿の長者」あるいは神職の立場から関の設置に関わるようになっていた。興津氏・大森氏は「宿の長者」であり、興津氏は「興津河内関」（『静岡県史』資料編6中世二―二二四八号文書。以下『静岡県史』からの引用は、「『県史』6二二四八」のように、『県史』＋資料編巻次＋文書番号で示す）を、大森・葛山氏は「大森・葛山関務」（『鎌倉市史』史料篇第二「円覚寺文書」二四九号文書）を有していた〔杉山 二〇一四、湯浅 二〇一八、佐藤 二〇二二〕。富士氏は富士大宮司職＝神職であったが、彼らが戦国期になると、関における役の停止などに関して今川権力の承認が必須となったのである。

こうした関にかかわる今川氏の承認にあたっては、受給者側の要求、すなわち当事者主義が前提になっていたと考えられる。となると、これらの状況から以下の推測が成り立つ。つまり今川氏は、基本的にかつて地域権力者が設置した関には干渉せず、戦国期になって改めて承認することで、国衆の要求する関の権益を庇護・追認したということであろう。こうした状況を受けて小川雄氏は、今川権力にとって関所の承認権は、国衆の基準とともに増していく流通の多元性を統制する手段の一つとなっていったとした〔小川 二〇一九〕。少々解釈しづらいが、従属国衆とそれ以外の国衆のような、大名に対する国衆の従属のレベルによって、今川氏がどのように把握・統制していこうとするのか、流通の多様性を含めて見極めようとしていたということであろうか。

これらを前提に津具村の事例＝菅沼氏への関所の承認を見直すと、もとは国衆菅沼氏が設置した津具村の関を、今川氏が彼らの権益として後に承認したものであったと捉えることができる。由比氏や興津氏・富士氏は、おそらく永享末年頃から徐々に今川氏に接近し、被官化していったと考えられるが[8]、菅沼氏は三州忩劇以前に今川氏に従属した。彼らのように在地に根差した一族が設置した関所を否定することは、今川氏が彼ら国衆を従属下に引き込む志向を持つ以上、困難であったと判断されるのである。

となると、残る富士上野関・厚原関・根原関や河合関は如何に考えるべきか。富士上野関・厚原関・根原関(表3№.11・21・24)に関与していた井出氏は、永享期に興津氏や富士氏のように今川氏と対立していたかは明確でない。さらに時代が降って彼らが国衆であったか否かも不明瞭であるが、富士上野関が「同名新三跡分」とあるため、義元よりも前代=氏親・氏輝段階で三つの関がすでに存在していた可能性はあろう。その起源は室町期における井出氏の権益であったことも否定できない。

また、河合関(表3№.2・7)を任された三浦氏は今川氏の譜代の家臣であり[静岡県 一九九七]、氏親が「長宝寺殿(今川義忠)の一筆之旨に任せ」と述べているように、同関は氏親の父親で、範忠の子息にあたる義忠段階で三浦氏に給付されていた。河合関は駿河府中よりも東方に所在し、江尻へと向かう巴川流域に所在していたと思われる[小和田二〇〇二]。巴川下流域には先述した興津氏がおり、そうした地域権力との接点から、今川氏の管理する関所が設けられたのではないか。そのため、周辺地域の守備を兼ねて譜代である三浦氏に河合関が給付された可能性があろう。

注目すべきは、ここまで見てきた地域権力者たちによって設置された関が、東海道のような「主要街道」にあまり設定されていないように見受けられることである。小和田氏が提示した九ヶ所(実際は一〇ヶ所)の関の中で、東海道上にあったと考えられるのは、江戸期の東海道の宿で言えば、東から蒲原関・興津関=清見寺関・江尻関である。蒲原の関を誰が設置したのか明確でないが、南北朝期には蒲原庄が幕府料所として駿河守護今川泰範に預け置かれている(ジャパンナレッジ版『日本歴史地名大系』「蒲原」項)。一方、江尻宿内には江尻商人宿が所在していたと考えられ、同所において今川氏輝・義元が三斎市の開催、上下の商人宿と屋敷二間を安堵していた(戦今四八五・五六〇)。すなわち蒲原・江尻の両所ともに、早い段階から今川氏の関与が認められた場といえるであろう。

また興津関は、興津氏が関与していたのは先述の通りであるものの、同関が記載された文書には「鈴木中務丞兼帯」とある(表3No.13)。鈴木中務は、本文書以前においては永正十五年(一五一八)棟札銘写(戦今一五九)および(年未詳)三月十七日付鈴木中務宛今川氏親書状写(戦今四〇三)で認められるが、それ以降確認されることはない。前者の棟札銘写は尾張国津島(津島市)に関するもので、当時氏親が尾張に関与することはあり得ないため、考察の対象から明確に除外できる。一方、後者＝鈴木宛氏親書状写には「一段褒美せしむべき」の文言が存在するように、氏親から褒賞を得ていることは間違いない。となれば、今川氏の「褒美」の一つとして関所の権益を鈴木中務に与えたとも考えられる。

とすると、国衆や地域の指導者層などが自身の領域内の主要街道上において関を設置するにあたっては、本来ならば彼らの裁量に任されていたと推測されるものの、十六世紀の氏親の時代になると、今川氏が権力者として関の設置に関与していったのではなかろうか。多くの関が主要街道から外れて設置されていること。「三州急用」のような緊急事態において今川氏が東海道新居宿に関を設置した可能性があること。これらは領主権力の関への介入を反映していると思われるのである。

おわりに

ここまで今川氏の交通政策について、限られた史料を詳細に検討してみた。今回の結果は残存史料の限界から推測の域を出ないが、試論ということであえて提示した次第である。

最後に一点、付言しておきたい。かつて筆者は有光氏と小和田氏の見解を踏まえ、「戦国大名による領民への対応を視野に入れた近年の研究を考慮すると、小和田氏が指摘したように、今川氏は伝馬を友野・松木氏(両氏は今川氏の御用商人とされる＝筆者注）に委ねていたという理解の方が実態に近いのではないか」とした〔大石 二〇一二〕。これに対して野澤氏は、伝馬委任の史料が存在しないことを踏まえ、「今川氏伝馬に関して、諸先学が指摘するところの友野氏や松木氏への伝馬委任論は証明できなかった」とした。たしかに委任を示した文書が存在しない以上、氏の指摘は間違っていない。しかし、史料が残らないからといって実態の解明を怠ってはならないのは自明のことである。

筆者が気になっていたのは、今川段階において引間城と引間宿（両者ともに浜松市中区）の位置がやや離れていたという事実である〔浜松市博 二〇二〇〕。中世の宿場については、近年榎原雅治氏が「連尺之大事の市」図の検討から、中世の宿は阿弥陀と薬師によって結界され、旦過と風炉がそれらの外部に存在することを明らかにした〔榎原 二〇一九〕。氏は遠江見付宿等を事例に挙げているが、筆者は榎原氏の考察を踏まえて駿河府中宿を検討し、府中も阿弥陀と薬師による結界、その結界の外部における風炉は未確認ながら旦過の存在が認められ、それが形成初期段階における駿河府中の範囲であったと結論づけた〔大石 二〇二〇〕。

一方、引間宿は建長四年（一二五二）に宗尊親王が鎌倉下向の際に通過しており（『県史』5一〇〇三）、さらに建治三年（一二七七）十月二十二日には、藤原為家の側室・阿仏尼が宿泊している（同5一二六三）。これらは、引間が鎌倉期から宿場として機能していたことを物語っている。それが康正二年（一四五六）になると、引間市で徳政一揆が発生している（『県史』6二二五一）。こうした記事から引間市・引間宿は、支配者層の引間入部以前、すなわち引間城の築城以前からすでに独自に先行して存在しており、周辺地域における商業・流通の中心的な機能を担っていたと想定されるのである。榎原氏が指摘するような武家領主の介入を受けない、自立した宿の一つとして、引間宿も見付宿や府中宿と同様に評価することが可能なのではなかろうか。

その引間宿が、引間城と直接的な関係を持つようになるのは、家康時代＝浜松城になってからである。これは浜松市の発掘成果から明確であり、天正八年(一五八〇)頃に東海道が「付け替え」られたことが明らかになっている〔浜松市博 二〇二〇〕。家康による東海道の「付け替え」は、おそらく天正二年の武田勝頼による浜松侵攻が契機と考えられる(『戦国遺文』武田氏編二三七四号)。本史料には「浜松を始めとして、在々所々の民屋、一宇残らず放火」とあり、武田氏との抗争によって浜松の焼亡を知ることができる。このとき、宿の指導者層をはじめとする領民たちは、宿場を押さえていた支配者家康に〝引間宿の復活〟を求めたのではあるまいか。家康はそれを受けて「引間宿」の城下への取り込みを画策し、東海道を「付け替え」たと考える余地もあろう。

こうして見ると引間城と引間宿は、今川時代において両者が離れていても特に大きな問題ではなかったと考えることができる。つまり、宿と城が離れて存在していた今川期においては、元来三河守護であった吉良氏の被官で浜松荘を治めることになった飯尾氏や、その上部権力であった今川氏が、経済的に発展した「引間宿」「引間市」を取り込めきれていなかったということであろう。そのため、飯尾氏が引間に入った段階では「代官」(今川記)と称されたのではなかろうか。

すると飯尾氏は、宿場を経営する指導者層に対し、例えば今川氏からの命令の伝達や流通を機能させるための差配、それらにまつわる役の徴収などに関して、そのほとんどを彼らに委ねていた可能性があろう。それを容認する今川氏は、先述の通り関の管理も国衆に任せていた。これらからすると今川氏の交通政策は、委任できる部分は国衆や宿の指導者層等に任せていたと想定され、こうした考えに基づけば野澤氏の指摘も再検討の余地があるといえよう。

以上、今後もさらなる丹念な史料解釈をおこない、より深く追究していきたいと考えている。

註

（1）黒田基樹氏は、「「今川仮名目録」の世界」［黒田 二〇一九］のなかで、「仮名目録」及び「同追加」の流通に関する条文を検討し、氏親は駿遠国境の関所での輸送物資に対する課税を廃止しており、義元段階では今川家中における商人との被官関係の増加が背景にあって、新規に参入してきた者＝「新役負担者」への対応が変容しているとしている。しかし、これも直接交通政策を述べた論文ではない。

（2）こうした伝馬に関する文書発給の手順については、片桐昭彦「戦国期の過所・伝馬宿送手形と印判状」［片桐 二〇一九］を参照。

（3）史料1は判物であり、史料2に見える「印判」ではないため、史料1とは別に一里十銭に関する印判状が発給されている可能性に鑑み、あえて「義元判物など」と表記した。

（4）野澤氏は、小田原北条氏・甲斐武田氏・今川氏による三者の領国間の相互交通という意味合いで「一里一銭」と表記している。しかし、本論では北条・武田両氏の伝馬に関して検討する部分がないため、史料文言としての「一里十銭」をそのまま使用する。

（5）戦今一三一七においては、『寛政重修諸家譜』の記載から「定氏」としていたが、山田氏の検討を踏まえて十郎兵衛尉の実名を「定通」に改める。

（6）駿府―梅ヶ島間における数ヶ所の関所について、筆者もその存在に関しては否定しない。しかし、その所在地が解明されていないため、本稿では検討から外した。今後、改めて検討したいと考えている。

（7）興津宿に関しては、フェルケール博物館学芸員椿原靖弘氏にご教示を賜った。

（8）由比氏については、範忠・義忠・氏親という今川家当主から跡職等の安堵を受けており、範忠以降という表記で問題ないと考える（戦今三七四）。富士氏に関しては黒田基樹氏が「享徳の乱における今川氏」［黒田 二〇二〇］の中で、義忠段階における今川・富士両氏の関係性について触れられている。興津氏に関しては明確なメルクマールはないが、氏親が家督継承直後に興津彦九郎に知行安堵状を発給していることから（戦今六七）、義忠段階において今川家への被官化はほぼ進展していたと想定される。

【追記】　本稿において、今川氏による富士氏や葛山氏・由比氏・興津氏ら「地域権力者」たちの有していた関への関与について述べたが、それ以前における各氏の管理する関の性格等に関しては本書第一巻湯浅治久論文(「都鄙間における陸関の展開と在地領主支配」)が、さらにはそれらの関と幕府との関係などに関しては本書第二巻木下聡論文(「室町幕府の対東国政策」)が詳細な検討を加えている。併せて参照していただきたい。

引用文献

有光友學　一九八四a「解説―戦後の研究史と課題」同編『戦国大名論集11　今川氏の研究』吉川弘文館
有光友學　一九八四b「中世後期の成果と課題」静岡県地域史研究会編『静岡県地域史研究会の成果と課題―中世史・近世史―』
有光友學　一九九四「今川氏領国における伝馬制」同『戦国大名今川氏の研究』吉川弘文館(初出一九八五年)
榎原雅治　二〇一九『中世の東海道をゆく―京から鎌倉へ、旅路の風景―』吉川弘文館
大石泰史　一九九三「今川氏家臣三浦正俊と三浦一族」『戦国史研究』二五
大石泰史　一九九六「今川領国における給人と土豪―駿遠領国における「代官」的存在を中心に―」『戦国史研究』三一
大石泰史　一九九八「中世2戦国期今川氏」静岡県地域史研究会編『静岡県地域史研究の成果と課題Ⅱ』
大石泰史　二〇一二「今川領国の宿と流通―宿と流通を語る『上』と『下』―」『馬の博物館研究紀要』一八
大石泰史　二〇一八『今川氏滅亡』角川選書
大石泰史　二〇一九「総論　今川義元の生涯」同編著『シリーズ・中世関東武士の研究 第27巻 今川義元』戎光祥出版
大石泰史　二〇二〇『城の政治戦略』角川選書
大石泰史　二〇二三a「今川氏研究の変遷―『戦国大名論集』刊行以降から二〇〇〇年まで―」山田邦明・平野明夫編『戦国史研究の軌跡―一九八三～二〇〇〇年の東国史研究を中心に―』岩田書院
大石泰史　二〇二三b「国衆松平氏と今川氏―今川時代の家康―」黒田基樹編著『戦国大名の新研究3 徳川家康とその時代』戎光祥出版
大石泰史　二〇二三c「今川氏研究の成果と課題」『静岡県地域史研究』一三
小川　雄　二〇一九「流通支配と領国構造」黒田基樹編著『戦国大名の新研究1 今川義元とその時代』戎光祥出版
小和田哲男　二〇〇一「戦国期東海道周辺の宿と伝馬役」『武将たちと駿河・遠江』小和田哲男著作集第三巻　清文堂出版(初出一九九六年)
片桐昭彦　二〇一九「戦国期の過所・伝馬宿送手形と印判状」矢田俊文編『戦国期文書論』高志書院

糟谷幸裕　二〇一〇「今川氏の永禄六年―「三州急用」と「惣国」―」『戦国史研究』六〇
黒田基樹　二〇一七『北条氏康の妻 瑞渓院―政略結婚からみる戦国大名―』平凡社
黒田基樹　二〇一九「「今川仮名目録」の世界」同編著『戦国大名の新研究1 今川義元とその時代』戎光祥出版
黒田基樹　二〇二〇「享徳の乱における今川氏」戦国史研究会編『論集 戦国大名今川氏』岩田書院
黒田基樹　二〇二二『国衆―戦国時代のもう一つの主役―』平凡社新書
桑原藤泰著・足立鍬太郎校訂　一九七四「巻二二庵原郡巻之三興津」『駿河記』下巻　臨川書店
小林輝久彦　二〇一五「室町幕府奉公衆後藤氏の基礎的研究」『静岡県地域史研究』五
桜井健作　一九五〇「大正二年注釈付図」『興津町誌』下　興津町公民館
佐藤博信　二〇二二「駿河興津氏と大石寺東坊地相論に関する一考察―妙本寺研究の視点から―」『中世東国日蓮宗寺院の地域的展開』勉誠出版(初出二〇一六年)
静岡県　一九九七『静岡県史』通史編2中世
杉山一弥　二〇一四「室町幕府奉公衆葛山氏」「室町期の箱根別当と武家権力」『室町幕府の東国政策』思文閣出版(初出二〇〇〇年・二〇〇四年)
橘　文夫　二〇二一「中近世移行期の東海道―三河国御油・赤坂に着目して―」『愛知大学綜合郷土研究所紀要』六六
豊田町　一九九四『豊田町史』資料編Ⅳ原始・古代・中世編
野澤隆一　二〇一九「今川氏の伝馬制度」『戦国期の伝馬制度と負担体系』岩田書院(初出二〇一四年)
浜松市博物館　二〇二〇『浜松市博物館特別展　浜松城―築城から現代へ―』同館
原田千尋　二〇一九「今川義元の交通網整備」『静岡県地域史研究』九
山田邦明　二〇二二「戦国時代の菅沼一門」『戎光祥研究叢書 中世東海の大名・国衆と地域社会』戎光祥出版(初出二〇一五年)
湯浅治久　二〇一八「室町期都鄙間交通と荘園制・在地領主―地域経済圏の展開との関連で―」木村茂光・湯浅治久編『生活と文化の歴史学10　旅と移動―人流と物流の諸相―』竹林舎

執筆者一覧

岡野友彦　奥付上掲載

溝口彰啓（みぞぐち あきひろ）　一九六九年生まれ、静岡県スポーツ・文化観光部文化局文化財課。［主な論文］「遠江・駿河における宝篋印塔の地域的様相について」（『日引』12号、石造物研究会）、「東海〈遠江・駿河・伊豆〉」（狭川真一・松井一明編『中世石塔の考古学』高志書院）

小林　郁（こばやし かおる）　一九九一年生まれ、皇學館大学研究開発推進センター（神道博物館）助教・学芸員。［主な著書論文］『〝出入り〟の地域史―求心・醸成・発信からみる三重―』（地方史研究協議会編・雄山閣）、資料叢書第十輯『神宮御師資料　山本大夫家文書』（皇學館大学研究開発推進センター史料編纂所編・皇學館大学出版部）

近藤祐介（こんどう ゆうすけ）　一九八〇年生まれ、鶴見大学文学部准教授。［主な著書論文］『修験道本山派成立史の研究』（校倉書房）、『寺社と社会の接点』（共編・高志書院）、「富士村山三坊における近世的体制の成立」（『山岳修験』七〇）

廣田浩治（ひろた こうじ）　一九六七年生まれ、静岡市歴史博物館学芸課長。［主な論文］「地域歴史遺産と日本中世地域史」（『LINK』一三）、「大阪の中世荘園史研究をめぐって」（『ヒストリア』三〇〇）、「肥後の地下文書」（『列島の中世地下文書』勉誠出版）

勅使河原拓也（てしがはら たくや）　一九八八年生まれ、京都大学等非常勤講師。［主な論文］「治承・寿永の内乱と東海」（生駒孝臣編『東海の中世1　中世東海の黎明と鎌倉幕府』吉川弘文館）、「治承・寿永内乱後の東海地域における鎌倉幕府の支配体制形成」（『年報中世史研究』四二）、「鎌倉幕府御家人制と守護」（『ヒストリア』二八九）

木下　聡（きのした さとし）　一九七六年生まれ、東洋大学文学部教授。［主な著書］『中世武家官位の研究』（吉川弘文館）、『室町幕府の外様衆と奉公衆』（同成社）、『斎藤氏四代』（ミネルヴァ書房）

杉山一弥（すぎやま かずや）　一九七三年生まれ、駒澤大学文学部准教授。［主な著書］『室町幕府の東国政策』（思文閣出版）、『図説 鎌倉府』（編著・戎光祥出版）、『中世史講義【戦乱篇】』（共著・筑摩書房）

鈴木将典（すずき まさのり）　一九七六年生まれ、静岡市歴史博物館学芸員。［主な著書論文］『戦国大名武田氏の領国支配』（岩田書院）、『戦国大名武田氏の戦争と内政』（星海社新書）、『国衆の戦国史―遠江の百年戦争と「地域領主」の興亡―』（洋泉社歴史新書y）。

大石泰史　奥付上掲載

あとがき

二〇一八年八月二十二～二十四日、第五六回中世史サマーセミナーが河内長野市で開催され、その二日目の夜には次回の開催地を静岡県とすることが決まったと参加者に伝えられた。その段階から中心になって翌年のセミナー開催に尽力してくれたのは、静岡県東部地方で学芸員として奉職していた若い研究者たちであった。彼らは自身が実行委員となり、さらには五六回のセミナーに居られなかった静岡大学の貴田さんを実行委員長に招聘し、第五七回中世史サマーセミナー開催の準備を整えた。そして翌一九年、開催地を富士市・富士宮市・静岡市とし、テーマに「富士山南麓」を据えて、セミナー第一日目にシンポジウム「富士山南麓から広がる中世社会—境界としての駿河—」を開催した。当日は議論も白熱し、初日・二日目のビール講でも、全体のテーマや報告者の提示した文書に対する話題が途切れることもなく、成功裡に終えることができた。

本書はそのシンポジウムでテーマとしていた、中世における駿河の「境界」という地理的・政治的な状況を、より深く示すものを目指して編集された。当初はセミナーに参加した実行委員の〝勢い〟で執筆候補者をセミナー開催中に決めたため、不十分な内容となる可能性を有していた。それでもとりあえず出版に向けて高志書院の濱久年氏に打診したところ、やはりその点を指摘され、より多くの読者を取り込むためにも当日セミナーに参加していなかった人も執筆者に加え、東海道を往来・移動する人々やモノへの視点、さらには時代的にも中世後期だけでなく前期にも視野を広げ、二分冊で刊行するのがよいと方針が改まった。そこで、セミナー当日に参加していなかった皇學館大学の岡野友彦氏を新たに編者として加え、シンポジウムで深く検討を加えることのできなかった視点を加味して編まれたのが本論集『東海道中世史研究』１・２である。これによって研究内容もグッと厚みが増し、無事二冊を上梓することができた。この間、コロナ禍ということもあってなかなか進展せず、ズームでの勉強会、二〇二一年の夏には三島市での対面による見学会を含んだ研究会を経て、ようやくここまで到達することができた。サマーセミナーに参加しただけでなく執筆にも加わってくださった方々、またセミナー以降において当方の企画にご賛同いただいた方々、それぞれに衷心より謝意を申し上げます。

本書二冊を企画し始めた段階に実行委員のメンバーと話をする中で、これまで静岡県で歴史学の学会・シンポジウム等が開催された際、それらを一書にまとめて次代へ継承するといった活動があまりおこなわれていないという現状が指摘された。たしかにその点は事実であり、本書以前における文献史学を中心とした学会関係の図書を顧みると、地方史研究協議会編『東西交流の地域史―列島の境目・静岡―』（雄山閣、二〇〇七年）が確認される程度であった。図らずも本書二冊が地方史研究協議会のテーマと重複する部分もいくつか見られるものの、それは駿河国の歴史を見ればある意味、当然のことである。

今回、若い研究者にもコラムなどで本書の執筆に加わってもらいたいと願っていたものの、それを実現させることができなかったのは心苦しく思う。しかし、本書二冊は現在の研究水準からすれば、かなりレベルの高いものとなったと思っている。今後、静岡県内だけでなく、多くの若手研究者が当該地域を研究する手引きとなってもらえればと願って擱筆する。

二〇二四年七月吉日

大石泰史

【編者略歴】
岡野 友彦（おかの ともひこ）
1961年生まれ　皇學館大学文学部教授
［主な著書］
『中世久我家と久我家領荘園』（続群書類従完成会）、『北畠親房　大日本は神国なり』（ミネルヴァ書房）、『中世伊勢神宮の信仰と社会』（皇學館大学出版部）

大石 泰史（おおいし やすし）
1965年生まれ　静岡市文化財保護審議会委員
［主な著書］
『今川氏滅亡』（KADOKAWA）、『城の政治戦略』（KADOKAWA）、『シリーズ・中世関東武士の研究 第27巻 今川義元』（編著・戎光祥出版）

東海道中世史研究2
領主層の共生と競合

2024年9月15日第1刷発行

編　者　岡野友彦・大石泰史
発行者　濱　久年
発行所　高志書院
〒101-0051 東京都千代田区神田神保町2-28-201
TEL03(5275)5591　FAX03(5275)5592
振替口座　00140-5-170436
http://www.koshi-s.jp

印刷・製本／亜細亜印刷株式会社

Printed in Japan ISBN978-4-86215-251-0